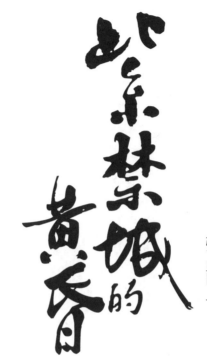

紫禁城的黄昏

[英]庄士敦 著

张昌丽 译

Wuhan University Press

武汉大学出版社

目录

2

第一章 1898：变法风云

19 世纪，世界工业革命兴起，清朝由盛转衰。接连起伏的内战和外敌的灾难性打击，更是动摇了大清王朝的根基，中国"崩溃"的序幕似乎正由此拉开。也正因为如此，查尔斯·贝斯福勋爵认为用"崩溃"一词作为他于1899 年出版的著作《中国的崩溃》的标题的确是最为贴切的。四年前，孤立无援的中国被一直以来没放在眼里的一个小小的岛国（日本）打倒在脚下。这不是中国第一次遭受如此打击，也不是最后一次。台湾由此成为了日本的殖民地。虽然当时在欧洲的德、法、俄这三个国家的干涉下，日本人未能如愿占领中国东北的重要地区（辽东半岛，包括旅顺和大连），但三年后，这里却变成了俄国的势力范围——而在此之前，俄国还假惺惺地逼迫日本把这里归还给中国。俄国因对满洲的控制，大大提高了它在中国东北地区的军事地位，由此，它便在清朝皇族的发源地取得了支配地位。1898 年居住在此地的一位英商说，"他们就是眼睁睁地看着俄国吞并了这个国家的"。一位英国的上层传教士也说，"他和他的同伴都把这里当作俄国的一部分，只不过名义上不是罢了"。有一个事实是不应该被那些满洲问题的研究者所忽略的，即中国从未参加过任何把俄国人驱逐出满洲的战斗。不容置疑的是，如果 1904 年至 1905 年，日本没有在此地击败俄国的话，那么，不仅是辽东半岛，整个满洲在名义上都可能变成俄国的一个省。

1898 年中国丧失的土地不仅仅是台湾和东北。当时，西方列强在中国强占港口和沿海租借地，并划分"势力范围"，可谓猖狂至极。包括优良港，青岛在内的胶州地区，在前一年就被德国所占有；近 300 平方英里的威海卫地区则在 1898 年 7 月时成为英国的租借地，在之后 32 年的时间里，这里一直被当作殖民地由英国所统治；另一块与威海卫面积相当的地区——香港，则被英国租借 99 年；广州南部沿海的广州湾地区同样为法国所"租借"。而意大利租借浙江省三门湾渔港的意图被中国成功拒绝后（此时正值墨索里尼上台前期），其内阁因未能在瓜分中国领土的狂潮中赢得彩头而被推翻。

如果西方国家认为瓜分中国只需痛痛快快地去干，不会遇到清廷和中国人民哪怕是一点的愤恨表示，那么，他们很快就会发现自己错了。所以外部侵略开始转变成"文明"渗透。而中国人也开始认识到，他们生活在一个充满了竞争和敌对的世界。他们本身的这个民族人口最多，统辖土地（包括附属国在内）比其他民族更为辽阔，但相比之下，在影响力和受尊重程度方面，却远远不及人口和版图仅是其 1/20 的那些西方国家。

一直以来，中国人由于过分骄傲和敏感，无法接受自己长期落后于世界之林的事实。不要期望他们会接受日本人和西方人比他们发达的论调，这种论调对那些最了解中国的人来说显而易见是错误的。所以中国人无意标榜自己，而只是拒绝接受此类论调。中国的有识之士也在开始思考国家和民族的状况，当他们发现理想和现实相距甚远时，他们就开始寻找症结之所在。不过，他们并没有从自然法则出发，而是在可改变的环境和可纠正的错误中去寻找。

溥仪坐在乾清宫的宝座上

于是一个改革派便应运而生，并且相应地分成了两个派系。右派主张渐进式的改良，反对灾难性的国体变革；左派则坚持从根本上做起，彻底推翻腐化堕落的清政府，在此基础上建立一个新的国家。

康有为，中国19世纪90年代最杰出的维新改良运动领袖。他的弟子根据他的籍贯称呼他为"南海"。他由于拥护皇帝而应被划为中间派，可是他却因给光绪帝呈上了那些直接导致"百日维新"的奏折，而被当时掌握着中国人命运的大多数皇室成员和上层人士认为是极端恐怖的危险分子。康有为和他的作品让这些人既恨又怕，就好像中世纪的欧洲人对异教徒及其巫术的恐惧和憎恨一样，也与现在的欧洲人对待法西斯主义和共产主义的态度一样。如果允许我做个不恰当的比喻，康有为可谓1898年中国的"布尔什维克头子"。虽然终其一生，他的观点也没什么大的改变，但15年后，他却遭人嘲讽（与袁世凯同流合污），被当成"死硬派"和顽固派来对待。

康有为在被特别推荐给皇帝之前，就早已在积极倡导政治和社会改革了，并对儒家传统观点做出了新奇大胆的诠释。他在家乡广东省享有崇高的威望，被人称为"今文学派"的领袖，而章太炎则是"古文学派"的领袖。1898年，康有为身边聚集了一大批好学热情的弟子。作为导师和鼓动者，康有为的名声从广东一下子传遍全国。最终他的教学活动引起了一些有改良意识且又有威望的达官显贵的注意，如当时的湖南巡抚陈宝箴、翰林学士兼监察御史许景澄以及帝师翁同龢。

翁同龢，江苏常熟人，是当时的著名学者。他集学者、诗人、书法家的名号于一身，被推崇为乾隆时期的文坛领袖刘墉的精神继承者。帝师的职位使翁同龢的学者生涯达到了顶峰，他也在这一职位上先后服侍了同治和光绪两位皇帝。

翁同龢思想开明、心胸豁达，他与陈宝箴、许景澄等志同道合的朋友商议后，于1898年年初向光绪帝推荐了康有为。虽然光绪皇帝当时已年近三十，无修学的必要，但翁同龢仍担任帝师之职。这一职位赋予了翁同龢两项其他官员无可比拟的特权：一是可以私下觐见皇帝，二是可以不拘泥

康有为

礼仪规矩，向皇帝直抒己见。这使他与皇帝之间具有了令其他官员羡慕不已的亲密关系。翁同龢将康有为的政治主张介绍给光绪帝，我们可以从中看出他的性格与境界，表明他没有中国官场中普遍存在的那种妒忌他人的恶习，并且已经从儒家迂腐的保守主义中解脱出来。另外，我们也可以从中看出，光绪皇帝并不像某些人凭空描绘的那样，是个缺乏主见令人怜悯的人。其实，在宫中，翁同龢比包括慈禧太后在内的其他人都更了解光绪皇帝的性格和能力。他知道光绪皇帝理解并希望去实践康有为的政治改革大计，因此他才会与皇帝商议此事。否则，他就不可能去做这么一件于他而言毫无意义的事情。

1898 年 1 月，康有为第一次与光绪帝会面，年轻有为的光绪帝就给康有为留下了深刻印象。多年以后，我曾与康有为谈到当年的事情，他语气中带着尊敬，对光绪满口称颂。不难想象，如果当时这位激进的改革家，发现他的支持者光绪皇帝缺乏才智，且没有爱国之情和迫切热诚之意的话，他很可能早就加入那日益壮大的革命派了。这一派认为清朝气数已尽，已经成为务必清除的障碍，否则中国就将前进无门。即使康有为曾有过类似的想法，那么，在觐见过皇帝之后，也很快抛弃了这种想法，且终生不渝。因为他发现皇帝不仅同意和支持改良运动，而且迫切希望自己能成为实践这一运动的领导者。

虽然从未担任过帝师一职，与光绪帝见面仅寥寥几次，康有为还是在当时被很多人当成帝师。在一次觐见中，光绪帝授予他不须经由官方渠道便可直接呈递奏折的特权，康有为深怀感激之情接受了。1898 年 6 月，"百日维新"被载入史册，正是康有为的这些奏折使得一系列改革诏令得以颁布。这些诏令在使当时中国人数不多的自由思想家振奋的同时，也令人多势众的保守派感到震惊，并引起他们的强烈抵制。

康有为的改革主张以及践行这些主张的诏令被后来很多人批评为构想草率，脱离了中国当时的社会和政治的实际，背离了中国传统文化。诚然，这些批评并非一无是处。那些主张可能更适合于其后的要将中国变成西方议会民主制的革命。人到中年以后的康有为也承认自己当年的某些主张是错误的，但他的大部分观点和言论还是颇具合理性的。康有为和光绪皇帝为建立自己设想中的中国所进行的努力最终以失败告终，这并非因为这些设想本身不合理和不具备实现的可能性，而是因为那些非个人性格和才智方面的其他原因导致的。对此，我将在接下来的章节中进行阐述。

第二章 昙花一现的维新运动

对于维新运动，我们想要找到其失败的因素，就要结合道德、律法的理论以及应用来看。同时，维新运动的失败也让我们明白了，为什么少有人同情光绪皇帝的不幸——哪怕是那些忠于清廷的人。事实是这同皇权有关，对皇权的忠诚使人们对慈禧太后的罪行产生了遗忘和容忍的心理。因此，谁掌握皇权，人们就忠于谁，所以人们选择听从掌握皇权的慈禧太后而非光绪帝。

光绪皇帝一共在位了 34 年（1875–1908 年），在他执政期间，整个朝廷一直被慈禧太后所左右。慈禧住在紫禁城西宫，故被人称为"西太后"。她是咸丰皇帝（1851–1861 年在位）的妃子，也是同治皇帝（1861–1875 年在位）的生母。咸丰皇帝在位期间的正宫皇后被称为"东太后"，比慈禧先一步离开人世，慈禧遂掌握了朝廷大权。人们为取悦她，便称其为"老佛爷"或者"老祖宗"。

光绪皇帝在位期间，慈禧太后发挥的效用等同于摄政王。这种情况在唐高宗时期武后掌权时就出现过，后人称之为"垂帘听政"，即太后或者皇后在帘后决定国家大事。宋朝也曾先后有两位太后这样干预过政事，"垂帘听政"这个词语也一直流传至今。当太后或皇后放弃手中实权时，则被称为"撤帘"或是"归政"。

1888 年，清政府颁布了两条皇令，一是向天下昭告皇帝即将大婚，这就意味着皇帝已经成年，二是宣布太后将在转年的第二个月交还手中的皇权。同年，朝廷还发布了颐和园即将完工的消息。世人都清楚，慈禧希望交回皇权后，将颐和园作为她在民间居住的宫殿。

1889 年，19 岁的光绪帝大婚，皇后与太后同出一族——叶赫那拉氏，是慈禧太后兄长的女儿。慈禧太后希望借助这次联姻更加巩固她自己一族的地位。另外，依据惯例，皇帝还会有多名妃子。 在这些妃子中，有一对年轻的姐妹。15 岁的姐姐被封为瑾妃，1924 年去世后谥号端康；13 岁的妹妹则是珍妃，24 岁便香消玉殒，后面的内容我会提到她悲惨的经历。婚庆大典结束后，将要收回实权的光绪帝接着举行了"亲政"仪式。

对于光绪帝亲政，慈禧太后似乎没有什么异议，第二次垂帘听政的她立即交出了皇权。没有要求任何荣耀的慈禧依据宫中条例，从慈宁宫移居到了宁寿宫。这是有先例可循的，1796 年，执政 60 年的乾隆皇帝在"让位"时也调换了自己的寝宫。如今，慈禧太后效仿乾隆皇帝并且住进了他当年让位后居住的寝宫，就是在向天下人昭示她已经将皇权交还给皇帝。对此，朝中官员也是予以支持的。然而，退位对乾隆皇帝或者是慈禧太后并没有多大影响，他们依旧留有原来的权力与威望。这一点，很容易被不懂中国封建政权以及习惯的人忽视。西方人对于这两个人的"退位"和"退休"有些混淆。乾隆皇帝在 1796 年退位，被尊称为"太上皇"，这代表他的地位要高于当时的皇帝。无论何时何地，太上皇都拥有比皇帝更高一层的权威和声誉，可以全然无视皇帝所颁布的谕令。虽然他将皇位传给了自己的继承者，但是他依然保有最高的权力，裁定朝中相关事宜，并被朝中官员所信服。在所有颁布的诏书上，要先书写太上皇的名号，其次才是皇帝的，这无一不在向世人宣告——太上皇是朝中最有权威的人。

慈禧太后交还皇权后，其威望虽然比不上退位的乾隆皇帝，但她的地位依然要高于当时的皇帝，于情于理也应如此。哪怕她没有"垂帘听政"，她也会因为自己是皇帝的生母以及在皇族中的辈分而享有比光绪皇帝更高的权力。倘若下一任皇帝即位，那么她将升为更为尊贵的"太皇太后"。而实际上慈禧的确得到了这个称谓，光绪皇帝驾崩后，她曾在很短的时间内被奉为太皇太后，死后也是以太皇太后的规格葬入皇陵的。

可见，慈禧太后的经历与地位并不适合被称为"遗孀"，不过我们也没有再好的词去形容她了。事实上，无论是"老佛爷"还是太后，这些称谓都在肯定她的能力和性格。不然，一定会有人提出问题，为何一个遗孀可以权倾天下呢？这样的人绝对不了解，太后所享有的权力不但高于先帝以及先帝的妃子，甚至还高于当时执政的皇帝以及皇帝的正宫妃子。这些人的地位等级被划分得一清二楚，皇帝和皇后要对太后以及太妃绝对恭敬，无论是去她们寝宫里拜见，还是她们到皇帝和皇后的宫殿来，没有得到允许，皇帝和皇后是不能擅自入座的。

有几次，我曾随宣统皇帝拜见端康太妃，即光绪皇帝的妃子。她的辈分较高，宣统皇帝每次拜见显得极为恭谨。拜见太后时，他则显得更为尊重，因此如果看到哪本书中记载光绪皇帝的地位低于太后时，无须对此惊讶。自1898年9月份后，慈禧太后的确总乐于羞辱皇帝，这都出于她的地位高于皇帝的实情。

我希望不要就此下定结论，任何一位辈分高于皇帝的妃子都能决定朝中的重大事宜。只要不被册封为太后，任何一位太妃都没有这个权力。除非这个妃子比如"老佛爷"开始摄政，不然她无法拥有皇帝的特权。出于律法的需要，才规定太后的地位高于皇帝，以便在某些突发的状况时，可以临时或者彻底收回皇帝的特权。在中国，这种行为是合乎法理的。不过，太后必须得到朝中重臣的拥护，否则她是不会废除皇帝的，因为这会让她面临诸多困难。朝中也会出现反对皇帝的情况，这时地位尊于皇帝的太后就成为了限制皇帝的合适人选。

或许，从某些方面来讲，太后同英国上议院所发挥的作用相同。太后无须任何形式，就可以颁布一些法令。如果太后能够得到整个国家的支持，那么她所掌管的权力以及对整个国家的影响则是不可估量的。

这就是为什么少有人同情光绪皇帝不幸的原因，哪怕是那些忠于皇帝的人。这同皇权有关，对皇室的忠诚起到了遮掩慈禧太后的罪行的作用。在他们眼中，代表着皇朝系统的人是"老佛爷"而不是光绪皇帝，因此"老佛爷"才是他们应该效忠的对象。

我时常和中国友人谈论这个话题，他们都将对皇族的忠诚视为骄傲。然而，他们所谓的忠诚会害了他们。康有为以及他的学生，还有少数研究政治的学者，都发现中国人曲解了皇帝的职权（大多数的理解还是正确的）。另外，这些人都在拥护皇帝，还有一些人因为太后阻挠变革而时刻准备对其进行指责。那些对皇权出言不逊的人被称为共和主义者。不过，那位饱受苦难的帝王也能得到他们的理解。这些人对于满洲以及清廷都持以否定的态度。我认为，当改革的浪潮退去后，无论是历史学者还是政治学家都应该重新定位光绪皇帝，还他一个正确的评论。

中国太后的权力高于皇帝，这让西方人非常不解并感到诧异。不过，当你将这种情况同中国传承已久的道德标准相结合，便一目了然了。中国人将孝道摆在第一位。在中国，晚辈必须绝对尊重长辈，听从其意见。皇室作为地位最尊贵的一族，更应该以身作则，引导普通百姓。在众多帝王中，康熙皇帝无疑是清朝历史中最伟大的帝王，然而他所发布的所有指令都谨遵太后的意愿和建议，以此彰显着自己的孝悌之义。对此，中国人极为明白，国家是否太平取决于中国的儒家学子，而谦逊的言语则对他们起到良好的引导作用。

太后所享有的权力可以用一个具有代表性的例子来佐证。道光二年，皇帝在 11 月份发布谕令，皇帝依据太后的意愿，将佟佳氏册封为皇后。哪怕是皇室家族内的事情，像妃子的地位等级，其决定者都是太后而非皇帝。这不足为奇。皇族必须依据祖制，除非太后辞世，否则皇帝无权干涉其妃子地位的晋升事宜。甚至连皇帝的婚约也是由太后全权负责，比如皇后人选，何时完婚等。

　　假如我们理解了慈禧太后交出皇权后所享有的权力和地位，我们就非常容易理解，只要她想运用这些权力，她就会对整个朝廷产生很大的影响，那我们就可以明白她为何可以继续执政，并收回皇帝的皇权，迫使维新派面临不知所措的局势了。西方相关学者曾这样说，凭借太后和皇帝对待维新派的态度，则可以断定太后强势有实力，皇帝懦怯无用。马士用"没有经验的胆小鬼"以及"只有热情的空想者"来评论光绪帝和康有为，但这种言论缺乏公平性。太后所拥有的权位，在现实以及理论方面都要强过皇帝：就理论而言，太后这尊贵的称谓取决于她的辈分而非能力；就现实情况而言，她因自己的地位得到保守派拥护，以此阻碍变革的实施。保守派支持她并非她在领导和政治方面有杰出的能力，也并非她有治理国家的才华，只是因为将她视作保守派的领导者，他们就可以根据中国的礼法摧毁这场变革运动。

　　没有太后，这些保守派也有其他方法。他们寻求机会引发政变，借此夺取光绪皇帝的政权，之后再从皇族血脉中选定一位较为"听话"的人来掌管皇权。不过，宫廷政变不能只是在皇宫内发生影响，这些保守派一直想在全国引起骚动。目前他们别无选择，面对这种危机，他们只有投靠太后才可以完全阻止维新运动，只有她才能牵制皇帝。

　　慈禧太后的决定出人意料。无论是康有为还是光绪皇帝，都单纯地认为相对于政治争斗，她更喜爱颐和园。慈禧钟爱艺术和诗歌，她在颐和园里可以如孩童般不断野餐，观看戏剧。另外，慈禧还有自己的一套方式来表达自己对佛祖的虔诚，她还将很多自己喜爱的东西摆放在幽雅宁静的新宫殿中。在颐和园，她的生活是丰富多彩的。

庄士敦在颐和园的住所的花园一角

可是，慈禧反对改革，这关系到皇族权贵们的切身利益。而且，她实际上更钟爱大权在握。比如，她在 1894 年将瑾妃和珍妃贬为贵人，理由是这两人的生活过于奢华。我们无法知道皇帝对此的意见，但哪怕是他知道了也于事无补。1897 年，她将载漪亲王关进宗人府，下旨罢黜其职位，不但打他八十大板还责令永远圈禁，这一切都因为载漪忤逆了她的意愿。光绪帝执政时期，慈禧就多次利用大清律法以及皇族法律处理某些事情。她下旨免除赞同维新运动的翁同龢的职位，这是她干涉朝政的第一步。但她并非时常做出这样的决定。从整体形势来讲，慈禧还是希望光绪帝以及辅佐大臣们能够处理好朝廷的事宜。因此，年轻的光绪帝认为这还算公平，至少，他希望她不再插手有关国家大事的相关改革。毕竟，改革和她所掌管的宫廷私事无关。

　　很多人对导致光绪帝梦想破灭，戊戌变法失败的因素持不同的意见。皇帝大力缩减机构、裁撤人员的行为让大多数具有威望的满汉官员颇为惊讶。这些官员组成代表团，并奉监察御史为领导者，他们一并去了天津同执掌北洋军队的司令荣禄见面，要求他在必要时期再度请慈禧太后垂帘听政。

　　拥有贵族身份的荣禄和这些保守派的意见一致。他拥有过人才华，对国家忠心不贰。可惜，不论是何种理由，他将忠诚于太后，但他不一定会对维新派采取什么行动。他是一位极具慧眼的清朝官员，虽然同保守派站在同一战线上，但是他也清楚欲救国家危难，就必须学习日本，推行改革。另外，处于观望状态的他也不一定会改变自己原本的立场。监察御史杨崇伊的话不足以让他有所行动，必须有能够改变他态度的事件发生。

　　光绪皇帝深知保守派的势力难以撼动，必须尽早地展开维新运动。他知道这件事风险很大，便时刻注意事态发展。如果他按部就班地执行改革，就会给保守派留有时间，他们就会有所行动。因此，光绪皇帝以及康有为都认为必须马上推行改革，尽管有风险，但是要比懦弱的"走着瞧"政策多些希望。光绪皇帝也想到保守派一定会请太后出面。太后一向迷信、目光短浅，喜欢听甜言蜜语，既不喜欢外国人，也反感新朝廷推行新政策主张。而新政策的实施会让保守派觉得这是在否定中国现存的一切。光绪皇帝明白，虽然太后已经 9 年不理会朝廷的相关事务，但是她依然保留着高于自己的权力。太后直接罢黜帝师翁同龢，就是她拥有无上权力的有力证明。目前，太后对改革的谕令还没有表态，但是，只要她反对推行改革，那么她随时都可以将这些命令收回。太后若是支持保守派，那么改革维新将面临巨大的困难。

光绪皇帝全面分析了整体事态以及可能出现的情况，确保改革运动不被慈禧太后威胁的方法只有一个，那就是采取某些行动，阻止太后成为保守派的领头人。也就是说，光绪皇帝需要有人拥护，而且这个人不但在朝中拥有很高的地位，还要手握兵权，能够震慑住其他人。另外，这个人还必须是一个行动派，并且拥有长远的目光，支持维新运动，效忠于皇帝。光绪皇帝本以为自己找到了这样的人，但他却不知道他其实效忠太后。这个人，便是袁世凯。

不要责怪年少且孤独的光绪皇帝未能看出袁世凯的本性。有谁可以想到这个皇帝十分信任的人会是中国最大的叛徒呢？又有谁会料到他不仅在 1898 年失信于皇帝，还在 1911 年出卖了皇族，最后在 1916 年背叛了整个民国。

光绪皇帝为了能够顺利实施改革措施，希望袁世凯能够阻止慈禧太后重新掌权。为此，他单独召见了袁世凯，并将此项重任托付于他。关于光绪帝召见袁世凯相关事宜，有这样一个说法。1898 年 9 月，袁世凯接到密令秘密觐见光绪皇帝，但是他没有见到皇帝本人，只是见到了负责传递皇帝意愿的第三人。不过，由于他自身的原因，袁世凯曲解了皇帝的意思。皇帝肯定不会为阻止荣禄让袁世凯在必要的时候刺杀荣禄，更不会为了阻止太后而让袁世凯囚禁太后。这样做都不利于皇帝以及正在实行的改革行动。皇帝直接忤逆太后会造成公众的反感，这甚至会危及他的性命。另外，在清朝很少有人因政治分歧而去刺杀谁。至于光绪皇帝，他本性也没有那么残暴、嗜血。皇帝是想让袁世凯利用他的军权，隔断反对派同慈禧太后之间的联系，让慈禧太后无力对紫禁城的政令进行干涉。

袁世凯同光绪皇帝见面后，就将这件事转告给荣禄。我们无法得知荣禄有没有在御史杨崇伊那里得到太后派他处理这件事的消息。不过，袁世凯因为担心太后以及自己的安危，哪怕可能性很小，他都会毫不犹豫这样做的。于是他立刻让信使们赶往颐和园，将事情禀报给慈禧太后，希望她抓住时机立刻做出决定，避免有性命之忧。

可以肯定的是，慈禧太后在听了这夸大其词的报告后，非常震惊。她知道了皇帝以及维新派握有实权后自己的处境，她很有可能被软禁、罢黜、蒙受羞辱甚至最后饿死。也许这些谣言制造者只是为了让太后相信这件事并立刻采取有效的措施而非对皇帝的性格进行丑化。不过，这些计策很有效，保守派达到了目的。慈禧太后在第二天就准备收回皇权。在9月份的一个早晨，天气非常好，慈禧太后从乐寿堂出发回到了紫禁城，这一切出乎人们的意料。威风八面的慈禧太后盛怒不已，她站在了无助且恐惧的光绪皇帝面前，大声地斥责，说他居然想刺杀她，是一个不知感恩的叛徒。之后，光绪皇帝被慈禧太后软禁在紫禁城附近的湖中岛上，皇帝的特权再次回到慈禧太后手中。慈禧太后还以国家的名义颁布了一道圣旨用来羞辱皇帝，内容大意为光绪皇帝深知自己无力治理国家，一再请求慈禧太后重新把持朝政，而且皇帝代表其子民对慈禧太后能重新执政感到万分感谢。当然，这一切都是慈禧太后逼迫光绪帝承认的。

另外，清政府还颁发了另一个恶毒的诏令。诏令的内容非常简短："帝遇疾，皇太后复训政。"

第三章 1898—1901：太后反击与义和团运动

"帝遇疾，皇太后复训政。"

紫禁城的子民一开始并不了解"大内"里具体发生了什么，但当他们看到那条诏令后，他们就明白，当今皇帝正面临性命之忧，而这种忧虑并非来自疾病。

这里面还有一个故事，虽然离奇但是一些分辨力不高的中国人会认为这是真的。当时，光绪皇帝得知慈禧太后要从颐和园回来，在她离紫禁城不到11公里时，皇帝担心自己会有危险，换了便衣躲在英国的使馆中。还有一个传言说英国的使者不但拒绝向光绪皇帝提供帮助还将他囚禁并送回了紫禁城接受慈禧太后的斥责。英国的使者非常粗暴地将使馆的大门关上，这种情况通常是不会出现的。哪怕真的出现了这样的事情，光绪皇帝也不会没有其他出路，因为北京不止一座外国使馆，他完全可以再向别的外国使馆寻求帮助。

我想真正的经过大概是这样，年少且悲惨的皇帝确实想出逃，但是被宫中的太监拦下了。后来，我从一些太监那里听到了事情的原委，他们说的似乎更加真实。皇宫大约有 3000 名太监，他们痛恨皇帝推行改革不仅是因为敬畏慈禧太后还与他们个人的利益相关。这些太监同保守派的想法一致，若是维新运动成功，将会引来一场灾难，就算影响不到整个中国，也会影响整个紫禁城。他们都希望太后可以让这腐朽的制度继续存在，以此确保他们能够继续这种奢靡的生活。

虽然光绪皇帝无法解除自己的危难，但是他不想连累朋友。对于维新派的安危，皇帝已经无能为力了，只好做最后的努力发了一封密函通知康有为：太后再次执政后将威胁到维新派领导者的性命。当时，康有为已经带着他的学生梁启超（后来成为了一位著名的学者）逃离了太后的势力范围。

世人皆知，最初康有为去了香港。他在香港避难时得知了自己的弟弟、几位关系密切的朋友，以及那些拥护自己的人遭遇不幸的消息。

维新派最终败给了保守派以及顽固派。支持维新的核心成员没有几人可以像康有为、梁启超那样躲过灾难，这些人都被囚禁起来，永不释放，其中徐致靖御史因引荐康有为被定罪；陈宝箴还算幸运，只是被免去了湖南巡抚的职位；而宋伯鲁不但被罢免御史的职位还不准再入朝为官。帝师翁同龢本来也难逃惩处，但是他在朝中有诸多好友，也是一位极具影响力的学者，如果他死了会引起连保守派也不敢得罪的人士的强烈不满，所以，太后只是罢黜了他的职位，让人暗中对其监视。不久，翁同龢就在贫困中辞世了。直到 11 年后，太后和皇帝都离世了，人们才敢于承认和怀念他的功业。1909 年，宣统皇帝即位之初，翁同龢的头衔和荣誉都得到昭雪恢复，并被追谥为"文恭"。

杨深秀、谭嗣同、杨锐、林旭、刘光第以及康有为的胞弟康广仁这六位为推动变革而英勇就义的烈士被载入史册。他们在慷慨赴死前，曾有刑部官员上书要求对他们进行审判。不过，铁血无情的慈禧太后直接驳回了这请示，下旨说："无须审判，即刻处死。"

醇亲王载沣与香港总督布莱克·亨利先生的合影（摄于 1901 年）

而可怜的光绪帝，若是也能同这六位义士那样慷慨赴死，那么他便不用在别人的脸色下忍受十年。这一切和他人的宽容无关。但是紫禁城却哄传着他不久于人世的消息。按照惯例，凡是皇帝病危，朝廷定会发布消息网罗天下名医。各地官员都依照旨意遍寻名医并将他们送往紫禁城。皇帝即将辞世的谣言逐渐成为了现实，因皇帝没有阿哥，所以需要从合适的皇族人员中选出继承者。

　　但是，知道真相的朝廷重臣谁都没有勇气向慈禧太后为皇帝求情并拥护其重掌大权，不过还是有一些政治家，他们用激昂的文字批判太后囚禁皇帝的做法。总督荣禄甚至还收到了一封刘坤一的谏书，这位两江总督用犀利的文字抗议了这件事。其他地方反对的呼声也很高，甚至还有人发表威胁的言论。这些抗议的人除了海外华侨便是一些生意人，他们通常在西方人控制的城市做生意。徐元善就是上海抗议群里的核心人物，当他感觉到自己随时会被朝廷逮捕时，便由上海逃向了澳门并受到葡萄牙的保护。

　　同一时间，康有为也在海外组织人员抗议清政府罢黜皇帝的行为。他还建立名为"保皇党"的协会拥护光绪皇帝，在华商和华侨居住的各国都设有支部。他们凭借自己的言论扰乱清政府，完全不在乎皇族权贵的势力。在这样的舆论下，太后及其党羽不得不因为压力取消了废黜光绪皇帝和杀他的计划。

　　1898 年 9 月，64 岁的慈禧太后再次执掌朝中大权，这时的她依然精力旺盛，思维清晰；被囚禁的光绪皇帝已 28 岁。在慈禧太后执政时期，光绪皇帝时常被迫像个低贱的随从，跟随慈禧太后在紫禁城和颐和园之间往返。这种旅途是非常烦琐的，需要花费大量时间。住所的变动对光绪皇帝而言，根本没有区别，不过是换个地方被囚禁而已。他在颐和园居住的地方名为玉澜堂，玉澜堂水光潋滟，可惜光绪皇帝看不到这风景。紫禁城中囚禁光绪的地方是"三海"最南边的瀛台小岛，这个地方也叫瀛洲，传说里面住着神仙和玉皇大帝。后来民国时期的总统接手了这里以及四周的宫殿。身为客人的我，有机会可以来到这个小岛，参观这个光绪皇帝最后生活的仙境。我向民国政府提议，保护这个岛屿，以此来祭奠其中孤寂忧伤的亡灵。

过了几个月，慈禧太后认为时机已经成熟，可以执行筹划已久的立储大计。于是她选择端郡王的儿子溥儁为大阿哥。慈禧太后这样做，是因为端郡王深得自己喜爱，而且他也厌恶西方人和维新派。继承人选定后，慈禧不允许溥儁成为比她思想开明的人，于是派了思想保守的崇绮和徐桐引导他。

因为立储诏令，紫禁城又开始盛传皇帝病危。慈禧太后不想引起动乱，便决定在皇帝的病情再一次急转直下之前不发表任何意见。与此同时，北京发生了另一个惊天动地的事件，这让慈禧以及效忠慈禧的人都转移了注意力。我不打算将义和团的事件叙述一遍。大多数人认为，义和团最初反对的目标并非西方侵略者而是清朝政府，但这种看法并不完全正确——义和团运动自一开始便敌对基督教徒以及西方侵略者。罗伯特·赫德爵士曾直接指出，义和团只是一群空有热情的愚昧之人。山东最先爆发义和团运动并非偶然，德国人在山东半岛的侵略行为让山东百姓处于水深火热之中。当然，清政府也需承担一部分责任，腐朽的制度、不堪一击的军事力量让国家走向了灭亡。不过，那些愚昧的民众未能看清这一点，他们认为是西方列强的阴谋导致了中国的民不聊生。如何才能救国家于危难之中呢？唯一可行的方法便是将西方的一切抹去，不论是他们的发明还是他们所信奉的神灵，以及他们那高人一等的姿态。

义和团运动爆发的年代过早，不然德国希特勒的事迹一定会对其有所启发，他们将找到一个非常恰当的理由来反抗外国侵略，就像德国排犹那样。由于一些明显的原因，清政府出于本能已无法继续坐以待毙，它开始策划随时引导百姓同西方列强对抗。值得一提的是，自17世纪起，就一直有股隐在暗处的力量对清朝的安定形成一定的威胁。现在，愤怒不已的人们极有可能与这股力量形成同盟。假如光绪皇帝能够顺利进行改革，就不会发生清政府同义和团结盟这样的事情。荣禄和袁世凯所领导的军队实力是那群拿着弓箭的几千人组成的民间武装无法相比的。可以确定清政府的一些官员对义和团是同情的，不然义和团运动的命运同其他地区被瓦解的运动就是相同的。在清政府允许董福祥等拥有军事力量的同情者加入义和团后，义和团便变成了一个暴力组织。

义和团运动的爆发同这些同情者有很大关系。尤其是担任山东巡抚的满族人毓贤，他极为仇教排外，这样一来便成功阻止了皇帝改革运动的实施，这无论对中国还是对清政府都十分不利。就义和团的问题，他上书向皇室出谋划策，成功让朝廷与义和团结为联盟。一位美国作家这样评论："内心对这些爱国人士报以同情，并将他们看作是拥有强大力量的盟友。"还有一个在北京居住的美国作者也说："义和团能够起义要归功于他。"

民间的白莲教对清政府而言是个巨大的威胁，多次叛乱，义和团则在开始时被认为是起源于该教。之后，朝廷颁布的命令对义和团极为不利，毓贤立即采取行动挽救了义和团。这是因为在1897年，两名德国传教士在他管辖的地区被人杀害，而德国借机占领了胶东半岛。为了安抚西方列强，他被罢黜山东巡抚的职位，但他依然深受朝廷赏识，随即被调往山西担任巡抚。这件事让他更加排外。不久，义和团于1900年展开疯狂行动时，他冷酷地屠杀山西省内的传教士。义和团敌对外国的行为博得了他的同情，于是，他上书朝廷为义和团辩解，说义和团是正义之师，完全可以被委以重任将国家从西方列强的铁蹄下解救出来。他还说，义和团那不可忽视的力量有助于同西方列强争斗。他说，镇压义和团无疑会给清朝带来灾难，这就好像折断自己的翅膀。

在这已经无须继续讲述义和团如何在紫禁城被人们接受继而发展壮大了。愚昧粗鲁的刚毅和醇亲王是第一个相信义和团的，慈禧太后是最后一个。在山东担任巡抚的袁世凯，在学习义和团的做法后发现义和团的理念并不实用，便放弃了。但是掌权者们已经完全采用了义和团的理念，根本不理会荣禄以及其他官员的谏言。

1900年6月20日，德国公使以及日本外交秘书被杀的事件拉开了群众围攻使馆的浪潮。一直到8月14日，八国联军入侵北京，这件事才告一段落。

慈禧太后明白是自己导致了这一切，她根本没有勇气留在紫禁城面对得胜的洋人，这不足为奇。对此，慈禧太后假装为了她的子民，为了领土完整，牺牲自己的利益将皇帝之位归还给光绪皇帝。她知道光绪皇帝不会恐惧目前的灾难，并相信仁慈且"孝顺"的皇帝一定会宽容自己的。所以，即便自己非常生气也很妒忌，她也要带着光绪逃走，她不会让那个放肆的背叛者对自己落井下石的，她甚至可以全然不顾中国的领土遭外人入侵。假如她遭遇不测，她侄子必须同自己一起承担。

光绪皇帝想要留在紫禁城，但被慈禧太后否决了。这里还需提及一位可怜的女子，珍妃。珍妃是光绪皇帝最爱的人，也是最理解光绪皇帝的人，她为了皇帝到慈禧太后面前求情。急着出逃的慈禧太后根本不理会她，慈禧是不会让光绪皇帝对抗八国联军的。紫禁城的北门已经安置好了出逃的马车，而八国联军很可能就要追上来，已经没有时间了。珍妃还在为希望留守紫禁城的皇帝苦苦哀求，愤怒的慈禧太后却不由分说命人将她丢进了井里。

我还从一位在宫殿里当值的太监那里听到另一说法。他们表示这个说法也是听别人说的，因为他们当中没有那件事的目击者（我从未遇到过一个人承认他是事件的目击者或参与者）。当时，太后对珍妃说："我们都有归宿的地方并应该坚守在那里。我们不能落在洋鬼子手里。你与我的命运是相同的，那就是死。所以，你先走，我会紧随其后的。"然后，珍妃在慈禧太后的叹息声中被太监拉走扔进了井里。

太后垂帘听政的宫殿是位于紫禁城东侧的宁寿宫，而那口井（我觉得1900年后它就被废弃了）就在宁寿宫前面。我时常陪宣统皇帝在井边谈话，他时常讲起他6岁时发生在这里的悲剧。也许，这里会有一个哀怨而孤寂的灵魂不肯离去。倘若纪念光绪皇帝的祠堂被设在玉澜堂或者是瀛洲小岛，那么在这口井旁边也应该立块碑纪念珍妃。

过了几个月，慈禧太后回到了紫禁城并撤回了之前有关亲近义和团以及排斥西方国家的诏令。她还晋升珍妃为皇贵妃，赐谥号恪顺皇贵妃。对于珍妃的死，想要洗脱罪名的慈禧太后让人传言说，"遵驾西狩"忘记带珍妃前往，对此悲伤而悔恨的珍妃便自杀了。

可是，居住在宁寿宫的慈禧太后会觉得安宁吗？

第四章 1901—1908：光绪皇帝的最后岁月

　　义和团被完全镇压后，慈禧太后度过了她人生的又一个八年。对于国家所承受的耻辱，清政府所走入的末途，她是否有所反思，明白这一切的根源就是自己呢？我们不得而知。慈禧太后的双眼一直被身边的阿谀奉承所蒙蔽，她也没有从接触的西方军队中找到对中国有影响的东西。她经历过几次战火，也多次向西方列强屈服。她认为那些人都只是西方的野蛮人，终究会回去的。

　　1900 年，慈禧太后被迫离开紫禁城，名曰"遵驾西狩"，这期间她完全可以进行思考，也许她会回忆起曾经的岁月。1860 年，她也曾随咸丰皇帝仓皇出逃到热河，而现在她再次出逃去西安避难。40 年前，西方人烧毁了圆明园而今天也许又会历史重演，那些无耻之徒可能会再次做出纵火的行为，烧毁她本想用来颐养天年的地方——颐和园。但她没有办法，这些人或许洗劫了所有的财富，烧毁所有他们无法拿走的东西，然后就会回到他们来的地方。那时，中国就会迎来美好与和平。逃亡期间，她历尽磨难，不过她很快就镇定了。她明白自己会再度回到紫禁城，在西方人的请求下，回到那里将一切恢复原样。她完全不用担心回去后的情况，因为她的子民会将宫殿修整好，也会献上大量的宝物，她可以继续过着与艺术相关的生活。她还可以在效忠她的权贵以及太监的陪同下继续泛舟翠绿的昆明湖。她不得不为那些忠心于她但有时很无趣的臣民费一些心思，之后，她需要休养生息。

可以肯定的是，她将有很多重要的事情需要处理，她必须处罚那些让自己错信义和团的亲王和大臣们，对西方文明狂热的人则可以予以宽容。这些接受西方文明的人一直热衷于各方面的改革，从宪法到教育。不过，清朝不可能凭借这些便可以脱离深渊。而光绪皇帝，慈禧原本想刺死这个忘恩负义且年少无知的大麻烦，但是她改变主意决定将他继续囚禁在原来的地方让其反思，她想他应该感恩自己。

也许这些都是慈禧太后在逃亡时想到的一切。她去的地方非常荒凉以至于连西方蛮夷都不屑于去，而她需要处理某些事情。但慈禧似乎一直未能认识到，清朝早在很多年前就走向了覆灭的道路。她以及她的继位者必须克服一个极大的困难，才有可能重新执掌这个国家。然而，目光短浅的慈禧太后从没有接到谁的提醒，告诉她清朝已经无法摆脱覆灭的命运。革命的浪潮即将来临。

这里不再赘述八国联军同清廷所达成的协议。慈禧太后在 1901 年回到紫禁城再次执政。但是，双方似乎都没有达成意愿。一些义和团运动的领导者以及排外人员例如山西巡抚毓贤都被处死了；而和刚毅性格相似的人的命运几乎也差不多。另外，中国需要交出大量白银作为赔款支付西方军队的花费以及在这场运动中所承受的损失。众所周知，醇亲王还被委派到德国赔礼道歉。

西方人不满意谈判结果是因为各国的代表都无法坦诚相待，他们之间矛盾重重。而且，这些人并不了解中国的政治以及皇室阴谋。俄国想将东北划

入自己的势力范围，并想让满洲独立，因此用尽一切方法意欲单独同中国谈判。实际上，在满洲生活的英国人曾表示，两年之前，中国就只是在名义上拥有对满洲的主权了，而俄国则计划在 1900 年后坚守自己的利益并继续扩张，之后他们将这项计划完成得非常成功。

康有为非常担心因义和团而出现的问题。他非常认同谈判结果中对毓贤以及其他领导义和团的人的处罚。不过，康有为依然悲痛，因为光绪皇帝没有因为八国联军的入侵而执政。康有为明白，光绪皇帝一天不亲政，他就一天不能入朝为官，更不能为贤明的君主出谋划策。然而，他最关心的还是光绪皇帝。他非常内疚，认为光绪皇帝会有这般境遇，同自己有很大关系。

1901 年，清政府除了没有惩处太后，已经完成了西方各国所提出的条件。康有为依旧无法回归，他在英国驻海峡殖民地总督的庇护下生活在槟榔屿。这期间，康有为写了一份谴责没有惩罚真正罪人的备忘录，同时，他又对西方列强寄予厚望，愿他们能继续支持光绪皇帝和自己的大业。康有为还将备忘录翻译成英文，之后交予了英国的几个友人。我手里有康有为签字的手写英文翻译的版本，中文原件已不知所终。这份备忘录的两个版本都没有公之于世，而我也不打算这样做。备忘录一共有 28 页，其中 23 页的内容全部是对荣禄的谴责，剩下的内容则是对太后以及大太监李莲英言辞犀利的批判。

这份文件没有同世人见面，我想大概是因为康有为发觉自己的言辞有失公正。后来，我在和康有为交谈中也得知了一些。1898 年的戊戌变法，荣禄支持慈禧太后的种种行为是康有为对其评价出现偏差的主要因素。康有为一生都对皇帝效忠，无论是光绪皇帝还是后来被废位的宣统皇帝。而荣禄的女儿嫁给了醇亲王，这让他成为了日后继承大统的宣统皇帝的外祖父，这些因素让康有为改变了自己的观点，他不会继续对这位和他效忠的皇帝有直接血脉关系的人进行谴责了。

依据康有为的观点，荣禄是导致义和团运动失败的主要人物。他被罢免官职是他应付出的代价。这不应该责怪康有为有这样错误的观点，当时他所掌握的证据都指向了荣禄，西方各国的代表人员也认为荣禄有罪。而西方各

紫禁城西北一角

国在一段不短的时间内，都将荣禄认定为是当时袭击使馆事件的其中一位主谋。因此，在进行有关《辛丑条约》的谈判时，西方各国的代表都不承认被慈禧太后派遣而来的荣禄是全权大使。不过，之后的事情证明，倘若太后能够采纳荣禄的建议，国内的外国人就会免遭屠杀，人们也不会袭击使馆，中国更不会同西方各国发生战争。如今，我们已了解到，明知道劝阻端郡王支持义和团有可能会让他失去荣耀以及生命，但荣禄还是极力去做这件事情。另外，义和团曾向荣禄提出使用军事武器的要求，但被荣禄拒绝了，从一开始荣禄就反对义和团使用枪支弹药。正因为荣禄的反对，才使使馆地区免遭被毁的劫难。义和团运动结束后，慈禧太后才后知后觉地发现荣禄当初的决定是多么明智，此后便对荣禄信任有加。后来，荣禄的女儿在太后的主张下嫁给了醇亲王，而他女儿的孩子在之后还被立为光绪皇帝的继承者。对此，我们可以理解为慈禧太后对荣禄的回报。

自1900年开始，慈禧太后改变了原来的看法（同荣禄的急谏密不可分），加入了改革派的行列，重新设定军队、法律、教育以及社会的相关制度。不过这一切为时已晚，慈禧太后颁布政策后并没有得到激进人士的拥护。慈禧太后重新执政不久，为了压制人民反对朝廷的情绪，表明清政府期望解除民族间的矛盾从而颁布包括取消满汉不得通婚在内的一系列诏令。不过，这些诏令收效甚微。1905年，准备去西方国家学习治国经验的镇国公载泽及其代表团在北京火车站遭到了袭击，镇国公以及其中一名代表团成员受伤。此时，朝廷已经颁布中国即将君主立宪制的诏令。对于慈禧太后这一举动，激进派人士却无动于衷，反对清朝的呼声一直不断。朝廷虽然颁布诏令镇压"革命排满学说"，但作用不大。

1907年，清政府为了消除满汉之间的矛盾，主动将东三省总督的职位授予了徐世昌。满洲在清朝统治中有着特殊地位，这个做法意义重大。清政府最初的立国之地就是在满洲，国号为"大清"。因此，满洲一直由皇帝亲自管理，这会让人认为中国便是满人的帝国。其实，1644年建立的所谓的"中华帝国"，实质就是"满洲帝国"。这一点恰好成为1911年反满革命的发动者们的其中一条重要理由。他们认为，满族是异族，没有理由对汉族实行统治。1907 年，清政府第一次为满洲设立督抚，并且为了消除满汉之间的隔阂，任命汉人为考察宪政大臣。自此，满洲才被容许汉族迁移到这里。

汉族身份的徐世昌虽被任命为首任东三省总督，但是满洲在清政府中的地位依然特殊。之后，第二位总督是蒙古人锡良。锡良曾在热河任都统，而热河的地位也像满洲一样，由皇帝亲自管理。1907 年，本为中国驻英国公使的汪大燮调任为考察宪政大臣，带领众人出访欧洲。同年，孙中山和黄兴在广州起义，不过很快就被清政府镇压下去。失败的孙中山等主要领导者流亡国外。这一时间，学生参加国家大事的情况愈发严重。清政府虽然颁布诏令禁止，但是情况没有多少改变。不过，学生参与政治直到 1919 年才算真正发挥作用。

1908 年，清政府面临的问题更为严重。这年，光绪皇帝病危，慈禧太后下令将醇亲王不足 3 岁的儿子溥仪带入紫禁城。光绪皇帝去世之后，太后以光绪皇帝的名义宣布立溥仪为大清的皇帝。然而，也许光绪皇帝并不知道继位者是谁。但几乎可以肯定的是，光绪皇帝不知道这条诏令，也不会有人询问他的意见。按照惯例，光绪皇帝的正宫妃子被册封为隆裕太后，而慈禧太后被封为太皇太后。同年，慈禧太后去世。

溥仪继位，年龄尚幼，于情于理辅助他的人应该是他的父亲醇亲王。醇亲王是光绪皇帝的兄弟，在众多亲王中地位最为尊贵，似乎是摄政王最合适的人选。因此，醇亲王被慈禧太后封为了摄政王，但是她的这项决定是她一生中最大也是最后的一个错误。我认为，这个决定为清朝以及中国都带来了不幸。显然，慈禧太后没有认识到，一个有能力的摄政王才能稳固皇权。也许是她没有时间仔细考虑了，也许是她目光短浅。

醇亲王上任后，朝中重臣立刻发觉他根本不能胜任此项重任，认为这是清朝覆灭的先兆。有这种说法："清朝因摄政王而起，因摄政王而终。"清朝入关后，顺治皇帝的叔父多尔衮是清朝第一任摄政王，也是一位非常伟大的摄政王。

对于清朝的继承人，袁世凯持反对意见，原因很简单，溥仪继位后无异于加强了醇亲王的势力，这对他的前途而言非常不利。因此，他拥护溥伦继位，而溥伦是道光皇帝年龄最大的孙子。假如溥伦能够继位，他不但可以继续在朝中为官，还可以拥有皇帝给予的一切特权。不过，我们无法去预测这之后的中国历史轨迹。

醇亲王本性善良，和蔼可亲，但他钟情的是中国的戏剧，并不是国家大事。他唯一相信的亲王是一两个精通满语的亲贵王族（载泽是其中一个）。可惜，这位醇亲王性格懦弱，毫无主见，遇到突发事情就毫无头绪。他做事虽然极力想让各方满意，却收效甚微。他还非常容易受到蛊惑，听信小人谗言。他担任摄政王后，那些油腔滑调的人经常蒙蔽他，致使他做出了很多错误的决定。我曾经与他接触过几年，也曾见他时常在处理政务方面犯错误，对维护皇族的利益非常不利。我曾经对那些一起在朝为官的人提出建议：为醇亲王提供两种选择，执行他不想采用的那一种。

醇亲王已经做了他力所能及的事情了，例如纪念光绪皇帝以及他的随从，还有赦免已经去世的翁同龢，但他却没有勇气将康有为召回，至于他对待袁世凯的行为却导致了以后的悲剧。

1908 年，隆裕太后去世，醇亲王不再有畏惧心理，他开始为他的血统而沾沾自喜。这种心境用一种时髦的话讲就是劣等的自卑心理。当时，醇亲王对自己的所作所为都非常满意，完全不顾自己在国家政务上的能力不足，这也可以看作他的一种自我保护。

其实，醇亲王本人并不是就一定要做摄政王，从情理方面讲他是最好的人选，其他皇室成员也不可能成为摄政王，不过这不代表慈禧太后没有其他的选择。倘若慈禧太后做出另一个决定，那么清朝有可能继续生存下去。慈禧太后可以不选任何人为摄政王，而选出一些具有真知灼见的人组成一个摄政组。这个小组可以由三个汉人以及两个满人（排除皇族成员）组成。这样，汉族人就会对此比较满意也会更加支持摄政组。另外，这一举动也正好表明了朝廷满汉一家的决心。这个计划需要朝廷放弃原先的姿态并承认：皇位不再专属于皇族，它只为了国家的利益而非皇室的利益存在。

这个方式实施起来比较困难，但并不是完全没有可能。尽管朝中思想顽固的人居多，但是他们不会同义和团合作推行改革。如今，人们不再惧怕改革反而是希望改革，如果中国不改革那么就只有灭亡了。还有一些思想开明、精力充沛的朝中重臣以及政治家对清政府抱有一定的希望。比如，康有为、徐世康、岑春煊。如果袁世凯能够成为摄政组的一员，他就能够得到自己想要的，进而巩固皇位。这些人为了皇族的利益，王朝的未来，也会献上自己的忠诚。摄政组会严查紫禁城内的贪污受贿，还会废除太监这一制度，惩治内务府那些腐败的官员。另外，他们还会为小皇帝选择一位合适的教师。这位教师在对待西方文化时必须秉持公正的思想，既不打击也不盲目追捧，还会精心教导皇帝东西方的文化，将皇帝培养成一位懂得局势、目光长远的君主。

假如这一切能够实现，那么宣统皇帝将会带领他的子民走向一个新的繁荣的时代，整个王朝将从没落中得到新生。可惜，历史是残酷的，辅助小皇帝的是一个摄政王并不是摄政组。其结果也只能是我们后面将要说到的，爆发了一场革命。

第五章 慈禧太后

倘若之前的判断无误，那么 1901 年八国联军做出的决定就让他们损失巨大，他们当时应该坚持让皇帝重掌政权。西方列强只是声明，慈禧太后免遭惩处的最大代价就是归还皇权，她必须保证光绪皇帝安然无恙。

当时，很多人都希望光绪皇帝能够重掌政权，尤其是康有为及其同僚。我希望大家关注一下一本在 1901 年出版的书，书名叫《中国内乱》，作者是林部锵博士，笔名"文清"，是一位主张教育以及对社会进行改革的人。书中有这么一段话：

> 列强必须迫使太后归政，让皇帝变得名副其实。这样，皇帝就
> 可以剥夺太后干预朝政的权力，手握御笔，亲自处理国家政事……
> 保守派在国家中部和南部地区不得人心。如果光绪皇帝重掌政权，

将获得亿万群众的欢呼。让光绪皇帝重获权威并不难，光绪将获得整个国家的普遍承认……国内开明人士将会支持他，联军也会帮助他，光绪皇帝统治的新政府将会突飞猛进地发展……如果光绪皇帝不能重掌政权，改革派将会转而支持革命。接着，中国就会掀起一场革命风潮，这会使这片土地承受巨大的灾难，也会使世界贸易蒙受巨大的损失……现在，一场大革命的种子已经在中国发芽。列强有一种避开这场危险的方法，难道他们没有认识到这一点吗？

谁都没有想到，包括西方列强，文清的预言，在十年以后得到了证实。

乍一看，我刚才引用的这段话好像有自相矛盾的地方。比如，文中说光绪皇帝的权威将获得普遍承认，但又指出在中国会掀起一场革命的浪潮。其实，这不难理解。如果掌权者仍然被掌控在像慈禧太后那样的顽固派手中，大革命就将席卷中国。但光绪皇帝并非顽固派，他一直热心于改革，若他能够重掌政权，革命也就将会平息。这就是文清的观点，许多人都赞同，我也一样。

当然，也有人不同意文清的看法。他们认为慈禧太后在流亡西安时也非常热衷于改革，她也推行了一系列的改革事项，不过中国还是走上了革命的道路。上一章提到，她改革的诚意只是欺骗了外国人，还有少数的中国人。一些西方作者还说，在义和团运动之后，重新回到紫禁城的慈禧太后真正开始实施改革了。她期望同西方人交好，推行改革。可惜，慈禧太后的做法未能打动多少人，大家都认为慈禧太后的做法只是表象。

一位非常具有影响力的西方作者曾说，1900 年以后的慈禧便开始施行新政策，取缔了某些旧的规章。其实，我认为：义和团运动失败后，对于中国的改革，慈禧太后只是一个追随者。慈禧对于那些极具远见卓识的人的提议可以采纳，那些人也觉得改革是必然的，中国一定会西方化的。慈禧太后也不想再出逃一次，她可能还受到荣禄、李鸿章的规劝，不能再继续采取依靠义和团的方法将西方列强驱赶出国门之外了。不过心胸狭窄的她是不会原谅那些试图在 1898 年改革运动中废除她权力的人，她把康有为等人依然列在黑名单上，对康有为缺席判处的死刑没有取消；光绪皇帝继续遭到软禁，仍然遭受到慈禧无休止的诬蔑和打击。她现在不得不赞同并加以施行由光绪开创的改革事业，然而，这不仅没有熄灭她对光绪的仇恨之火，反而加剧了她对光绪的嫉妒之心。

对于慈禧作为一个统治者的评价，有两种完全对立的意见。一种认为，慈禧太后执政能力非常强，正因为她，使得清朝政府多延续了一段时间。另一种认为，她对清朝的灭亡要负主要责任。据我所知，中国的许多杰出人物都赞同后一种意见。而前一种意见，却在西方人中相当流行。例如斯蒂芬·金－霍尔就曾这样评价："正是这个女人的能力，才延缓了清朝的崩溃。"卡梅伦博士也认为清朝在太平天国运动之后能够继续存活完全得益于慈禧太后的坚持，如果不是慈禧太后的执政，清朝早就灭亡了。

谴责慈禧的意见也很多，其中有一位英国学者和一位中国学者的看法极具代表性。威廉·爱德华·苏希尔说："1898 年的维新运动被慈禧太后镇压后，清政府便真正踏入了末途。"1900 年时，文清也表示慈禧太后一直在推动清朝的灭亡。

在这两种观点里，我认为第二种观点更加接近真实。但是，我们需要知道，慈禧是一个无知的女人，我们不能也不应该让她对所有失败的事情负责，也不应该在她死后把一切账都算在她名下。

如何描述慈禧，人们众说纷纭。有四位美国作家曾对她有不同的描述。第一位作家把她描述成"这个世上最杰出的女君主和最放肆的暴君"；第二位作家提出这样一个问题，"是不是应该称她为 19 世纪后半叶最伟大的女性"；第三位称她是历史上少有的铁腕角色；最后一位甚至说她可以成为历史上最伟大的统治者之一。我在紫禁城生活时，我认为慈禧太后要对清朝的覆灭负主要责任，因为她毫无顾忌地使用她的特权。如今我则觉得她确实有责任，但不是主要的责任，在所有责任中她无须为道义全权负责。如果慈禧太后能够脱离清朝腐朽的制度，那么她早就可以成为成绩斐然的领导者。这也说明她既不是一个强有力的人，也不具有所应具有的那种伟大才干。

假如慈禧太后真的像西方人所说的那样，是位杰出的领导者，那么就不会发生 1894 年的中日战争、1898 年列强迫使朝廷割地赔款，也不会发生义和团运动，更不会出现攻打使馆区、庚子赔款、革命共和、礼崩乐坏等情况，蒙古、新疆、西藏、热河和满洲也不会丧失，最后导致清朝再次向列强低头，签订一系列不平等的条约，中国大片的领土被西方列强占领，沦为半殖民地半封建社会。

不过，历史是无法假设的。我们也无须过于责怪慈禧太后，她无法拥有杰出的领导才能是事实，但是她也没有资格成为"历史中最为优秀的掌权者"而受到我们的尊崇。在义和团运动结束后，苏珊·汤利夫人曾经采访过慈禧太后。她这样报道："很难想象面前这位夫人就是中国那位神秘且强大的掌权者，她看起来和蔼……她故意将那位可怜的皇帝囚禁，也默许义和团的行为。"在文章结束时，有这样一段话："慈禧太后只是被他人利用？还是她真的是这一切的始作俑者？"

我认为慈禧太后一生都在被那些保守派的人利用，这些人也是满族和汉族的流氓恶棍。对他们而言，慈禧太后能够让他们得到想要的东西。正如我所说的那样，她的身份以及对朝廷的影响让她成为了别人重要的棋子，她所掌握的东西、形成的性格以及能力的不足会让她很容易站在最高的位置为他们进行庇护。

慈禧最大的缺点就是爱慕虚荣。就算没有别人对她阿谀奉承她也会自我夸耀，她曾对德龄公主说她自己是一个绝顶聪明的女子，无人能及。我想，德龄公主以及其他人只有赞同慈禧太后的话。慈禧太后喜欢听别人的赞美，她认为别人也喜欢赞美她。她在召见各国驻华公使夫人的时候经常夸赞她们，其实她恨透了她们，口蜜腹剑，只是假装和她们套近乎。她在义和团袭击公馆之前以及这件事发生后同这些夫人相聚过几次，她向这些夫人表示大家应该和睦相处，而这些夫人对于她送的礼物以及她所表现出来的风度都非常喜欢。但很快这些夫人就认识到了自己的错误。据一位美国驻华公使说，慈禧太后在暗地里下了密谕屠杀外国人。慈禧太后结束逃亡后，就对西方人越来越仇恨，她永远不会忘记，也不会原谅这些让她出丑，受尽屈辱的人。但是，她表面上还是要向他们示好。

慈禧太后喜欢人们把她比作维多利亚女王，然而，她更愿意人们把她比作伊丽莎白女王。苏格兰公使曾把这个故事告诉伊丽莎白女王，她回答说："我只是一个普通人，完全比不上慈禧。"虽然伊丽莎白女王从来没有像慈禧太后那样为皇帝指定配偶，甚至将皇帝妃子扔进井里溺死，但是我们知道伊丽莎白女王从来没有在众人面前畏缩屈服过，当众打朝臣和宫女的时候她也不会手软。应该有人把伊丽莎白女王的事告诉慈禧太后，她听了一定会觉得非常有意思。

除了同各位女王相比较，慈禧太后最大的消遣之一就是在颐和园中扮演观音菩萨。她站在莲花台中向人们赐"甘露"，以观音菩萨的形象播撒爱与同情。她身后还会站着满带笑意，合着手掌的"天仙"们，太监李莲英也在其中。对于慈禧太后这种行为，其实可以理解，她认为自己就是救苦救难的神仙。这里还有一个故事，慈禧太后在1908年知道了观音菩萨的化身并非只有自己，依据达赖喇嘛的认知，所有的达赖喇嘛都由佛转化而来。

同年9月，西藏的达赖受到清政府的邀请来到紫禁城，并得到了同是观音菩萨化身的慈禧的盛情接待。之后，紫禁城就有两位神仙同时存在了。不过，没有过多久太后去世了，紫禁城也只有一位观音化身了，那便是达赖喇嘛。这件事向世人印证了一个传言：倘若有两位菩萨的化身或者是活佛出现在一个地方，那么其中一位必将离去，然后等待轮回再度归来。

慈禧太后虽然被称呼为"老佛爷"，但是这和她喜欢扮演观音菩萨无关。西方人也许认为"老佛爷"是"年龄大的神明"。然而这和中西文化差异有关，在中国"老"有尊重的意思，而西方文化中没有。清朝的皇帝都喜欢"佛爷"这个称谓。在康熙皇帝执政期间，意大利人马国贤曾在紫禁城居住，这位神父评价康熙皇帝非常受他的子民爱戴并被称为佛。可见，佛在中国的意义不单指神仙，也是对中国皇帝的一种尊称。我在紫禁城居住的时候，听到太监以及其他侍从称呼贵妃和皇妃为主子，这也是一种尊称。

颐和园万寿山顶峰上的佛寺

虽然慈禧太后也受到了朝中官员的尊敬，但是她依旧无法全面代表中国的文明。慈禧没有达到孔子所谓的道德和品行，也不能同那些为中华文明做出贡献的贤德之人相比。汉朝时期，一个人冒犯他的上司，这位上司没有处罚这个人，只是说是自己的错，假如他能教导好自己的属下，就不会发生这件事了。不过，慈禧太后对属下不敬的行为反应不同。1897 年，一位名叫林秀川的人被慈禧太后罢免了职位，其原因就是他在觐见慈禧太后时动作慢了一些。慈禧老佛爷若是知道了汉朝的这个故事，她也许会不高兴，但至少会让她去思考。

我们再来看一下慈禧太后与光绪皇帝之间的关系，很多太监都说慈禧太后很讨厌光绪皇帝。假如你不懂中国的风俗传统，那么你会很难理解下面这个故事。在中国有一种说法，一个人生了重病，如果能够吃到了他的儿女或最亲近的人的股肉，就能恢复健康。人们都非常相信这个传说，他们认为这是子女的孝道或者是奴仆的忠诚感动了神仙，然后生病的人才能得以康复。在甲午中日战争开始前，慈禧太后生了重病。当时，皇帝向慈禧太后请安，并坐在她病榻前。当时，寝宫内还有一个人便是太监李莲英。慈禧太后看着这两个人说："我知道自己命不久矣，若是有人自愿献上能够治愈我的药就好了。"这两人都明白太后话中的意思，但是都没有表态。

没过多久，慈禧太后痊愈了。康复后的慈禧太后一连几天都没有见到李莲英，便向身边的人询问，最后从照顾李莲英的仆人那里知道了原因。原来李莲英自愿献上了自己的股肉为太后治病。据史书所说，李莲英此后备受慈禧太后信任。但对皇帝，太后非常生气，因为他没有尽到应有的孝道，慈禧太后便开始不喜欢光绪皇帝了。

我从一位皇族那里得知了光绪皇帝最后一次向慈禧太后请安的情景。光绪皇帝被囚禁后，必须时常向慈禧太后请安。这是慈禧太后定的一项处罚，这样她就能时常看到这个自己囚禁的人并可以打击他。1908 年秋天某日，光绪皇帝到宁寿宫给慈禧太后请安。这时光绪皇帝自己也病得厉害，在太监的搀扶下，他步履踉跄地走进了太后的寝宫。太后看到光绪皇帝满脸枯槁，四肢无力的样子非常吃惊也非常感动，脸上挂满了泪水。以往，光绪皇帝向慈禧太后请安时都悄无声息，不过，这次慈禧太后却对皇帝说："不经允许不准起身！"光绪皇帝随时都会倒下的身体顿时低了下去，他毫无气力喃喃自语地说："这是最后一次请安，我不会起来的。"是的，这的确是光绪皇帝最后一次请安。

几天后，光绪皇帝和慈禧太后相继去世。传言，慈禧太后已经知道自己同皇帝不久于人世。在地府，自己同皇帝的隔阂也许能被消除了。大概，她会记起她是观世音的化身，却没有观世音的慈悲。

1908 年 11 月 14 日，光绪皇帝去世，次日，慈禧太后去世。因为两人去世的时间太近，于是民间传言说慈禧太后已经病危，但是她不想自己死后光绪皇帝对她做出不合乎道义的事情，于是下令让光绪皇帝先行一步。另外，还有一种传言说，是太监送走了皇帝，他们怕皇帝执政后处死他们。我认为第二种说法更有可能，但是无法对其证明。我有一份报告，是宫廷御医所留下来的。这份报告详细记载了有关光绪皇帝的病情和身体状况，并指出了他是因无法救治而离世的。毋庸置疑，这同他这十年来忍受的折磨有关。但是，不论光绪皇帝是因为一种缓慢的手段还是一种极为致命的药而去世的，我们对慈禧太后的看法都一样。

光绪皇帝生于 1870 年，5 岁时继承帝位，1889 年他大婚后开始亲政。在光绪皇帝亲政前，朝廷一直都被慈禧太后左右。从 1889 年至 1898 年，太后一直干预皇帝的决定。在这时期，因为太后的决定导致中国同日本爆发甲午战争，拉开了西方列强蚕食中国的序幕。对于这场战争，慈禧太后要负主要的责任。而光绪皇帝自 1898 年开始到最后离世都有名无实。倘若他能活到现在（1934 年），1898 年的变革能够成功，清朝就会在光绪皇帝的治理下逐渐繁荣，光绪皇帝也会像明治天皇那样因为改革而名垂青史。明治天皇在日本实行了改革，使国家得以发展，他在光绪皇帝即位前 7 年成为皇帝，在光绪皇帝去世后 4 年离世。

清朝灭亡之前的一个世纪中，曾经屡遭打击，影响和威望大受损伤，有好几次面临灭顶之灾。不过，这个风雨飘摇的古老王朝依然磕磕绊绊继续了几十年，就是在 1900 年的义和团大难中也没有让它分崩离析，这让很多人都非常困惑，它似乎在冥冥之中证明自己还有继续发展的能力。清王朝有着非常顽强的生命力，它在 19 世纪下半叶的恢复程度超出了西方各国的预料。假如 1898 年的变法能够成功，清朝就可以重新整顿国家威严，逐渐变得强大。可惜，变法夭折了，最终未能阻止清朝的腐朽与灭亡。

　　在《赫卡柏》一书中，奥德修斯曾说，如果死后可以长眠于高贵的陵墓中，他将毫无遗憾了。慈禧太后实现了这一点。北京城内有辉煌的宫殿，宫殿几百里外是高山和平原。慈禧太后生前非常喜欢北京西郊的那座颐和园，可惜她快乐的日子过于短暂，她需要为自己未来的寝陵好好规划一下。于是，她死后葬在奢华的东陵，这里群山围绕环境优美，她期望自己能够长久安息。光绪皇帝葬入西陵，似乎他生前与太后观念不同，死后也要分开。但慈禧太后却没料到，1928 年 7 月，她所期望的宁静被打破了（孙殿英盗掘东陵，包括乾隆、慈禧的陵寝）。倘若她能够预料到这一切，那么她该会因为蒙受奇耻大辱而备受打击吧。

第六章　1911：辛亥革命

　　1908 年 10 月，溥仪登基，按照惯例定年号为"宣统"，而他也时常被人们称为"宣统皇帝"。这个称呼在西方人中间比较方便，因为在中国皇帝的名字是不能够被直接称呼的。皇帝在世期间，人们只能称为皇上，皇帝死后也要用"庙号"对其进行祭祀。史官在书写历史时也只能够用皇帝的庙号对其进行评价。光绪皇帝的名字叫载湉，其在位期间定年号为"光绪"，因此世人要避讳，任何人都不能直接说出皇帝的名字。光绪皇帝去世后庙号为"德宗"，在有教养的中国人眼里，直呼"德宗皇帝"为"光绪皇帝"，那他便是缺乏教养，极其愚昧的人。正如一般外国人所知，乾隆皇帝更为正确的称呼应为"高宗皇帝"。

　　对于年号的使用，依据惯例要在上任皇帝去世第二年才可以。因此，

1908 年仍被称为"光绪末年"或者是"光绪三十四年"，1909 年才能被称为"宣统元年"。

醇亲王成为摄政王之后采取的最初行动之一便是解除了袁世凯的一切大权，并以他有足疾为理由让他回家休养。人们忘不了在 1898 年的戊戌变法中袁世凯的行为和他对信赖他的光绪皇帝的出卖。此后，他自然在东西太后的青睐下飞黄腾达，直到皇太后统治结束。1901 年，袁世凯成为直隶总督，1903 年他担任练兵处会办大臣，1907 年调任外务部尚书和军机大臣。不用怀疑，袁世凯当然明白，他的仕途以及身家性命都和慈禧太后息息相关，这就可以解释为什么义和团运动结束后他对光绪皇帝重掌政权持反对意见了。

袁世凯在义和团爆发的初期看出了其图谋，他利用自己山东巡抚的权力对外国人进行保护。因为这件事，他获得了西方各国极大的赞赏和信任。另外，袁世凯还是一个懂得顺从时势的人，不仅思想开明还能够分析出慈禧太后同义和团联手的决定是愚蠢的行为。倘若在 1898 年的戊戌变法中他没有背叛皇帝的行动，或者是能够重新得到皇帝的信任的话，他便可以借助自己在西方各国的威望，支持光绪皇帝重掌政权，中国的情况或许有所改观。但他同慈禧太后的命运已经不可避免地联系在了一起，他为了能够保证自己获得利益会极力支持慈禧太后继续执政。

袁世凯和光绪皇帝之间是不会和解的，而且他和幸存的维新派人士的宿怨更难消除。显而易见，袁世凯已经被康有为等人定义为背叛皇帝的无耻之徒，是慈禧太后发动政变让"六君子"遇难的罪人。另外，袁世凯也担心康有为等人若是回到中国会对他不利。这也间接表明了为什么慈禧太后虽然下令施行新政，康有为等人却没有回到中国向太后请求宽恕并参与国家大事。

有一种传说曾提到，光绪皇帝去世后，人们在他的文卷中发现了一份文件，上面写着立即处死袁世凯的命令。对此，一些皇族人士认为这是光绪皇帝的遗嘱，这些人本来就不信任袁世凯，因此要求执行光绪皇帝这一遗嘱。摄政王犹豫不决，思虑几番后选择只是剥夺了袁世凯的一切权力，让其回乡休养。

摄政王在处理袁世凯这件事上的决定欠缺考虑。在北洋实力派以及新军中具有极高的威望，同时能力非凡又长袖善舞的袁世凯，是绝不会甘于陪伴经书和书法度过余生的。然而，对于摄政王的命令，袁世凯却丝毫没有怨言，没有任何迟疑便接受了。可见在清王朝的最后岁月中，最有权威的官员也要听从于皇帝的命令。但假如这件事发生在15年或者是20年后，其结果就会完全相反——袁世凯的下属可能因为袁世凯被收回大权而发动内战。在北方军队中，袁世凯的地位极高，北方军队也是清王朝最强的军事力量。但是，当时军队还不归个人所有，他们不会利用军队来实现自己的野心和私欲。可见，朝廷依然在延续，皇帝依然掌握着国家大权。

可惜，这种情况没能坚持多久，悲剧发生了。摄政王无法克服他所面临的困难。为了调解关系，他讨好每一个人，但是很快就发现这是徒劳的。摄政王必须同新的皇太后合作。皇太后在皇室中有极高的地位，不单指她的姑母是慈禧太后，她在名义上也称为光绪皇帝的遗孀。光绪皇帝留下过一份遗诏，其内容大意为摄政王遇到重要事务需要和皇太后一起研究并采纳其意见。这份诏书是为巩固叶赫那拉氏在朝中的地位，即便没有这份遗诏，皇太后依据传统观念仍然可以影响皇帝的决定。因为结婚后的她不仅仅是皇帝的伯母，也是皇太后，她甚至可以称自己是皇帝的母亲——在皇帝登基后，就表明他已成为她丈夫光绪皇帝的养子了。

此时立宪运动不断发展，似乎无人可挡。醇亲王和隆裕太后都按兵不动，谁都没有勇气去冒险。1909年，君主立宪制的诏令被颁布了。那些持反对意见的官员不是被罢免职位就是被处罚了。皇叔父载洵率领考察团去英国学习，准备为清朝建立一支与时俱进的海军队伍。他出访欧洲用了一些时间，爱德华国王的宫廷给他留下了很好的印象，因此他回国后时常和我讲起。另外，他弟弟载涛被派往德国去学习陆军。德皇威廉二世对载涛的款待，为其留下很好的印象。但是，若想建立能同西方各国军队相抗衡的现代化海军以及陆军，就必须重新规划其内部的管理形式并建立一套完善的制度。因此这两个花费巨大的考察团未能带回任何有价值的东西。不过，英国和德国大概会因为中国试图向自己学习而感到愉悦吧。

与此同时，各地人士纷纷上书请愿，要求朝廷在短时间内召开国会并成立内阁。摄政王在1910年11月4日颁布诏令，将预备立宪的时间缩短，并定于宣统五年即1913年召开国会。该上谕还对宪法、法规以及如何评定两院成员的相关事宜做了规定，并且要求这些事情要在国会召开之前处理完毕。

这一年，孙中山的追随者汪精卫企图暗杀摄政王未果，被摄政王判为终身监禁。摄政王不杀汪精卫是因为要平息各党派的情绪。谁又会想到汪精卫后来成为了国民党和南京民族主义政府的领导人呢。

1911年，为了对宣统皇帝进行引导，隆裕太后为他选定了三名帝师，并让他在历代皇帝读书的毓庆宫学习。而我有幸同这三名帝师的其中两位成为了同僚。

在1910年和1911年，清廷便放宽了对各类思想的限制，允诺进行君主立宪，却无法阻挡全国各地的革命浪潮。无论朝廷怎样退让，反对者都认为朝廷根本没有诚意，只是在示弱。广东还爆发了一场起义，导致总督衙门被毁。起义被镇压下去后，其领导者黄兴便逃往香港躲避朝廷的制裁，并联系其他革命人士继续反对朝廷。

为了能够缓和这种情势，摄政王曾效仿西方模式，用任命内阁的方法获取敌人的好感，但是因内阁成员都是满族权贵而被人们否定了。在清朝末期，这是人们反抗清政府的主要原因。那些满族权贵人士根本没有治理国家的才能，若是凭借身份被授予重任，定会招来人们的反对。另外，这些王公贵族多愚钝贪婪，其名声极为不好。虽然皇室中也有一些具有非凡能力的人，但是因为在太后以及摄政王的主持下，他们被埋没了。

朝廷曾试图将铁路的所有权收归国家，但是未能成功。国家拥有铁路的所有权是非常合理的，人们却持反对意见。这件事最后导致了辛亥革命的爆发。1911年9月爆发的四川保路运动和10月爆发的武昌起义，只不过是其他地区所爆发的规模较小的起义的重复，武昌由于偶发事件成为了革命运动的中心地，而黎元洪也因当时的形势偶然成为了革命队伍的领导者。

面对国内起义的浪潮，愚昧的太后以及懦弱无能的摄政王根本无法应对。醇亲王此生做过很多错事，现在他却即将做一件后果最为严重的错事。他听信别人的话，将曾经最能够危害朝廷的人，并且在 3 年前被罢免官职的袁世凯召回了。

当时，北洋军队是中国唯一一支装备精良的部队，袁世凯在北洋军中仍具有非常高的威望，他也能对其他的政治团体施加影响。毫无疑问他是一位杰出的领袖和有才能的政治家。在外国人中间他也享有很高的威望，这能让清廷从外国公馆中借到镇压起义所需的军队费用。对于外国公馆，若是军队负责人没有一定的声望和信誉是不会借钱的。在武昌起义爆发之前，即 1910 年 12 月 17 日，《时代》杂志发表过一篇关于目前中国情势恶化，清廷若想改变当前的情况就应该将袁世凯召回，只有他能够扭转形势的文章。没错，当时很多外国人都是这样看待中国的状况的。对于袁世凯的行为，醇亲王比那些外国人更为清楚。而且，这些外国人并没有放多少心思在清王朝的兴亡上，他们只认为革命会给中国带来希望的明天。这些外国人还希望借着革命同四万万中国人分享不断增长的兰开夏棉纺织品贸易所带来的利润。但摄政王除了要思虑有关贸易的最佳时机外，还要考虑朝廷的利益，他认为要是说有谁能救大清于水火之中，那这个人只能是袁世凯。

在清廷的再三敦请下，袁世凯给的第一个答复便是不祥之兆。他满怀歉意以足疾还未痊愈为由说明不能回到朝廷任职。不过，袁世凯不会一直维持这种姿态的，但他的回答还是让醇亲王感到深深的耻辱。

等袁世凯终于回到北京后，立即意识到自己对清廷的重要性，只有自己能够把握全局。几个亲王被罢免了职位，袁世凯则担任湖广总督、钦差大臣及新内阁总理大臣。没过多长时间，袁世凯就掌握了军队的实权，并在短时间内扭转了长江中部的作战形势，相继夺回了长江北岸，与武昌相对的汉口和汉阳。在取得初步胜利后，袁世凯开始按兵不动。国内效忠皇室的大臣们很快就明白了袁世凯的意图，他所做的这一切并非出自对皇室的忠诚，而是在为自己的利益考虑。

关于辛亥革命的历史，国内外很多书籍都有相关记载，在此我不想过多赘述。但是，革命人士同清廷曾在 1911 年末到 1912 年初于上海展开议和商谈。当时，唐绍仪是袁世凯奏派的谈判代表。唐绍仪祖籍广东（居住在澳门附近），曾是袁世凯的下属。唐绍仪在袁世凯担任驻朝鲜大臣时任其秘书一职；1900 年，他又在袁世凯担任山东巡抚时为其效力；1904 年，他被朝廷授予全权议约大臣一职，并到西藏赴任；1906 年，他出席了中国与英国就西藏问题的谈判；他在徐世昌 1907 年担任东三省总督时担任奉天巡抚一职。

可见，唐绍仪同袁世凯的关系非常近，不但共事多年，袁世凯还可谓是他的老师。他接受袁世凯的命令作为皇室的代表人员同革命人士谈判，其言谈举止定会小心。我们无法得知唐绍仪到底接受了什么样的命令，我们只知道他在会议上发表了一番让朝廷大臣大吃一惊的话。唐绍仪在会议中支持共和的态度让清政府顿时感到羞辱，他也因此被朝廷革职。议和在南北双方之间陷入几乎僵持的状态。

谈判结束后，双方签订了一个令人匪夷所思的协议。在这个世界上，大概只有中国才会考虑并签订。协议规定，共和制替代君主制，即皇帝交出皇位。为了感谢皇帝对所谓国民愿望的服从，共和政府承认其一些特权比如保留其尊号。此外，皇帝除了拥有自己的财产，还可以得到一笔额外的资金以便保持紫禁城的政府的运作。

1912 年 2 月 12 日，隆裕太后宣布了中国建立共和政体和皇帝退位的诏书。其内容为："今全国人民心理，多倾向共和，南中各省，既倡议于前，北方各将，亦主张于后。人心所向，天命可知。予亦何忍因一姓之尊荣，拂兆民之好恶。是用外观大势，内审舆情，特率皇帝将统治权公诸全国，定为共和立宪国体。近慰海内厌乱望治之心，远协古圣天下为公之义。"

我将诏书的大致内容翻译成英文刊登在一份英文杂志上，并对此做了评价：

光绪皇帝所居住的封闭式房间（处于颐和园玉澜堂）

"皇帝的退位伴随着民国的建立，这件事情能够充分表明皇帝为国家做出的贡献以及爱国之情。"

　　之后，我继续发表意见：

　　"退位诏书的内容一定会引起那些研究历史的人的关注。皇室成为了君主制同共和制之间的纽带。皇帝在退出政界前颁布诏令宣布成立共和制国家。依理论而言，中国能够成为共和制国家要归功于为了人民利益做出贡献的皇帝，而不是因为那些反对皇室的革命者。对于皇帝这样的举动，有些人持讥讽的态度。不过，我们依然能从中理解一些东西，那便是与其为保全'颜面'而遭致祸患，还不如带着尊严隐退。

　　"皇帝之所以颁布退位诏书，宣布国家共和制，有可能是采取了那些贤能们的建议。起草这份诏书的人也许因为皇帝的退位有所迟疑，但是他最后还是遵从了孟子的哲学。我们希望民国的领导者能够重视古代圣贤们的教诲，最后一位皇帝在重要时刻都会遵从这些教诲。民国的领导者应该明白，古代圣贤们先是道德典范而后才是治理国家的能人。单是从管理国家这方面未能全面展示出先哲们的品德和能力，民国的开国者就应该谨记，他们以后会多次在听从与违背'先哲们的教诲与劝告'中选择。他们需要明白，人民的利益以及国家的命运将取决于他们的抉择。"

　　对于不幸的摄政王，我也做了简单的评价：

　　"我们也许还记得最初见到这位摄政王的样子，当时年仅 19 岁的他一副谦和有礼的模样。但是，这个年轻人自在西方宫廷行走开始时就背负了家仇国恨。我们应该同情这位不幸者，他奔走政界的那段短暂而灰暗的岁月开始时满是失意，结束时满是耻辱。他皇兄一生都受人摆布，因慈禧太后对权力的执迷而毁灭。他的儿子，3 岁登基成为皇帝，6 岁生辰还未过便退位了。如今，他一定拜倒在祖先的灵位前为国家的覆灭而忏悔。埃德蒙·伯克说过：'政权在开始时蒙着一层神圣的面纱，那么它结束时也是那样。'"

　　将自己的一生都献给皇室的辜鸿铭时常同友人回忆起最初听到皇帝退位时的情形。当时，身在上海的他们正聚在知名学者沈曾植家中一起吃饭。辜鸿铭曾经写道："仆人拿进一份从街道上买来的晚报，上面刊载皇帝退位的诏令……所有人都站了起来，面向北边跪下，磕头痛哭……后来，夜深了，我们向沈子培（沈曾植，字子培）告辞，我对他说：'大难临头，何以为之？'他抓住我的双手，眼泪直流，用我今生难忘的声音说：'世受国恩，死生系之。'"

这件大事在北京和南京发生时，我身在威海卫。当地几位很有名望效忠皇帝的人受到了英国的庇护。之后，我们费尽力气将皇帝退位的事情告诉威海卫的 18 万中国人。他们都用怀疑的目光看待此事，没有任何表态。孔子生于山东，因此山东人不热衷于改革，居民中真正理解共和体制概念的也许不足 50 人，这些人也没有兴趣知道。现在，大概也只有 500 人理解共和政体，尽管自 1930 年 10 月 1 日以来，他们已经不用在"英帝国主义"鞭打下呻吟，而且已经成为了共和政府的居民。

威海卫的人同中国其他地方的人没有什么区别，可以说他们的态度愚昧或者冷漠更为贴切。我在威海卫完成的那篇引述的文章里，刊登过这样的文字：

> 中国人（除了在西方文明熏陶下成长起来的革命党）是否真的觉得中国能施行共和体制呢？答案众说纷纭。"中国共和制是顺应民心"从来没有得到过证实，尽管皇帝在其最后一份诏书中有提及。可能比较正确的说法就是，很多中国人都不明白什么是共和体制，他们在这种体制下即将有怎样的生活，因此共和体制的好坏引不起他们的关注。

倘若说，中国人本无心借鉴西方国家，成立共和制国家（中国的国会就不会出现，也不会有人想成立新国会），人们也许会抱怨清廷的懦弱，但还不至于憎恨它。虽然人们响应那些革命者反抗清廷的呼吁，但是他们不知道自己为什么要这样做，他们只不过是跟随当时的局势发展。之后，学生经常发动游行，高喊各种口号，诸如"打倒资本主义""打倒日本""打倒英国""打倒帝国主义"及"打倒不平等条约"等，也许还要打倒某个有影响的大人物。

自 1911 年开始，革命的思潮在中国各地蔓延，突然之间清廷都遭到众人反对了。其实，这些反对者大多只是一腔热血，事后才后悔没有思虑清楚。

这种现象在其他地方也出现过。中国的历史中也有很多这样的例子，这正好印证了那句古话——墙倒众人推。1911 年，革命人士发动辛亥革命，并将这子虚乌有的美德归于明朝的帝王。极具影响力的德国汉学家理查德·威廉曾说："明朝是夹杂着血腥和凶暴建国的，不少人因为遭到怀疑而连累一族，百余人丧命。明朝从外族人士手中夺回了领土，受到人们的支持。可是，没过多长时间，人们便发现明朝的统治更为残酷。"现在的情况相同，人们因为受到宣言的蛊惑，支持革命者，觉得自己驱赶"外族统治者"的行为极为神圣。可是，他们没过多久就意识到生活变得更为艰难，社会比满族皇室统治时期更为黑暗。

清朝有自己的弊端和腐败，曾经有"老佛爷"、醇亲王以及那些腐败贪婪的官员存在于朝廷，人们才怀疑它是否能再度恢复辉煌。不过，欧洲人反对这些反对者的看法。在西方国家颇具影响的学者欧文·拉铁摩尔说："皇室已经走向了末路，而南方革命人士越来越多，中国现阶段所有的过错需要替罪者，因此民族仇恨被利用了，这些在教科书和政治学说中都记载了。"

韦尔·威廉斯博士，这位美国学者在半个世纪以前初次出版的《中世纪的王国》一书中写道："我们需要注意，中国人虽然会因为不合法的赋税驱赶或者杀死某些官吏，但是他们却非常尊敬仰慕皇帝。"这位学者对这样的事情印象深刻，但是皇帝和皇室的意义不同。一般人不了解皇帝到底拥有怎样的德行，但是他们会敬畏这位"天子"。因此，韦尔·威廉斯的观点没有错。

义和团攻击使馆期间，罗伯特·哈特爵士也说过类似的话，当时皇帝的威严已经折损了，人们对皇帝的敬畏已经降到同太平天国时期的情况。罗伯特说："三个世纪以来清朝政府在中国有着相当重要的地位，中国人对皇帝的憎恨不及英国子民对女王的憎恨。"这些话很好地印证了文清的观点。辜鸿铭在他的作品中表达了自己对清廷最大的忠诚，虽然他受到了西方文明的熏陶，却丝毫没有改变。

有人认为，反抗清朝的宣言是这样说的：人们的利益因清朝而遭受损害，不得自由。可是哈特和 H.A. 贾尔斯博士都认为大清子民一直都非常自由。H.A. 贾尔斯博士说："哪怕在紫禁城周边生活的中国人都能意识到自己拥有极大的自由。"没错，革命尚未爆发前，中国人所拥有的自由震惊了来中国的西方人。西方国家的人民所拥有的权利和自由远不及中国人。反对清朝的领导者孙中山也承认这一点，他在革命之后不再继续宣扬中国人被外族暴君奴役。革命运动结束后，孙中山常常抱怨他的同胞不是没有自由，而是自由太多，这点可以在他所写的《三民主义》中体现：

> 中国人从来没有直接遭受暴君之害……中国人因为自由过于充分，便不去理会，好比房中的空气太多，我们便不觉得空气有什么重要……中国人为什么是一盘散沙呢？使得我们成为一盘散沙的，正是过多的自由……今天的中国是十几个列强的奴隶，中华民族毫无自由可言。

当前，人们的确享有了过多的自由。不过，我们需要注意的是，孙中山的言论证实中国人是满族暴君的奴隶的观点是虚构的。他坦言，获得自由不是反对清朝政府的目的，其性质和西方革命不同。

"坦率地说，目的和欧洲的相反……我们反抗，是因为我们有太多自由，缺乏团结，没有反抗的能力，是一盘散沙。"

孙中山已经意识到中国人在革命前所享有的过多自由，因此他建立了国民党。如今，中国人所享有的自由同清朝政府统治时期相比要少很多，所以将革命后的时期称为新历史时期的开端有些困难。中国人能否在这种限制中团结起来，其答案引人深思。

说中国人缺乏团结，可能是真的。不过，还有一些人认为只有那些强大的民族才会有"团结"的特性。一位官员对中国的问题研究深刻，他对中国做出了正确的评论："中国文明能够一直传承得益于其内部有一种不可磨灭的内聚力。"中国人在何时都不会以混乱、矛盾而且欠缺成熟的"三民主义"为依据来加强自己的"团结"。值得欣慰的是，中国人开始发觉先辈所尊崇的古代圣贤们远胜于孙中山。中国是幸运的，因为它拥有的社会和思想渊源十分丰厚，而且非常深奥。总有一天，中国会在世界之林中拥有自己的地位，也会找到一位比孙中山更受尊敬的思想圣殿的守护神。

上述的内容提及的是刚逝去的以往，不包括毫无定数的未来。自皇帝退位后，清朝也就走到了命运的尽头，那个延续了近300年，拥有十多位帝王的王朝，已经罩上了一层沉沉的夜色。但是，阳光似乎依然眷恋着紫禁城的层楼殿宇，日落之处，我们将看到宫殿上方的天空满是晚霞。

第七章 "优待清室条件"

我在之前的内容中曾经提到了清政府和革命人士之间为追求和平在1912年签订的协议。

如果能够充分理解这份协议的内容，那么就可以厘清革命以及帝制被废除后，清廷为何会有"紫禁城的黄昏"这种形式出现，并持续了很长时间。在这个时期中，皇帝宣布了退位，交出了皇权，但是其身份和尊号仍被保留，而且还可以继续运作自己的朝廷。若是想要明白这位末代皇帝最后返回清朝的发源地，在满洲登基的事情，就需要对那个协议的相关内容进行研究。

当时，皇帝仅6岁，便由隆裕太后作为代表而颁发了这份带悲剧色彩的法令，其内容显示皇帝为人民利益着想遂同意国家共和制。这份退位诏书包含在皇室同革命者人所达成的协议中，体现了皇帝高尚的品行。对于皇帝的妥协，革命者们也做出了让步，签订了《关于大清皇帝辞位之后优待之条件》这份文件，其内容如下：

今因大清皇帝宣布赞成共和国体，中华民国于大清皇帝辞退之后优待条件如左（下）：

第一款　大清皇帝辞位之后，尊号仍存不废。中华民国以待各外国君王之礼相待。

第二款　大清皇帝辞位之后，岁用四百万两，俟改铸新币后，改为四百万元，此款由中华民国拨用。

第三款　大清皇帝辞位之后，暂居宫禁，日后移居颐和园，侍卫人等，照常留用。

第四款　大清皇帝辞位之后，其宗庙、陵寝，永远奉祀，由中华民国酌设卫兵，妥慎保护。

第五款　德宗崇陵未完工程，如制妥修，其奉安典礼，仍如旧制。所有实用经费，均由中华民国支出。

第六款　以前宫内所用各项执事人员，可照常留用，惟以后不得再招阉人。

第七款　大清皇帝辞位之后，其原有之私产，由中华民国特别保护。

第八款　原有之禁卫军，归中华民国陆军部编制，额数俸饷，仍如其旧。

虽然"优待条件"是双方各自让步的其中一项，但是其意义重大。还有另外两份文件也随这份文件一同颁发，其性质相似。第一份文件就皇族优待的问题做了相关规定："一、清王公世爵，概仍其旧。二、清皇族对于中华民国国家之公权及私权，与国民同等。三、清皇族私产一体保护。四、清皇族免当兵之义务。"第二个文件与满、蒙、回、藏相关，若是这四个民族支持共和政体，文件保证："一、与汉人平等。二、保护其原有之私产。三、王公世爵概仍其旧。四、王公中有生计过艰者，设法代筹生计。五、先筹八旗生计，于未筹定之前，八旗兵弁俸饷，仍旧支放。六、从前营业居民等限制一律蠲除，各州县听其自由入籍。七、满、蒙、回、藏原有之宗教，听其自由信仰。"

此后，其他相关文件也相继面世。

民国元年即 1912 年，这年 8 月 19 日就蒙古人民相关问题发布了《蒙古待遇条例》。这项条例条款共有九项，承认蒙古爵位显著的人以及喇嘛的尊号、特权以及俸禄，意在将蒙古同汉人之间的隔阂和不同清除。这份文件向世人宣布，蒙古的所有权归中华民国。

这年 11 月 23 日，总统在优惠条例的基础上强调对蒙、回、藏的优待政策，并宣布将团结五个民族（汉、满、蒙、回、藏）建立新的制度，一同在新的制度下享受美好生活。总统发布的命令中关联一份收到的文件，这份文件称喇嘛教、放牧都在共和制度下遭到了破坏，危害了蒙古的利益。对此，总统承诺政府会严格遵守文件中的相关规定，这些抱怨之词与事实有所出入，并强调政府为了尊重蒙古的相关权益，已经重新设定了有关喇嘛和各位显赫王公的尊称。

1914 年 12 月 26 日，政府才发布了有关"优待条件"最后的条款。这份条款共分七项，并指出皇帝退位后的三年中，清皇室和民国政府对"优待条件"的理解有些偏差。

一、清皇室应尊重中华民国国家统治权，除优待条件特有规定外，凡一切行为与现行法令抵触者，概行废止。

二、清皇室对于政府文书及其他履行公权、私权之文书契约，通行民国纪年，不适用旧历及旧时年号。

三、清皇帝谕告及一切赏赐，但行于宗族家庭及其属下人等，其对于官民赠给，以物品为限，所有赐谥及其他荣典，概行废止；清皇室所属机关，对于人民不得用公文告示及一切行政处分；清皇室如为民事上或商事上法律行为，非依现行法令办理，不能认为有效。

四、政府对于清皇室，照优待条件保护宗庙、陵寝及其原有私产等一切事宜，专以内务部为主管之衙门。

五、清皇室允定内务府办事之职位，为主管室事务总机关，应负责任，其组织另定之。

六、新编护军专任内廷警察职务，管理护军长官负完全稽查保卫之责，其章程另定之。慎刑司应即裁撤。其宫内所用各项执事人役及太监等，犯罪在违警范围以内者，由护军长官按《警察法》处分，其犯刑律者，应送司法官厅办理。

七、清皇室所用各项执事人等，同属民国国民，应一律服用民国制服，并准其自由剪发。但遇宫中典礼及其他礼仪，进内当差人员所用服色，得从其宜。

"优待条件"给人的第一印象是政府的态度极为宽容。毋庸置疑，外界相关人员对革命党的优惠条件印象颇深，诸如革命党同意皇帝继续使用其尊号，依然可以居住在皇宫，同时还可以按年获得相关补助以便继续运作他的朝廷。外界将革命党的做法同西方国家相比较后，自然会对中国表示赞扬。

双方是相互让步才使得这个文件产生的。不过，皇室还没有完全落败。其实，清皇室已经将部分领土夺回，且掌握着中国包括满洲在内的西北部地区的实权，蒙古和西藏对其态度也较为友好。一些能力出众的总督和将军仍效忠于清皇室，他们不但握有装备精良的武器，和人员素质很高的军队，还可以左右国家的财务以及同西方国家的交涉关系。因此，革命党单是凭借军事力量是不可能短期内推翻中国封建君主制的，至少也要经历一场持续多年的内战。我觉得朝廷过于信任袁世凯最终导致他拥有掌控全局的力量。据我了解，外国人觉得清政府已经腐朽，它的朝代早已崩溃，革命一定会获得胜利。即便不是在1911年爆发革命，也是在随后的某一年。换一个角度讲，关于国家政体的转变，若是有位精明的领导者进行指引，中国就能摆脱困境成功实施立宪制。

但是，清政府为何会向革命党妥协，签订包括皇帝退位的协议呢？当时，清政府拥有的军事力量能够战胜革命军。对此，隆裕皇太后为顾及颜面解释说不想"拂逆多数之民心，重启无穷之战祸"。实际上，当时袁世凯已经掌控了全局，因此清政府签订这些协议其实是为了迎合他的意愿。

所有的事情都证明袁世凯并非全身心地效忠于皇室。他一直未原谅1908年将他开缺回籍的醇亲王；袁世凯的野心过于庞大，摄政王的能力不足以让他忠心追随，被罢免总督兼军机大臣一职的他在这三年来一直在沉思。无疑，他非常憎恨如此对待他的醇亲王，随着岁月流逝这种憎恨越来越强烈。袁世凯向来是不甘于屈居人下的人，如今他的野心已经无法抑制。

任何人都无法得知袁世凯在1911年末时拥有何种程度的欲望。我曾同几个了解内情的人展开过讨论。在清廷和革命派协议达成的末期，袁世凯同一些人时常见面，有人还亲眼目睹袁世凯秘密觐见宣统皇帝，而他会在见到皇帝时表达自己的想法。我认为，袁世凯不是为了向朝廷以及小皇帝尽忠才展开这些讨论和会谈，也不是为了革命派以及民国，他是为了自己的名声。

认真研究一下"优待条件"的相关内容，我们就会得出一个观点。"优待条件"不是一份普通文件，可以肯定它的拟定者不是那些为民国或者是皇帝利益着想的人。他利用巧妙的方法蒙骗了双方，让他们都觉得自己是胜利者，并且让双方拥有力量继续抗衡。

袁世凯或许会这样对革命党解释："这项条款让你们建立共和制的国家，迫使皇帝退位。皇帝理当继续享有自己的名号，得到补助经费，这些资金同持久内战所花费的资金相比简直九牛一毛。虽然皇帝目前住在皇宫，但是这不会长久。若你要求他去颐和园居住，他也无法反驳。皇室保留其特权不会影响大局，民国依旧能拥有相应的威望。这些特权会被视为皇帝不参加复国或者反抗民国行动的一种证明。总而言之，'优待条件'既给了皇帝面子，也没有使你们丢脸，皇室和民国都能保存自己的尊严。你们确保了本，给皇帝留下的只是末。另外，你们会因为这样的选择得到西方人士的赞扬，民国会在掌声和荣誉之中开始新的纪元。你们即将迎来充满光明的未来，而皇室面临的则是渐近黑夜的黄昏。"

反过来，面对紫禁城中愚昧的隆裕皇太后、懦弱无能的摄政王以及一位年仅 6 岁的天子，他将会有另一番解释："皇室因为'优待条件'才得以保存。虽然皇帝退位，但是其尊号被保留了。目前，皇帝年幼，离能亲自掌控时局的时候还远。现在暂时让出政权，可以为自己减免不少烦琐的事情。皇室只需等待皇帝成年，到时革命派的力量已经减弱，那么便可夺回实权。那时人们也许会因为民国政府的无能而抱怨，他们就会想起退位的皇帝，并意识到可以求助于皇帝。皇室还可以依据条款得到大量资金，不但可以继续修缮陵寝，还可以继续运作朝廷。这样一来，皇室得到的是实在的利益，革命派则是虚妄的利益。皇室接受这项条款，也因不忍内战，顺从民意做出贡献得到西方各国的赞赏。皇室可以借此积攒力量，在几年之后再次施行帝制，恢复中国的繁荣。"

我曾讲过，拟定"优待条件"的人肯定不会为民国或者是皇帝的利益着想，他们包藏祸心，怂恿这一切。这些人维持一副伪善的模样，在人前装作极为公正无私，其实他们不过是想为自己的机会和势力巩固争取时间，然后迎接完美的将来。这些人游走于皇帝和臣民之中，掌控财政并在管理皇室财产时使用不正当手段。我所指的是内务府，一个腐朽且获得巨大利益的机构。事实证明，这些人为了维护他们在这个空头朝廷中的利益，用尽办法将自己划归到了"优待条件"的范围内。

显而易见，民国要想在建国之初获得安定，就不能让保留尊号的皇帝继续留在紫禁城。虽然皇帝已经无法左右政界，也没有实权，但是他依然有可能被一些维护帝制的阴谋者胁迫，成为名义上的领导人物。

其实，无论是袁世凯、革命派还是内务府都没有接到皇帝本人的相关要求。皇宫中有一些依靠皇帝来谋取利益的人，他们不断将皇室的财产变成自己的私有财产。这些人对"优待条件"的拟定提出了要求，让没有实权的皇帝留在紫禁城。没有人会思虑这种生活环境是否有利于皇帝的成长，也没有人担心皇帝一直生活在那些愚昧的太监和讨好者之中，会不会影响他的性格以及人生的道路。皇帝只是从别人那里得知自己是主人，拥有皇权，不承担任何责任。

一位英国的学者对此做了评价，他说："满族是因受到欺骗而丢失了皇权的。"此话不假，但是我们也需明白，革命派并非欺骗者，他们也遭到了蒙骗。

"优待条件" 的内容

关于大清皇帝辞位优待之条件

中华民国元年二月十二日公布

今因大清皇帝宣布赞成共和国体，中华民国于大清皇帝辞退之后，优待条件如左：

第一款　大清皇帝辞位之后，尊号仍存不废，中华民国以待各外国君主之礼相待。

第二款　大清皇帝辞位之后，岁用四百万两，俟改铸新币后，改为四百万元。此款由中华民国拨用。

第三款　大清皇帝辞位之后，暂居宫禁，日后移居颐和园。侍卫人等照常留用。

第四款　大清皇帝辞位之后，其宗庙陵寝永远奉祀，由中华民国酌设卫兵妥慎保护。

第五款　德宗崇陵未完工程，如制妥修。其奉安典礼，仍如旧制，所有实用经费，均由中华民国支出。

第六款　以前宫内所用各项执事人员，可照常留用，惟以后不得再招阉人。

第七款　大清皇帝辞位之后，其原有之私产，由中华民国特别保护。

第八款　原有之禁卫军，归中华民国陆军部编制，额数俸饷仍如其旧。

尽管人们将过错归咎于"优待条件"，然而它确实在谈判中起到了重要作用。如果革命派不接受"优待条件"，就不会有民国的出现。可以肯定，当革命人士和维护帝制的人都接受这些条款时，便可以理解为他们愿意遵从条款的内容，而条款非经商议，谁都无权修改，甚至是取消。为了能永久记录在档，这些条款被送往了北京公使以及外国政府中。1924年，中华民国又出台了将"优待条件"作为附件收入其中的法律。

　　我曾提到，假如革命派和皇室意见没有达成一致而签订"优待条件"，或者袁世凯依然效忠皇帝，清朝便还有希望。我们应该清楚，即便清朝退出北京，不再统治中国，也不至于被逼上绝路，他们可以回到沈阳在旧都的宫殿里继续维持整个王朝。倘若在革命爆发时，清朝选择回到满洲，暂时或者永久地留在那里，那么清朝是否会覆灭，或者在名义上沦落为中华民国的一分子，我们就很难下定论了。满族人退回满洲，说明他们对中国统治的彻底失败。但是要重新建立一个像17世纪初那样完全统治独立的满族王朝，也不是不可能的。中国有很多人都效忠于皇室，他们对民国的制度很不满意。只要清政府撤回满洲建立新的国家，那么热河以及内蒙古很可能也会加入。

　　革命爆发时期，面对危机，清政府曾想退回满洲。朝廷展开了几次严肃的商谈，维护皇帝的人员觉得这是最好的方法。但是，其他权贵以及摄政王不同意，因为他们信任袁世凯，而"优待条件"中的承诺也会兑现。我们已经知道，在袁世凯劝说这些权贵接受妥协的时候，他是怎么想的了。朝中权贵也因这个观点相信了袁世凯，他们觉得民国政府既然接受了妥协条件，那么他们就会兑现相关承诺。

　　有两位亲王反对摄政王和权贵们的意见，即恭亲王溥伟和肃亲王善耆。他们既震惊又愤怒，认为皇帝不必退位并公然拒绝接受"优待条件"。这两位亲王认为这样是对大清帝国杰出先辈们的侮辱，为了维护皇权而拒绝参加他们的行动。但是，他们势单力薄未能改变这一切。太后以及摄政王在袁世凯的胁迫下已经接受了条款，君主制即将名存实亡。目睹这一切，两位亲王离开北京并宣誓，只有两种情况可以让他们回来，一是他们看到北京城再次挂上清朝的龙旗，再者就是他们死去了。恭亲王一直生活在日本人控制的旅顺岛，等待皇室复兴的机会，肃亲王则在 1922 年 4 月躺在他的棺椁中回到了北京。

经过谈判，双方都做出让步，签订了协议，无疑，情况非常糟糕。但是，为了解决中国当时的危机，已经没有更好的办法能让袁世凯效忠于皇室了。他同革命党领导人商谈和平解决中国的危机是对的。假如不停止内战，中国最后只能形成南北两方政体不同的分裂局面。

那么法国和俄国均发生过的悲剧就会在中国上演，皇室最终覆灭。在腐朽的情况下恢复君主制，其结果只能和 1898 年维新运动一样，中国也许会因此失去半数领土，并且遭受半个世纪前太平天国运动时的灾难。"无害的民主制"在中国南方推行也将毫无意义，这种民主制度曾是第一次世界大战爆发的根源。

为了避免内战，和平解决问题，让双方都能获得想要的利益，就有必要进行妥协。但是，双方都不会满意的。另外，人们并非都希望中国建立共和制，也不能保证，那些争论不休的政治家和求任者能够解决皇帝退位后中国出现的政治问题。所以，袁世凯理应支持皇室，尽管他的权力已经能够同皇室相抗衡，但是皇室是民族传统与团结的象征，是同西方交涉时的代表，能够聚集爱国人士以及忠诚者，是中国政治、文化的辉煌所在。

其实，君主立宪制已经得到了皇室的批准，却没有阻止改革的发展，这也许是人们对皇室的诚意有所怀疑，他们把一切罪责归在慈禧太后身上。尽管现在情况已经有所改观，但由于新皇帝年纪太小，仍然被这些腐败的陋习和不健康的环境包围，而且那些教育他的人也不会让他接受新思想。

袁世凯有关君主去留方面的计划同我之前提到的建议有些类似。但是，这些提议在三年前皇帝登基的时候就应该施行，包括：设立以汉人为主的摄政委员会，进行强制性改革。要施行这个政策就必须先驱赶那些毫无用处的太监们，之后严禁太后以及后宫妃子干涉朝廷的事宜，废除腐败无用的内务府，裁撤相关官员，精简国家机构，以利于提高办事效率和节约资金。

孙中山与他志同道合的人都坚持中国不能存在任何形式的清政府。然而，我认为袁世凯可以不费吹灰之力便能获得革命党中温和派的拥护，假如他稍微运用权力，他们便不战自败。目前，内务府是最为有力的反对者。毋庸置疑，倘若这里有两种协议可以选择，一种是已经颁布的协议，规定皇帝退位保留内务府；另一种是提出的协议，主张保留帝制，内务府必须废除，内务府的人员一定支持前者。他们并非效忠皇帝，而是效忠于自己的利益。

袁世凯曾考虑过这种具有实施性的提议，这能够让朝廷免于危机，同时也可让中国避免政治危险。袁世凯不是改革派，他不会一直支持共和政策的。如果是挽救清政府，袁世凯更不会献出自己的地位和权力，他一直在构想建立一个属于自己的国家。皇帝还年幼，没有任何主见，目前形势对他非常有利，他可以建立一个立宪制的国家并掌控皇帝。

"优待条件"备受人们指责，其中最主要的原因是这项条款对一个毫无益处的制度实施了保护，这个制度让清朝走向了灭亡。人们将皇帝定位成王朝的寄生虫，虽然拥有大量津贴，却不用承担相关责任，也从未为子民做出努力。皇宫中腐朽的机构因有名无实的皇帝而找到生存的条件，可以理解为皇帝是为了内务府才存在的。"优待条件"唯一给皇帝留下的便是这个时刻蚕食清朝资产的制度黑暗的机构。

伴随着人们的欢呼，民国登上了历史舞台，但它发展的过程却让很多人都感到痛心。之前支持共和制的人都消失了身影，甚至有很多人在痛心中不理这乱世。有的人退出政治舞台转战商界或者教育界，有的人则是漂泊在外去西方国家寻找安定。很多人已经无法忍受在英雄和叛国者之间来回转变身份，不少人为了躲避这种情况而去其他国家的租界或者殖民地生活，也有人归隐田园，长伴青灯。也有很多人因屠杀和内战失去了生命。这一切都在讽刺着革命者们是咎由自取。国家动乱，人人都自身难保，也有几个声望极高的人相安无事。其中一位被后人称为国父，为纪念其为国家做的贡献特地修了陵墓。如今，这个人的陵墓依然如初，并且得到维护。天坛，这是中国最为神圣的地方，是皇帝用大理石修建以便自己能够同上天交流的地方，却被愚昧的人们刷上了石灰粉，如尸体般留在原地，准备在岁月的流逝中消失。

第八章 大清皇帝和洪宪皇帝

自 1912 年春到 1924 年冬，在中华民国建国后的 13 年中，皇帝和总统共同存在于北京城。这一段时期对清政府而言，是王朝的末途，对于民国来说则是破晓前最后的等待，不过这段时期却非常灰暗，大有山雨欲来风满楼的趋势。

别的国家似乎并不在意皇帝退位后依然享受尊号这件事，他们也许认为这不过是送一份礼物给王朝的最后一位皇帝罢了。对于民国承诺给清朝的"优待条件"，其他各国更是没有什么兴趣，即便一开始认真看过也会很快忘记。在他们的认知中，这同其他国家的君主退位差别不大。对于对中国皇帝的称呼，他们依照西方惯例称为"前皇帝"。依照西方人的标准，这个称呼完全适用于中国的皇帝，不论他在紫禁城里拥有怎样的尊称，他已经不再是中国的帝王了。但还是有一些人隐约察觉到，用这个称呼并不适合中国的皇帝。因为，他和其他的君主相比又有些不同，他依然拥有皇帝的尊号、宝座以及朝廷。显然，无论称他为"皇帝"或者是"前皇帝"都不太合适。这些在中国居住的外国人便称他为"小皇帝"。

当民国对外宣布皇帝依然可以享受自己的尊号时，并未说"皇帝"两个字前面要加一个"前"或者一个"小"字。很多人都迷惑不解。这些人会忍不住问："为什么民国要将一个皇帝留在首都呢？"

这个问题问得合乎情理，并非难以回答。民国是十分聪明的，皇帝的尊号确实被保留，然而在汉语的表达上，这个尊号自古至今都没有"中国皇帝"的意义。

西方人所指的中国帝王的尊号一般是和一个朝代的国号有关，并非一个国家的疆域领土。在中国，朝代更迭，国号也会相继改变，不存在延续使用的情况。例如，李渊在公元 618 年建立王朝时定国号为大唐；赵匡胤在公元 960 年建立王朝时定国号为大宋；朱元璋在公元 1368 年建立的王朝则叫作大明。历代帝王统治时期，不论其国土面积大小，均在国号后加一个"国"字，就表示这个国家是哪个朝代在统治。至于为什么定国号时，中国人喜欢用"大"字，主要取的是其伟大的意思。依照中国的传统，当一个国家灭亡后，那个国家前的"大"字也就被取消。这里需要注意，中国历朝历代的国号同这个国家的大小没有联系。这个意思是指，假如一个国家覆灭了，其后代子孙若是处在中国某个偏僻的地方或者是与中国接壤的其他国家，那么，他们依旧可以继续沿用他们国家的国号，让这个帝国延续，哪怕这个国家的子民没有一个汉人。道理相同，一个国家灭亡后会有另外一个国家出现，新的国家也会制定一个国号，中国的称谓就会发生变动，改为另一个"大×国"。

明朝被灭国后，其后代根本没有休养安息之地，也就没有办法继续沿用"大明"这个国号，明朝自然就成为了历史名词。很多不熟悉中国历史的人都错误地认为明朝是因为满族人入侵才覆灭了的。明朝因为满族人导致国家动荡，但是真正让明朝灭亡的并非满族人。其实，是领导农民起义的李自成造成了这场悲剧。李自成同过去其他起义的领导者没有区别，他带领农民一路奋勇杀敌，最后攻下北京城并自封为王，建立了一个新的国家。

李自成将国号定为"大顺"，其年号定为"永昌"。倘若李自成的宏图伟业没有在最为辉煌的时候失败，那么他就是大顺王朝的开国皇帝，中国则被称为大顺国。依据他定的年号，从建国开始便是永昌元年。而李自成本人也会被后人追加各种封号然后留名青史，假如真如此，今天的中国人则应该是大顺皇帝忠实的子民了。

关于大顺朝的结局，所有的中国学生都了解。大顺朝和袁世凯在 1916 年所建立的帝国的命运相同，转瞬即逝。现在，关于李自成失败的前因后果，我们就不再赘述了。我们可以从历史资料中得知，满族人一直在密切地关注明朝，看他从昌盛转为衰弱最后摇摇欲坠。在这期间，满族人一直收纳那些汉族官员，努力学习汉族文化，最后指挥军队同明朝正面交锋，突破了山海关，还有长城上的各大关口，将吴三桂的部队收服，之后灭了李自成的军事力量，建立起了自己的王朝。

满族人将自己国家的国号定为"大清"。清朝从 1644 年延续到辛亥革命爆发的 1911 年。清朝的 10 位皇帝都被称为"大清大皇帝"，并不是"大清皇帝"。而民国特别承诺让最后一位皇帝保留尊号"大清皇帝"，这个"优待条件"里有明确的规定。"大清皇帝"这个称谓，在序文里出现过，在八项条款里又重复提到了五次。

1912 年的中国没有定国号，因为这并不是又建立了一个朝代。民国为了解决国号的问题，便采取西方国家的做法称自己为"中华民国"，这个称谓一直沿用至今。

至于年号的使用，也理所当然地被废除了（事实上每个统治者统治国家时年号都不相同，比如高宗的年号是乾隆，德宗的年号是光绪等等）。

倘若袁世凯在 1916 年建立起自己的王朝，中国的命运又是怎样的呢？爱慕虚荣的袁世凯肯定效仿古人，为自己定一个国号。查看袁世凯统治时期的硬币以及勋章，就会发现上面的文字是"中华帝国"而非"中华民国"，

虽然只差一个字，但是其意义却代表着两种完全不同的国家制度，中国再度回归君主制了。

中国人一般都习惯遵守古人的智慧，这一点从国名随朝代的更替而变换就能得到说明。现在，广东人喜欢称自己为"唐人"，是因为唐朝将广州归为自己的领土，而华北地区的人喜欢称自己为"汉人"，是因为汉朝时期华北地区归为了中国。同样，很多在满洲居住的汉人在民国时期仍会称自己为"大清国民"。中国在受英国管辖的威海卫的称谓是"大国"。所以，"中国"总是或多或少地被认为只是"China"这个单词的翻译，但是比不上"中央帝国"或"中央王国"的称谓。显然这两个称谓有更多含义，它们表示位于中心的国家，这和过去人们的理解有关，人们一直以为中国在世界的中心。"中国"这一词没有成为历代皇帝对国家的正式称呼，却成为民国官方称谓的一部分。

由此，在文章开始时看似杂乱的条例也一目了然了。民国虽然同意皇帝继续使用"大清皇帝"这一尊号，并且继续生活在紫禁城中，但是清朝覆灭已经是不争的事实。所以，尽管中国保留皇帝，但是并不影响民国的威望。

倘若没有单独去学习这些知识，就无法搞清中国国号、朝代等的用法。本来，这些对一般人而言无关紧要，但是目前却变得非常重要了。于企图称帝的袁世凯而言，这就是一个非常严肃的问题，另外也表现在自1913年以来一直震荡着国际政治的满洲问题。

1898年，袁世凯背叛了光绪皇帝，1911年他又背叛了宣统皇帝，1916年则背叛了中华民国。

袁世凯毫无道德可讲，但是他颇有能力，这也是他当选总统的原因，革命派根本没有力量对抗他。当初，临时总统之位是袁世凯胁迫孙中山才得到的。外界赞扬孙中山宽宏大量，其实他是别无选择，掌握北方军事大权的袁世凯想继续掌权，革命军的军事力量根本无法与之对抗。

1912年3月10日，袁世凯正式担任中华民国大总统一职，并且同意到南京赴任。不过，一向老谋深算的袁世凯不想去革命军掌握的地区，他明白革命党人士不但怀疑自己也憎恨自己，当然自己对他们也抱有同样的想法。

为了拒绝去南京，他谎称北方的局势有变。袁世凯这一说法更加让革命党人士不信任他，为了证明自己所言非虚，他便自己发动了一场兵变。不过，那些本应该在兵变中死去的人却并没有死。这次兵变，袁世凯损失了大量财产，不过这对他来说不重要，因为他的目的达到了。

南方革命党领导人宋教仁在 1913 年 3 月 20 日遇刺身亡，这次暗杀几乎可以断定是袁世凯指使的。同年 7 月，中国爆发了"第二次革命"，旨在推翻袁世凯。袁世凯立即采取了行动，只用了一个月就让革命党人士惨败。被定为"反叛者"的孙中山再次去日本避难。在日本，他受到了许多日本同情者的款待和帮助，这些人在中国改革的过程中，一直充当着真诚、慷慨的朋友。他们中有些人对中国后来发生的事不再抱有幻想，也失去了信仰，但是他们始终坚信孙中山才是真正的"民国之父"。

1913 年 10 月 6 日，袁世凯当选为正式总统，任期 5 年。同年 10 月 10 日，袁世凯在庆祝辛亥革命两周年的大典上举办了总统正式就任仪式。就任不久，狡猾的袁世凯便动用权力，将总统的任期改为终身，还规定上一任总统有指定下一任总统的权力。镇压"二次革命"胜利后，袁世凯认为自己的力量已经足够强大，便强制解散国民党，并驱赶国民党人士。国会因为国民党人士被驱赶而不够法律规定的成立人数，结果在 1914 年 1 月 12 日被袁世凯解散。副总统黎元洪在 1913 年 12 月被袁世凯调职到北京，理由是想让其充分发挥才华。其实，袁世凯真正担心的是黎元洪被人利用推翻自己。之后，袁世凯制定了《中华民国约法》并在 1914 年 5 月份正式颁布，同时宣布废除 1912 年 3 月颁布的《临时约法》。曾担任东三省总督一职的徐世昌被袁世凯任命为国务大臣，前山东巡抚孙宝琦被任命为外交大臣。

对于皇室，袁世凯总是假装善意，做什么都秉公办理。他这种态度无非是要让自己更为便利地侵吞皇室的资产。而皇室也没有得到如"优待条件"中所规定的津贴。累计到 1924 年年末，民国已欠皇室数百万津贴，那所谓的"优待条件"已经如同废纸。

1913 年初，袁世凯根据"优待条件"中的第三条，要求隆裕太后从紫禁城搬到颐和园。这更使朝廷中的官员担心不已。

内务府对这件事的反对呼声最高，他们认为假如太后与皇帝被赶出紫禁城，那么接下来要遭殃的便是内务府，因此一定要得到太后支持。但是，内务府并没有特别合情合理的理由让袁世凯改变主意，就解释说颐和园的墙比较矮，居住起来并不安全。袁世凯听后很好地控制住了自己的脾气，回答他们会请人对围墙进行加高，但是修墙的费用要由皇室司库即内务府来承担而非总统。

隆裕太后不再抗议。但是，谲诈的内务府却能够轻而易举地让不利的形势扭转。他们觉得仆人们干活需要光亮，颐和园的高墙会挡住夕阳的光芒，那样仆人们就会提前收工。因此，关于墙的高度需要从长计议。另外，修筑围墙的工程一直不见成果，新修筑好的围墙会倒塌，有时候还会殃及原来的围墙。

几年后，我因为这围墙而感到头疼不已。当时，我负责教导皇帝并在1924年负责过颐和园以及四周财产的管理工作。这些围墙总会因为大雨坍塌，我能够动用的修葺费用少得可怜，这项工作十分艰难。之后，我发现之前的修葺工作太过于浪费资金，但是想要改善这样的情况却要遭受很大的阻碍。因为一旦缩减宫中的费用就要同宫廷内旧传统以及"权力的掌控方"相抵触，这会让宫内一部分人损失很多利益。

为了能够让朝廷继续留在紫禁城，他们会一直持续这种浪费又无利益的修墙工程。很多人都不明白为什么袁世凯对朝廷延迟搬离紫禁城的日期持反对态度。其实，这是因为袁世凯一直顾虑那些忠于皇帝又掌握实权的人，例如曾出任总督一职的张勋。张勋的军队在徐州驻守，津浦铁路以及长江北岸的华东一带都在其管辖范围之内。虽然张勋是袁世凯的属下，并且在阻止革命军北上中功绩显著，但不等同于张勋就忠于袁世凯。他肯帮助袁世凯阻止北伐军要归功于袁世凯对张勋的承诺，即他一定会遵守民国同皇室所签订的协议。

张勋一向忠于皇室，他非常支持隆裕太后的抗议。但张勋未能看穿内务

颐和园的一座亭阁

府的阴谋，被他们利用了自己对皇室的忠诚。内务府请求张勋为了皇室的尊严对这件事进行干预。张勋也单纯地觉得保证朝廷继续留在紫禁城就是对皇室忠心。腐朽的内务府就是这样利用张勋为自己多争取了一些存在的时间，他们才是整个朝廷覆灭的主要罪人。

由于张勋对太后的支持，袁世凯只得先同意朝廷继续留在紫禁城。只是，袁世凯无法在1913年时就达成自己的皇帝梦。这样一来，他的总统府只能定在紫禁城城外的其他宫殿即新华宫。不过新华宫同紫禁城相邻，其规模堪比紫禁城。

为了实现自己的野心，袁世凯自成为总统后一直谨慎行事，步步为营，两年后才显露出真面目。尽管总统终身制在意义上已经等同于皇帝，但这依然不能满足他。为此，他凭借权力指定自己最满意的儿子袁克定为下一任总统，虽然没有公布但所有人都心知肚明。几年后，我还在威海卫帮助了逃亡至此的袁克定，并保护他以难民的身份在此生活了很多年。

之后，袁世凯极为顺利地准备下一步，他在1915年成立了一个名为"筹安会"的组织，以此操控"人们的意愿"。袁世凯给予这个组织极大的支持，但他从不亲自出面，组织的领导者为政治家杨度。袁世凯表面上宣布中国的主体是人民，由人民来决定其国体。然而，袁世凯和他操纵的这个组织却一直秘密地按他们自己的意愿行事。

袁世凯在鼓吹帝制的过程中，有很多人希望能够在即将建立的帝国中谋得一官半职而对他曲意逢迎，甚至有几位皇族人员也这样趋炎附势，极大地损害了皇室的尊严，其中就有与皇帝同辈的溥伦。光绪皇帝死后，皇室在选定继承人时袁世凯曾大力支持过溥伦，如今作为回报他开始支持企图称帝的袁世凯。为了表示自己的忠心，溥伦还对袁世凯行君臣之礼，算是丢尽了皇族的颜面。袁世凯将偷盗玉玺的重任交给了溥伦以表示对他的信任。宣统皇帝曾告诉我玉玺被安放在皇宫内的交泰殿。溥伦为盗取玉玺布置了一番，他买通内务府人员，却没有成功。因为就在那一天，袁世凯自以为稳固的地位彻底垮掉了。玉玺仍然留在紫禁城，在1924年11月之前，一直由皇帝亲自保管。

对于溥伦的所作所为，这真是天大的趣闻了。事实上，玉玺在中国的地位比在其他国家更为重要。在双方签订"优待条件"时，也有人对皇族保留玉玺表示质疑，还有人想到皇帝退位这件事的可行性以及皇族是否会反悔。

著名的广东籍政客梁士诒也支持袁世凯，并对他阿谀奉承。当时，他借助职权搜刮财产而被人们称为"财神"。梁士诒和他的一些朋友都虚假地奉承袁世凯这位"未来君主"，他们甚至提出要求要为袁世凯的一位祖先举办祭祀仪式。这位祖先是一位智勇双全的汉族英雄，名为袁崇焕，曾镇守关外击败满族军队。几乎可以肯定这是袁世凯的意思。袁世凯为了提高新帝国的威名企图让人们相信自己血统神圣。而且，当时人们反对清朝的热情仍很高涨，如果袁世凯真是袁崇焕的后代，那么他将有更高的威望，当然这些是袁世凯及其追随者的阴谋。依照中国人的传统和道德要求，百善孝为先，其中的孝道也可以理解为对祖先或者祖制的忠心。袁世凯的祖先若是一位抗清英雄，那么支持皇帝的人就没有理由指责袁世凯背叛皇帝，不但如此，袁世凯甚至还在名义上能成为一位爱国、遵守道义的模范。他就可以顺利实现自己的野心。

为了避免嫌疑，祭祀典礼由礼制馆即清朝的礼部处理。按照原计划，礼制馆会写一份有关袁崇焕的英勇事迹的报告，袁崇焕会得到全国人的敬仰。但情况发生了变动，在这份报告出台之前，袁世凯的美梦就破灭了。梁士诒以及和他立场相同的人对袁崇焕的事迹开始淡漠，袁崇焕也不再是被神化后的英雄。没过多久，他就被人忘记了，他的事迹也没有人再提起。

这虽然只是小事，但是可以从侧面说明中国政治同宗教的关系，在以往的岁月中，中国人对政治以及其他思想的认知，同中国历代皇帝以及古代贤人们在精神世界的地位是荣辱与共的。

随后，袁世凯的阴谋发展到最为关键的地步：民国政府收到了很多电报和请愿书，表示希望袁世凯能够建立新王朝，并定年号为"洪宪"，而袁世凯为第一任皇帝。接下来，一切都依照袁世凯的意愿发展，他在 1915 年 12

月召开"国民代表大会",其结果是中国即将施行君主立宪制。不久,参政院发出拥戴书,推戴袁世凯登基称帝。袁世凯表示自己只是顺从民意。

几天后正值冬至,袁世凯又向自己称帝大业前进了一步,他恢复了中国最神圣的祭祀仪式即天坛祭祀大典。这个仪式在中国地位极高,依据惯例举行祭天大典的人只有皇帝。袁世凯举办这个仪式就是向外界宣称自己是中国的皇帝。不过,从自身安全方面考虑,袁世凯祭天时省去了很多传统仪式。当时,新华宫到天坛这段路程,袁世凯乘坐的是一辆武装的汽车。显然,这并不是他最初公布的情形,他也并非真正得到了人民的支持。

这个冬季的黎明,袁世凯身穿奇怪的龙袍站在星空下的祭坛中间。他即将成为天子,接受中国子民的朝拜。他跪在大理石上,诚心叩拜请求上天的庇护。可惜,那件华丽的龙袍遮挡不住他虚伪的灵魂,上天不屑于他的祭品,并且拒绝庇护这个企图自称皇帝的人。

事情发生得极为巧合。当袁世凯以为自己的诚意已经感动神明,得到上天护佑时,人间却凝聚了一股将他那充满野心的计划摧毁的力量,迫使他再度关注人间。袁世凯在回到总统府前便遭遇危险,就连闪烁在天空的星辰都未能预料到。曾在袁世凯手下任职的蔡锷背叛了袁世凯,他在无人知晓的情况下去了云南同唐继尧一起集结革命人士,开始讨伐背叛共和施行专制的袁世凯。

1915年12月的最后一个星期爆发了护国军起义。令袁世凯震惊的是这次革命竟然得到中部和南部一些省份的将士的支持。1916年2月底,袁世凯宣布推迟斥巨资筹备的登基典礼(多数资金都是从皇室强行借取的)。1916年4月,人民得到了"洪宪"王朝被取消的命令。

袁世凯没有看穿北洋派的意图,也没有想到反对派的力量如此强大。最初,他认为经过两三年的精心筹划,让自己信任的属下占领所有军政要处,自己就可以完成称帝大业。但是,他未曾料到反对势力具有这么强大的力量和影响力。

多数人认为是袁世凯雇用的代理人引导了这次运动的爆发——那次选举

的结果是代理人捏造的。当时，中国的国民代表大会根本没有实际意义，大会成员很多是被胁迫做了违心的选举，虽然选举结果"得到"大部分人同意。不过，袁世凯确实也不会允许自由选举的权利存在。忠于皇帝的宋育仁曾提出皇位应该属于小皇帝而非袁世凯，之后被袁世凯强行压制了。此后，再没有人对袁世凯的行为提出任何意见。对皇室效忠的人士接连不再接触国家政治，哪怕共和派给予利益也不能让他们动心。这些人遵循儒家思想，认为身怀正气之人不会在利用权力谋取私利的政府中任职。但是有许多外国人错误地以为，清朝早已灭亡，这些退休的正直的官员，只是在为一个已经不复存在的王朝效忠。袁世凯不同于外国人，没有这样错误的意识，但他犯了一个致命的错误，贪婪地想坐上皇位，希望全部臣民都效忠于自己，以至于忽略了来自共和党和清皇室的浓浓敌意。

袁世凯想尽办法摆脱推行帝制失败的罪责，意欲让中国人和外界都相信他对共和的忠心。迫于无奈，袁世凯写了一份内容很长的辩护书，声称自己只是因为国民的意愿才称帝，现在他会全心全意支持共和。

但袁世凯依然眷恋终身制的总统之位，因为其实际权力已经等同于一个国家的君主。倘若事情依照他的计划发展，他的儿子将继任总统。可惜，他因为推行帝制而让自己的权威严重受损，人民也不会支持他了。倘若他的寿命够长，或许都无法保住自己总统的称谓。1916 年 6 月 6 日，袁世凯死了，距明确废止筹备中的登基大典不到 3 个月。他的死亡让本来难以得出结论的问题有了答案。人们无法得知袁世凯的真正死因。有关他的医疗诊断书表示，袁世凯的死因是由于持续和强烈的忧虑而导致身体发生了紊乱。对此，人们找不到反驳的证据。

文中曾说过，经自由选举而成立的国会中也的确有人支持帝制，不过袁世凯不一定能得到他们的支持。这种言论并不奇怪，很多支持革命的优秀人物也会这样认为。1917 年 5 月 1 日即袁世凯推行帝制失败的第二年，北京大学的教授陈独秀发表了一篇文章，对这种情况作了精确的阐述。当时陈独秀还在牢狱之中，他因参加颠覆政府的活动而被判无期徒刑。当时，影响极大的激进派期刊《新青年》刊登了这篇文章。

"政治进化的潮流，由君主而民主，乃一定之趋势，吾人可以怀抱乐观……但是鄙人对于我国现在情形，总觉得共和国体，有无再经一次变动，却不能无疑……前年筹安会突然想起讨论国体问题，在寻常道理上看起来，虽然是很奇怪，鄙人当时却不以为奇怪。袁氏病殁，帝制取消，在寻常道理上看起来，大家都觉得中国以后帝制应该不再发生，共和国体算得安稳了。鄙人却又不以为然……只因为此时，我们中国多数国民口里虽然是不反对共和，脑子里实在装满了帝制时代的旧思想，欧美社会国家的文明制度，连影儿也没有……袁世凯要做皇帝，也不是妄想。他实在见得多数民意相信帝制，不相信共和。就是反对帝制的人，大半是反对袁世凯做皇帝，不是真心从根本上反对帝制……现在袁世凯虽然死了，袁世凯所利用的倾向君主专制的旧思想，依然如故。要帝制不再发生，民主共和可以安稳，我看比登天还难！如今要巩固共和，非先将国民脑子里所有反对共和的旧思想，一一洗刷干净不可。"

这篇内容精彩、构思巧妙的文章让西方人认为，若要废除帝制，那么就得扭转中国人民的认知。自 1912 年到 1917 年，共和政府已经走过五个春秋，假如这段时期同人民在清政府统治下所经历的那段糟糕岁月相比，那段时间可以算是和平昌盛的黄金时期了。实际上，这一点不难解释，因为民国没有创造丰功伟绩。在牛津大学贝利奥尔学院担任院长一职的乔伊特说过："共和政体和共和主义者必须同时存在。"而民国所缺少的正是共和主义者。

皇族的成员都对袁世凯建立洪宪王朝如坐针毡，当然这些人不包括溥仪以及为自己的利益对袁世凯曲意逢迎的人。满族中不乏聪慧之人，他们担心登基称帝的袁世凯威胁到皇帝，即便皇帝已经名存实亡。袁世凯则派人安抚支持皇帝的人，毕竟他们当中存在握有一定权力的人。不过，皇室没有被袁世凯的谎言所蒙骗。而皇室则从 1915 年的最后几个月到 1916 年上半年一直处于忧虑惊慌之中，因此，他们非常乐意看到蔡锷起义、袁世凯被推翻这种事情的发生。

像许多伟人那样，袁世凯也会像普通人那样爱慕虚荣。他像个欢天喜地的孩子般，一直憧憬着自己庄严的登基仪式。他为举行这样隆重的仪式而筹划了好几个月。最初，他没有认真制定计划，后来他则想在登基大典中举行一些废除的古代仪式。他有一些熟悉古代典礼的朋友，他们为他提供了几幅画，其内容是两千多年前皇帝祭祀的场景。据说，袁世凯还命人将穿着龙袍，戴着帝王之冠的图案刻在一枚金币上。我们无法得知是谁设计了这枚金币，不过他一定得知了当初袁世凯的想法。另外，袁世凯为纪念登基仪式还下令铸造钱币和勋章，上面或是刻着他的肖像或是印有"洪宪元年"以及"中华帝国"的字样。"洪宪"是他登基后的年号，这同溥仪的年号为宣统，载湉的年号为光绪一样。满腹野心的袁世凯觉得他将实现自己的霸业，因此他急迫地将这些钱币发行在他管辖的区域。他的亲人朋友收到他送出的勋章，这些勋章都镶嵌着金边。

除了钱币和勋章，袁世凯还发行了银元，这些银元印有他的肖像，以此纪念他建立了新王朝。银元在袁世凯死后也在通用，不过上面印的肖像代表的是总统，而不是皇帝。

袁世凯还非常相信天命，例如他下令让位于江西的皇家御用官窑烧制了一批瓷器，这些瓷器烧有"洪宪元年制"的文字。毫无羞耻之心的袁世凯还将几件瓷器送给了小皇帝。过了几年，小皇帝将其中的两件瓷器送给了我，我一直保留着。

看看袁世凯铸造钱币、烧制瓷器的行为就不难想象，当他无缘皇帝之位时，他的精神压力有多大。在寂静的夜晚，无眠的他会受到来自内心深处的质问。倘若他曾背叛的皇帝以幽灵的形式出现，那么外界无须找寻袁世凯的死因，他一定是被他心中的幽灵所杀。

假如已经终身成为总统且儿子也会继自己之后成为总统的袁世凯停下他的野心，那么他也许能为国家带来一个和平的时代。他在某些事情上出过错或者失败过，但是他依旧是伟人，受后人尊敬，流芳千古。袁世凯的前半生展现了他出色的才能和智慧，也证实了他是一个自私、满腹野心、毫无信义且诡计多端的人。

大概有人会认为我这样评价袁世凯有失公正。那么我不妨引用丁文江博士对他的评价。丁文江曾在德国和英国深造，并曾为民国尽忠尽职地工作过。他不赞同君主制，认为中国只有革命才能有新生。他说：

"袁世凯因担任中国驻朝鲜通商大臣一职开始了他的政治生涯，对于1894年的中日甲午战争他应承担更多责任。1898年，他在戊戌政变中背叛皇帝，因此深受恶名昭彰的慈禧太后信任。之后，他接受命令组建新军，导致绝大部分的将领出自他的门下，而这些人是中国主要的祸患。1911年辛亥革命时，他背叛了清朝，出任了民国总统一职。之后，他收买人心，迫使国会解散来保证自己的总统职位。他至少杀害过两个政治对手。他使用阴谋企图称帝，将自己逼上绝路。最后，他因失败而悲惨死去。"

这是一篇满是控诉的文章，对于其中的观点我也完全赞同。可是，让我迷惑的是，一位英国公使多年来却一直认为袁世凯是一位值得尊敬和钦佩的朋友。

袁世凯虽向他人大力宣扬儒家学说，但是他本人却没有遵循这一学说，这正是他的可悲之处。一个人成为儒者的前提是他必须是君子。在英语中，只有"绅士"这个词和"君子"的意思接近，虽然它经常被人们滥用在很多语境中。至于这两个词到底哪里相似，我们尚且不提。通过这一章，我们能够断定，对皇帝、清政府以及整个民国而言，袁世凯是一个叛徒，因此，袁世凯既不是君子也不是绅士。

第九章 1917：张勋复辟

中国的乐观主义者在袁世凯死后再度产生了类似"无害民主"的想法。原本被解散且被袁世凯极为蔑视的国会也再度建立起来。然而，重新推行国会制度的结果告诉我们，哪怕袁世凯会在其他事情上犯下莫大的过错，但他对议会民主制的评论却没有多大偏差。

中国国会第一次召开时就明确显示出同政治发展不匹配的情况。1912年，人们极度希望通过国会展现出他们可以自我管理的能力。在 1913 年，一个拥有敏锐观察力的法国神父对中国的政治情况做了一个精确的概括："北京国会非常混乱……到处都是暗杀与阴谋。"

议会民主制在之后的两年中接连两次陷入非常危险的时期。其中一次就是已经失败的袁世凯恢复帝制的计谋，另一次危机也是复辟事件。1916 年，袁世凯企图成立一个新的帝国，1917 年，张勋却试图让已沉睡的清朝复苏。国会制度因这两次的复辟行动只坚持到了 1924 年底就关闭了。直到 1934 年，国会都未能恢复。正如前文所说，中国无论是在清政府时期还是现在，都与共和没有多少关系。

前文讲到的那个法国神父并非支持袁世凯恢复帝制，相反他严重斥责袁世凯的行为。不过，他认为与当时所建立的国会制度相比，一直专制独裁的袁世凯会为中国带来更多的利益。他曾说："袁世凯曾让国家免于国会的束缚，可见他能够让中国免于毁灭。"

袁世凯时期过去后，没有一个人有勇气公开评论共和政体的失败，至多也不过在私下里谈论。其实，共和政体失败和他们中大多数人有很大关系。这些人中受过教育的人大约占十分之一，剩下的全是麻木而无知的人，想要他们同知识分子一样热衷政治，简直是天方夜谭。格雷厄姆·华莱斯曾估计，在英国任何一个地区，真正关心政治的人最多只占所有选民的十分之一。英国是这样的情况，那我们更无法对中国抱有更大的希望了。假设，在那些接受过教育的人当中，有十分之一的人热衷于政治，也许比例有些夸大，即使如此，也只有百分之一的中国人对政治关心。因此，我们可以推断，中国在任何一种国会制度下，其政治权力都会被职业政治家所掌控。在这些政治家中，只有少数人能为国家以及人民的利益而努力。

中国的家族制也是共和失败的另一因素。家族制在中国可谓根深蒂固，人们会被这种制度束缚，在国家和家族利益之间，会首选家族利益。在封建王朝，人们却要依照皇帝的意愿做事，因为儒教伦理的基石便是忠君。像陈独秀这样的人都认为，儒教与共和政体势不两立，只要继续尊崇儒家教义，就总会有人企图复辟帝制。

大多数中国人都没有勇气公开表示他们对这个问题的看法，但是也有少数人小心谨慎地表达了自己的观点，其中就有在英国深造过的作家陈士光。他曾在 1919 年出版了一本名为《现代中国》的著作，这是一本对政治研究很有价值的书。他曾表示："我并不喜欢满族人，也不赞同君主制。然而，我时常思考，倘若中国不能平安顺利地向民国政府过渡，那么保留清朝皇帝作为名义上的国家元首，推行君主立宪制是否会让中国的情况更乐观些呢？"

通过对英国君主立宪制的观察，陈先生发现君主制并非意味统治的专制性。可惜，很多满怀热情的革命人士一直未能发现这一点。那些一直留在国内，或者是对西方各国的认知仅限于美国的人而言，更是如此。他们还没有掌握转化书本和现实之间的能力，也缺乏将政治理论转化为实践能力的机会。他们只是单纯认为"共和"同"君主"只有单一的一种形式，完全不清楚其中的复杂结构。他们自己主观推测出的危险趋势让他们对政治的判断力消失殆尽。

1915 年，在北京出版的中文日报刊登了一篇文章，文中感叹民国已经出现而且将要被极大地削弱。确实，民国自成立之初已经走过近四个春秋，人民却没有得到革命时所说的"自由"。虽然孙中山相信，处在君主制下的人民是热爱自由的。

这篇文章的作者说："假如我们不喜欢美国或者法国的议会制度，至少我们应该对德国、日本以及英国那样的制度有所期望。"这里，我们可以看到一个有趣的例子，西方各国只有美国和法国是"共和"国家，而其他则被列为"君主"国家，人民都认为前者享有更多的自由。

可惜，这名作者没有看到美国的另一作者也在同一个月发表的文章："在美国，自由与公正意味着政府的主权在人民的手里，这并非事实。我们因为民主而有一万个主人，这些主人的尊贵程度远胜欧洲唯一的君王。英国名义上是君主制，但是美国人可以看到伦敦的家族制度和惯例审判要远多于纽约或者芝加哥。"

中国帝制时期，人民的自由程度很高，而且政府的管理很得当。甚至在王朝衰败时期，人民的生活也远好于混乱的民国"共和"时期。倘若中国人也有"一万个主人"，那么，至少有大多数会比贪婪的君主更加浪费人民的生命和财产。

1911 年，武昌爆发起义，黎元洪被迫成为了革命党军的领导人。袁世凯统治时期，黎元洪迫于形势出任副总统。其实他当时的处境并不比一个国事犯更好。倘若袁世凯没有严加看管他，黎元洪很可能加入反抗袁世凯的阵营。之后，他继袁世凯成为了总统。可惜，黎元洪根本无法担当治理国家的责任。和大部分人相同，他完全不明白有关西方议会民主制的知识，对民主缺乏热情，也缺少那种干大事业的激情。

他没有阻止那些指向他以及另外一人在政治和军事方面接连不断的阴谋诡计的能力。而且，对于秩序混乱的问题他也无法解决。

当时北京比较平静，于是人们的目光被战略重地徐州所吸引。张勋以及他的军队驻守在徐州并且控制着津浦铁路线，在军事和政治方面对北方影响巨大。

张勋忠于朝廷和袁世凯。自袁世凯彻底垮台后，他对清政府的忠心日益深厚。对于如何解决目前动荡的局势，张勋直截了当地向外界表达了自己的观点。张勋认为保留清朝留辫子的特征是自己忠于朝廷的一个证明，因此他坚持留发辫并被他人讽刺为"辫帅"。张勋的军队也因为必须留发辫而被人称为"辫子军"，不过他们似乎对这个称呼不以为然。

1916年底到1917年初，张勋召集了一系列政治会议。这些会议比较神秘，出席的人除了张勋的友人和他的追随者，还有来自华中和华北各地区的半独立的领导者或者这些领导者的代表。会议内容不为外人所知，相关刊物的报道也只是猜想。但我们可以确定，张勋得到了参加者的承诺，他们会支持清朝的复辟运动并给予配合。

黎元洪并非不知道张勋的政治倾向。即使对张勋不甚了解，也能想到假如张勋控制了北京城，他会有什么样的行动。黎元洪在徐州会议结束后便邀请张勋来北京访问，以此调解各政治势力间的关系。

在孙中山领导下的国民党也在这些政治势力当中，这些人一直反对张勋。而且，国民党还在广州设立了敌对政府。但黎元洪面临的最大问题是中国是否成为协约国的同盟者，并与德国开战。孙中山以及其领导的国民党人士反对的呼声非常高，虽然他们流露出对战胜国应得的好处的期望。但是，中国的政治分歧不单是南北双方的对立，中部和北方的其他政治势力似乎也无法共存。曾因袁世凯而关闭的国会在黎元洪的授意下再度召开，但黎元洪并没有相关经验，因此国会经常出现脱离控制的局面。之后，黎元洪只好向张勋请求援助。

张勋对自己的军队实力十分自信，毫不怀疑那些参加徐州会议并对他复辟行动给予承诺的人，这是他最大的失误。张勋的精锐部队在徐州驻守，而随他进京的军队战斗力很弱，这让他没有能力掌控全局。

1917 年 6 月，身为"调停人"的张勋进入北京，并且向黎元洪提出要求，解散毫无作用的国会。毫无实权又优柔寡断的黎元洪听从了张勋的意见。康有为以及其他忠于朝廷的人接到张勋的密令到北京集合。一到两周内，这些人都来到了北京并且爆发出了他们一直压抑的激情，这些人接连宣布了很多有关恢复帝制的诏谕（起草人员是康有为以及曾担任过清政府外交人员的梁敦彦）。于是，宣统皇帝在 7 月初重掌政权。

其实，宣统皇帝一直握有皇权，不应该将这次行动称为宣统复辟。"优待条件"规定皇帝放弃的只是政权而非其尊号和尊严。张勋以及其他忠于朝廷的人都觉得皇帝在 1912 年颁布的退位诏书必须废除。在他们心中，皇帝退位是为了让中国免于战乱，并顺从民意建立国家共和政体。废除诏书就代表共和政体被废除而君主制恢复。一直有名无实的小皇帝现在要成为一个名副其实的皇帝了。

恢复帝制那天，张勋和其他同仁用电报向全国发表了一份冗长的宣言。这份宣言被翻译成英文刊登在《京报》上，这是北京一份反对清政府的英文报刊。这家报刊的编辑是一个华人后裔，出生在英国殖民地特立尼达。他已经不会说、阅读和书写中文了。这人便是陈友仁，外国人对他的另一个名称尤金·陈更熟悉一些。他后来成了国民党的高级官员，还曾经在 1927 年代表中国和英国谈判汉口租界的问题。1933 年年底，他又被福建新成立的政府任命为"外交部长"。1934 年，这个政府垮台后，他便避居香港。我引用了其中一段：

自辛亥武昌兵变，创改共和，纲纪隳颓，老成绝迹，暴民横恣，宵小把持。奖盗魁为伟人，祀死囚为烈士。议会倚乱民为后盾，阁员恃私党为护符。以滥借外债为理财，以剥削民脂为裕课，以压抑善良为自治，以摧折耆宿为开通。或广布谣言而号为舆论，或密行输款而讬为外交。无非恃卖国为谋国之工，借立法为舞法之具。驯致昌言废孔……名为国民，而不知有民，称为民国，而不知有国。至今日民穷财尽，而国本亦不免动摇。莫非国体不良，遂至此极……推原祸始实以共和为之厉阶……以视君主世及，犹得享数年或数十年之幸福者，相距何啻天渊……默察时势人情，与其袭共和之虚名，取灭亡之实祸，何如摒除党见，改建一巩固帝国……皇上冲龄典学，遵时养晦，国内迭经大难，而深宫亿邑无惊，近且圣学日昭，德音四被，可知天佑清祚，特畀我皇上以非常睿智，庶应运而施其拨乱反正之功……勋等枕戈励志六载于兹……谨于本日合词奏请皇上复辟，以植国本，而固人心。

　　北京公众对恢复旧制的态度是给予支持的。北方地区对民国的态度一直都很漠然，这些地区在清政府的统治下发展了几百年，因此一直都存在着忠于朝廷的人。我无缘看到1917年7月这次复辟的场景。不过，我的好友爱理鹗爵士却很幸运地看到了，当时他是香港大学副校长并准备到东京出任英国使者，那天正好留宿在北京饭店。他在给我的信中描述他对眼前景象的震惊，当他睡醒后看到了整个北京城都挂着龙旗。

　　缺少反抗意识的北京市民保留了各种旗帜，以便应对动荡不安的局势。其实，中国其他地区的人也同北京市民的做法一样。他们觉得这样可以让自己免于那些侵入者带来的麻烦，无论侵入者是中国人还是西方人。但是，这次北京市民的行为表露出了他们对君主制的同情。这些都是爱理鹗爵士通过亲身经历得到的结论，尽管他对于得出这样的结论似乎还有些不太情愿。

　　相比北京普通的市民，那些留恋清朝的人更在意帝制复辟是否能成功。

对此，共和派也找到了能救助自己的人，那便是段祺瑞将军。他在天津司令部拥有一支中国这一地区装备最齐全、人数最多的军队。1917 年 7 月 3 日即张勋发布电报的当天，位于北京和天津之间的马厂地区发生了一次战争。这场战争关乎帝制复辟的成败。这位有"再造共和元勋"之称的将军在战争中首次使用了轰炸机，用于空袭。当轰炸机投掷炸弹时，张勋就知道这次复辟失败了。战争的结尾，刚刚担任直隶总督和议政大臣的张勋被迫逃到荷兰使馆寻求保护。他在那里受到盛情的款待，随后梁敦彦也逃到那里。而康有为得到了美国使馆的庇护。宣统皇帝在登基不到两个星期后，再次退位，回归隐居生活。那些飘扬在北京城的龙旗再次被认真地折好，以便有一天，如果皇帝再度归来，它们能再次挂起。

张勋一直忠于朝廷且有无畏勇气，但是他也怀有野心。作为将军，张勋过于相信自己的军事力量；作为政客，张勋高估了自己的政治手段和计策。他愚蠢地认为无须他人帮助，自己就能够成就大业。他想独占所有的功劳，他所表现的一切让别人很容易得知他的想法。张勋的同僚也认为，他们不可能从张勋那里得到利益，无论是巡抚类的职位还是其他待遇。

在事情的关键处，张勋擅自行动，他自大的行为让其他人颇为愤怒，段祺瑞也在这些人当中。正如濮兰德先生所说："可以确定，在徐州会议上，领导者们讨论后的结果就是让清政府恢复统治并推行君主立宪制。当时，这件事得到了段祺瑞的赞同。但是，1917 年 7 月份的帝制复辟行动，张勋却并没有得到同盟者的支持。这些人并非支持共和，而是身怀野心、行动鲁莽且不了解政治的张勋导致的。他企图占有所有成果且擅自行动。"

在这里需要说明一下，这次复辟活动也得到了张作霖的支持。他对朝廷授予自己东三省总督一职表示真诚的谢意。

尽管这次复辟失败，但是人们依然可以找到充足的理由相信，复辟活动并非一次毫无理智的"盛夏时节的狂热行为"，它几乎取得了胜利。它失败的原因不是因为同情者过少，而是因为那些参加者的野心，不但自私还缺乏对盟友的信任，其领导者张勋又没有相应的政治才能。

我们不能将这次复辟评价为"一场让人笑到一半的闹剧"，这是不正确的。1923 年 9 月 18 日，一位作者在《华北正报》刊登了一篇文章，他在文中所提出的看法更为严谨准确："在复辟运动初期，张勋得到过握有权力的领导者的承诺，他们会给予支持。可是，在复辟那天，张勋却在孤军奋战。虽然他一直努力奋斗，但是依然无法扭转失败的结局。如果我们审视刚刚逝去的中国 12 年的历史，我们就会看到，一个人想要做成某件大事时，他的朋友就会背叛他。可以确定的是，没有一个人相信自己能够独立完成大业。只要出现这种情况，那么中国就岌岌可危了。一个人哪怕再强大，他也需要同别人合作才可以完成所有的事情。假如这个人得不到其他人的帮助，那么成功对他而言就将遥遥无期。"

　　因此，我们不能将 1917 年 7 月的这次复辟称为"盛夏时极致狂热的行为"或者是"一场让人笑到一半的闹剧"，这些都是错误的。不过，一位中国的剧本作者却因此获得了灵感，并创作了一部名为《复辟潮》的庄严又诙谐的戏剧。这个剧本大概是私人印制并传播的，上面没有出现作者或者出版商的名字，更不要提出版日期了。北京的书店也不销售这个剧本，也没有人将它演绎出来。1921 年，宣统曾私下送给我一本。他看这本书是为打发时间，没有觉得书中内容有什么不敬的意思。其实，剧本中也有皇帝的角色，不过作者在创作的时候运用了些技巧，内容表示出些许敬意。皇帝觉得这些都无须计较。对于张勋，作者几乎没有什么指责，这也看出他对这些忠于朝廷的人抱有同情之心。此外，作者大肆指责那些假意忠心朝廷的人，极度鄙视他们在复辟失败时背叛皇帝和张勋的行为。从剧本的全文来看，作者十分熟悉皇宫内的礼仪。在剧本的最后，作者用悲情的文字描绘张勋在逃亡荷兰公馆前，最后面见宣统的场景。

　　段祺瑞对复辟持反对态度并非他热衷共和，而是怀疑张勋。实际上，民国政府可以利用这次机会废止或者重拟"优待条件"。由此，民国就能够长久存在，皇帝也没有能力再度影响中国的政治。可惜，段祺瑞或者是继黎元洪的新总统冯国璋都没有这样的想法。总统下令宣布，"身居宫禁，莫可如何”，毫无责怪朝廷的意思。至此，两方政府再度恢复之前的关系，相互尊重。皇帝在黑夜之前的这段时期内依然稳坐紫禁城内的宝座上。

但是，南方革命党的激进分子是不会对张勋复辟这样宽容的。他们一直反对北洋政府，从 1917 年起，就不断向民国提议处罚“叛国者”、废止“优待条件”、剥夺皇帝尊贵的身份……当然，北京政府也在无视这些人的要求。

1917 年 7 月，宣统帝时常受到国民党以及激进人士的指责，还因为他所谓的“叛国罪”被要求接受最为残酷的处罚。当然，这样做非常不公平。当时宣统帝不过是一个不到 12 岁的孩子，怎么会直接领导或者参加复辟帝制的活动呢？但那些支持改革的革命人士一直这样对皇帝进行攻击。毋庸置疑，这些人的目的并非指责皇帝，而是寻找借口为 1924 年几个推卸责任的将领和政客寻找辩护词。

下面有个故事，能够在一定程度上说明宣统帝对复辟的看法。故事也许是捏造的，但是却被收录在已出版的奇闻趣事中，并被当时的北京人津津乐道。

“张勋在复辟活动之前秘密地往宫中觐见宣统皇帝。张勋行完君臣之礼后，对皇帝说明复辟的计划，却遭到了皇帝的拒绝。张勋问宣统皇帝：‘圣上能否告知奴才其中缘由吗？’皇帝说：‘陈宝琛老师每天都让我看四书五经，我哪有时间管其他事情？’张勋说：‘圣上，您重登大宝，便要负责国家政务，无须读书了。’宣统皇帝听后非常开心，他问：‘此言当真？我重登大宝就不用读书了吗？’张勋回答：‘向来只听过马背上的天子，从未听说过读书的皇帝。’宣统皇帝非常高兴，便说：‘既然如此，那便依你的意思去做吧！’”

故事的作者用这样刻薄的言辞来表达自己对张勋的不满：“唉，张勋为了达到自己的目的去蒙骗一个孩子，他这样做哪里有半点忠诚可言。”

段祺瑞以及北方的其他领导者，都没有借此机会废止“优待条件”，也没有惩罚张勋及其同盟者，没收其所有资产。民国时期，没收财产是对那些在战争和政治方面失败的人的一个约定俗成的惩罚。不过，这次情况有些特殊，张勋不久便被释放，在安逸的隐居地颐养天年。其实，张勋的许多朋友都拥有很高的地位，他们也曾试图劝张勋回归政界，但都失败了。

有一个故事提及，一些与段祺瑞交好的人曾问过他为什么这样宽容张勋，他回答："我们曾经是朋友，我不能那样对待他。"大概，这可以作为中国人所钟情的中庸思想的解释罢了。中国的政治家们做事都谨言慎行。培根曾说过："朋友也可能成为日后的敌人，而敌人也许会变为日后的朋友。"

对于民国对忠于皇帝的人宽容的原因，有一个说法可作补充说明。那就是人们觉得张勋手中握有一些重要资料，里面记录着那些参与人员的相关证据，假如他及其追随者、皇帝或者是清政府受到严厉惩处，他就会向外界公布这些资料。《北京导报》在1924年5月6日就报道了这种观点：

"今天，关于张勋在1917年的复辟的相关资料，中国报纸进行了报道。目前，这些资料已被送去巴黎。据说，这些资料包括徐州会议的内容和某些人支持复辟的信电，最少涉及了82名具有声望的中国人。"

这篇报道回顾了这些文件由张勋将军保存的历史。张勋将军在荷兰公馆避难时将这些文件交给了一个姓王的人，并藏在一家法国医院中。之后，又有不同的人负责保存这些文件，此后它们被移送到法国使馆，最后被送往巴黎。迄今为止，还没有人可以印证这个说法的真实性。

对于张勋，世人对他的成长历史和性格存在很多错误的认知。很多人相信他最初的身份是马夫或者随从。义和团运动失败后，慈禧太后到西安避难。张勋就是在这段时间凭借自身的能力得到了慈禧太后的宠爱。 之后，他一路高升成了高级军官。

1917年后，我同张勋的几位好友日渐熟悉。他们为我提供了有关张勋复杂经历的主要事实。而且，迟暮之年的张勋还写了一本书记录了自己的一生。他去世后，我从张勋的家人那里得到了一本。我认为，到现在这本书并没有出版也没有英译版本。因为这是一份历史学者和人民都感兴趣的文件，我会在下章将全文翻译出来，只是删去有关其后代的记载。

在他的文学作品中，张勋自称为"松寿老人"，即如松树般长寿的老者。松树是果敢、坚强以及力量的代表，它在中国经常被用来形容老人健康、精力强盛。所以，松寿老人因为好寓义而被张勋用在他的自传中。

第十章　《松寿老人自述》

勋既序《江西张氏通谱》讫，族之人，复微齿，录及勋。噫，勋何称哉？虽然，谱以收族，即所以敬宗，虽不才，安敢自弃于先人而不有以告？则今此之述，为家乘备采而作，倘亦不大谬乎？

吾家世居奉新南乡之赤田村。勋以咸丰四年岁甲寅十月二十五日巳时生其地。

辛酉，年八岁。适粤寇躏县境，乡人四窜。先父崑一公独不行，陷贼，贼逼指富室名，不告，临以刃，则詈之，因遇害。是年，先妣魏太夫人弃养。同治甲子，始入塾读书。明年，先考衍任公又弃养遗腹生弟系球，仅及晬而继母温太夫人卒。勋于是时年十有四，自是兄弟茕茕相恤，生计乃日益艰难矣。光绪辛巳十月，嫡室新建曹夫人来归。寻有福建之游，复游湖南之长沙。

甲申，法人袭越南，巡抚潘公鼎新自湖南移广西治军，勋投效，得六品军功，从出镇南关。五月，蹑敌观音山；八月，战船头，皆与，有功。经潘公会同广东提督张公文襄及广西提督苏公元春奏保花翎守备，加都司衔。乙酉，克越南之文渊州、谅山省及长庆、谅江两府城。复经张、苏两公会同署抚李公秉衡以游击奏保。苏公旋派随广武右军驻边，凡五年，叙参将，加副将衔。

癸巳，因事至鄂，曹夫人生子而殇。甲午，日、鲜衅起，四川提督宋公庆要赞毅军军务。八月，抵奉天，挈马队为前锋，策据虎儿山，以扼鸭绿江。未果，和议成，乃西入京师。

乙未，应太仆寺卿岑公春煊之招，统领山东新防军。以岑公与巡抚龃龉，解军去，游于天津。会浙江温处道袁公世凯于小站，创练新建陆军，委充头等先锋官，旋管带工兵营、备补营，兼行营中军事。当是时，大学士荣文忠公以军机大臣亲将武卫五大军，改袁公部为右军。

庚子五月，拳乱起山东，袁公将右军来为巡抚，令勋统先锋队兼巡防后路营，歼匪海丰，迭击之于信阳、滨州、蒲台、利津等处，境内无匪踪。

八月，北洋大臣李文忠公赴直隶东南境之急，袁公因加委总理北路马步炮防剿各营营务。追奔于盐山、庆云之黑牛王庄，进至沧州，战频胜，自是统右翼步队第一营。

辛丑，河溢于惠民之五杨家，督各营堵筑，四逾月而竭成。先是，右军训练满三年，得荣公保叙；至是，再保，擢副将；寻追论剿匪，以提督总兵记名，赏“壮勇巴图鲁”。

袁公督直隶，随驻保定。以兵迎磁州。十一月十四日，至临洺关，谒行在，召见。至京，谕宿卫端门。明年，将马步随扈东陵。八月，授四川建昌镇总兵，仍留宿卫。癸卯三月，随护西陵，其他护跸诸军三次皆诏归节制。

闰五月，统淮军先锋马队，节制口外捕练各军，出居庸关，缉办大同、宣化间大股马贼，数月平之。甲辰，覃恩加一级，以口北肃清，赏“巴图隆阿巴图鲁”。

张勋

是年，俄、日构难，我国中立，而俄人谋潜道草地内袭，乃屯军宣化，更亲履形胜，自张家口历多伦诺尔，至于独石。归，建守边策条上，袁公韪之。

越二年，袁公以练兵处电称"日、俄战后，须拣知兵大员接收地面"，令勋赴奉天，由将军赵公尔巽派为奉军辽北总统，兼统后、右路马步各营，驻昌图。其年冬，以宿卫得力，赏头品顶戴。明年春，辽北数平，赵公为请叙，诏以提督记名。

四月，军机大臣徐公世昌出督东三省，奏勋为行营翼长，节制三省防军。乃游弋吉林之宁古塔、蜂蜜山，北抵黑龙江之绥化。因搜剪匪巢于东清铁路附近之窝，集而循于牡丹江，凡民男妇及俄商、日本测绘生被虏者，悉拯出之。

戊申，授云南提督，谕留直、奉带兵，赏穿黄马褂。调甘肃。九月，奉旨来京万寿，入座听戏。

两宫升遐，随班哭临穿孝。宣统元年岁巳酉，徐公内召，锡良公继为总督，议不合，遂送徐公入关，迭催不返。七月，乃以久离职守被劾，得旨留京当差，原折发还。

十月，随护显皇后梓宫奉安，仍诏节制诸军。礼成，景皇后回宫，谕随四贵妃留陵，因释后妃之嫌，复命，嘉奖，太后赏"淑气清芬"匾额。

庚戌十月，诏总统江防各军，会办长江防守事宜，驻浦口，专折奏事。辛亥七月，调补江南提督。

八月，乱作，请援武昌，未允。而苏州从乱。其时总督将军方与勋筹战守，而全城文武怵于党焰，欲有以说勋，勋直斥之曰："诸公今日吾同官，明日苟建白旗者，吾即以贼视之。"众悚然散。夜悉遁去。翌日，第九镇叛，蹙之雨花台，杀伤殆尽。既，乱军麇集，而粮援胥绝，乃全师北渡，且退且战，遏之于徐州。

九月，援江苏巡抚。十月，署两江总督、南洋大臣，赏二等轻骑都尉世职。

十二月，诏改共和，袁公为临时大总统，请解甲归农，则以维持大局为词勿许，将士复依恋不肯去。勋亦自度非坚忍无冀于挽回，由是改江防营为武卫前军，而辞其督办直、鲁、豫三省防剿之职。

明年，移军兖州。夏四月，徐公偕田公文烈以袁公意来裁江督，而以勋为镶红旗汉军都统。临别，徐公询有何说者，勋曰："袁公之知不能负，君臣之义不能忘。袁公不负朝廷，勋安敢负袁公！"如是而已，无他语也。

癸丑正月，袁总统迫请两宫移跸颐和园，勋力争之。景皇后愤疾而徂，勋请宣示脉案，如制发丧，许人民成服，而自率绅商军民举哭临礼于府城。

废孔说起，有乘而伐林木或攘寺其彝器者，卫之以兵，仅乃获全。其后政府议给俸衍圣公，而悉收其祭田，勋又争之，卒寝其事。是盖圣人之灵倖假手于勋耳，非敢云勋力也。

六月，黄兴倡乱于江宁，冷遹据徐州，北犯。第五师方旅长玉晋以警告，即令所部驰御，逆击于韩庄，夺二郎山，规取柳泉，走冷遹，徐州平。袁公命以陆军上将、江北镇抚使督师。七月，自台儿庄并运河而南，五日行千余里，收清江，至于扬州。更前，纳缴械于沿江炮台，因收镇江，进屯金陵之尧化门，频战皆危而后胜，夜袭乌龙山，取天保城。八月朔，遂复金陵。先后得勋一位、勋二位、一等嘉禾、文虎各章，皆不受。至是，袁公命为江苏都督，勋以非此不足指挥军事，姑安之。自是南北统一，袁公实为大总统。勋片戈乞退，复不许。

十二月，改长江巡阅使，亲驻徐州，而分兵缘长江扼守其要塞。

六月，袁公改武卫前军为定武军，以勋为定武上将军，巡阅使如故。

八月，晋京，赴宫门请安。九月，回徐州。

筹安议兴，中央电征意见，勋力陈不可。未几，建号洪宪，以勋为一等公，辞之，因请优待皇室，保卫宫廷，并专使条陈制害，皆不听。

丙辰春，滇、黔、桂、粤相继独立，乃撤洪宪之号，议用兵。三月，勋以巡阅使、安徽督军电邀各省遣代表集江宁，筹南伐。五月，袁公薨，兵解而罢。

丁巳四月，各省又谋独立，督军或专使群集徐州，推勋主盟。勋于是提兵北上，调停国是。五月十三日，复辟。诏授勋为议政大臣，兼北洋大臣、直隶总督。他帅意不合，来攻。二十四日，与战都城中，兵寡不支，荷兰公使以车来迎，居其署中。

九月，前事解。庚申五月，徙寓天津。

此数年间，尘事不婴，闭门多暇，日辄浏览《通鉴》，或习为大字，不复与世相闻。自念少起寒微，中更军旅，汔与事变终始。今行年六十有八，内省多疚，奚足语人者，第以宗谱有待甄录，窃取前人之例，自叙梗概如此。因欲藉示诸幼子，俾知身所经历，多艰苦之境，又得倖取往迹以自惕也。用写而存之。（辛酉八月，张勋少轩。）

张勋（字少轩，号松寿老人）的自传附记中除了记载八儿子梦渊和九儿子梦汾的出生之外，便无其他内容。1923 年 9 月 12 日，他死于天津寓所。

张勋的 6 个儿子在他死后为他写了一篇"家祭哀启"。当时，有地位的中国人去世后，要为其撰写一份讣文。"哀启"补充了自传中没有写到的内容。1915 年即宣统皇帝 9 岁时，张勋来京觐见。当时，他也去拜访了昔日的上司及知遇恩人袁世凯。袁世凯的一些属下嘲笑张勋的长辫，于是他发誓一生都留长辫。确实，他做到了。他曾说："谁若敢碰我的辫子，我便和他玉石俱焚。"因此，也没有人有勇气去尝试。

"哀启"描述了由张勋领导的复辟运动，之后，介绍了张勋认为他在完成一项崇高而庄严的使命。抵制他的战争发生后，他的使命因那些背信弃义的将领化为泡影。有人要他去寻求庇护，他回答说："复辟非陛下之愿也，诚吾等尊爱之故。当此危难之际，若图一己之苟安而置陛下于不顾，吾定罪无可逭，吾张氏祖辈相习，尤好献身大业。身家性命、妻子玉帛非吾所虑也，所虑者实吾伤及吾皇之痛楚。"据说，当时其他人都因为这番话感动得流泪。"然后，父亲便全力以赴地同敌人战斗起来，直到他附近的建筑都燃烧起来。这时荷兰公使派遣的汽车到了，他出于无奈才上了车。在荷兰公馆生活的那段岁月，父亲忍受了莫大的痛苦与辛酸。"

"哀启"继续描述，"他人生最后的那几天，皇帝派人前来慰问，随行的还有一位医生。父亲得知了这个消息后，立即起身跪倒在地说：'我 70 岁了，本应在辛亥年（即 1911 年）死去却没有死，在丁巳年（1917 年）应该死去也未能死，如今，死亡已经迟来很久了。我能忍受这些悔恨之苦吗？呜呼！我连万分之一都无法报答皇上。'而后，我们听到他在哭泣，床单和枕头上沾着他的泪水。之后，他的身体情况有所好转，八月第一天时，他还可以吃一些食物。但是，不久他的身体再度衰弱，第二日便去世了。"

张勋的家人为他在天津举行了葬礼，当时宣统皇帝派遣的代表也前来参加。当地的中文报纸曾称这是天津市自古以来最为隆重的葬礼，甚至还有一些国外的报纸也对此进行了报道。

《京津泰晤士报》报道："对一个西方人来说，张勋将军下葬的场景揭露了一种东方式的华丽……他有自己的锦旗，是中国军队的总司令军旗。他还有'虎'旗，是小皇帝授予的荣誉……整个过程长达8个多小时，是这座城市有史以来最大最壮观的葬礼队伍，还走过了英、法、日租界，再经过前奥、意、英租界，最后回到张勋的寓所。队伍有4公里长，超过4000人参与，如此壮观的场面大概花费了10万美元，这有可能只是一个保守的估计。值得注意的是张勋由于生前得到皇帝的喜爱，所以在送葬队伍中有大约30件由前皇太后和小皇帝送的昂贵礼物。"

或许在忠心耿耿的张勋心中，他收到的最为贵重的礼物莫过于"忠武"这个谥号，这是皇帝对他最后的恩赐。这个谥号在历史上曾被授予给几个伟大的勇士，分别是三国的诸葛亮、唐朝的尉迟恭，以及清朝的杨遇春、邓绍良、塔齐布和李续宾等。

天津报纸在报道这一场葬礼的时候用的词恰到好处："'虎'在光辉的火焰中消逝"。

第十一章 1919—1924 的紫禁城

　　张勋领导的复辟行动在 1917 年 7 月只维持了 12 天。期间，黎元洪藏身于首都的使馆区。使馆区虽然属于北京，但是自 1900 年起它就不受中国政府管辖了。张勋在复辟失败后也逃到荷兰使馆避难。依据政府的规则，黎元洪是胜利的一方，他应该重新担任总统一职。然而，在这次复辟事件中，黎元洪却听从张勋的话下令解散了国会，这不仅仅让国会成员感到愤怒也让他颜面尽失。而且，是他邀请张勋来北京的，帝制复辟他要承担一定的责任。

　　于是冯国璋成了代理总统。虽然他在反对张勋复辟帝制时助了段祺瑞一臂之力，但是身为直隶人的冯国璋并非热衷于共和，他还在帝制时期出任多个职位，其中包括陆军贵胄学堂总办和军咨使。帝制复辟事件之后，冯国璋以"再造共和之功臣"之名，担任国务总理一职。之后，冯国璋下令重组内阁。

新建立的国会于 8 月 12 日在北京召开。

8 月 14 日，经过国会商定，中国加入协约国同德国开战。最初，府院的矛盾激化，其中一个原因就是争论中国是否加入协约国。这个矛盾激化后才导致张勋进入北京。现在，中国对德国宣战的决策让广州政府非常不满。在孙中山的领导下，广州政府拥有独立完整的权力。

对于国会的决策，孙中山用陆海军大元帅的身份发电报表示反对。他在电文里指责冯国璋和他的追随者背叛国家。而且，孙中山准备依照中国固有的方式，挥师北上，进行讨伐。

中国最终还是加入了协议国，成为了战胜国之一，出席凡尔赛和会是无可厚非的，这对日本而言是一定的压力。日本因此被迫将曾占领的德国在胶州（青岛）的租界归还中国。

1918 年年初，军事领袖曹锟渐渐开始威震四方。北洋军在他的带领下同南方革命军对抗，并且在 4 月初旗开得胜。南方革命军失去了位于长江南部的岳州和长沙地区，无力北上。孙中山被迫辞职，并于 5 月份到日本流亡（这种流亡已经不是一次两次了）。不过，南北两方的战争并没有结束。一些在北京不受欢迎的旧国会的人员在广州重新组建了国会，并对外界宣称自己是中国唯一合法的立法机构。8 月，新的北方国会在北京依照 2 月份重新拟定的选举法召开。

广州建立独立国会后，中央政府就无法对全国统一行使权力，国会问题在中国变成了一个没法解决的难题。戴遂良神甫曾说："国会若想继续存在下去，必须杜绝腐败。"确实，中国的国会在这些年中一直处于瘫痪的状态。

新的北京国会共有 436 名人员，其中 425 位国会成员赞同曾出任东三省总督且同袁世凯交好的徐世昌为新总统。选举的结果立即遭到了广州政府的反对，表示不认同其结果。不过，北方政府根本不理会这些反对意见，徐世昌在之后的三年里稳坐总统一职。

徐世昌在担任总统时已经 63 岁了。他位高权重，十分受人敬仰，并且在传统学术方面颇有研究。徐世昌一直受到朝廷重用，早在 1905 年，他便身居军机大臣一职；在1907年4月被授予第一任东三省总督（在此之前东三省一直由皇室直接管理）；1908年宣统皇帝登基后加封他太保头衔。

尽管徐世昌接受了总统一职，但他并非热衷于共和。当时，北洋政府中的共和人士寥寥无几。徐世昌执掌大权后，他发布的第一个官方文件，就是赦免包括张勋在内的所有参与1917年复辟的人员。徐世昌对他们的赦免是无条件的，但张勋依然忠于朝廷，希望中国恢复帝制。不过他不用再受到束缚，可以住在北京。北京是满汉忠于皇帝的人士以及张勋聚集活动的中心。

1918年9月4日，徐世昌当选总统，在10月10日宣誓就职。非常巧合，1918年10月10日正是辛亥革命七周年纪念日。在他就职以前，北方的新国会将孔子诞辰定为全国休息日，来证明其思想趋势。从此以后，国家政府对儒教以及儒教所代表的整个思想体系的态度就随着不同政治党派的命运而变化。当思想偏"左"时，儒家教义的地位就会变得非常卑微，当思想偏"右"时，遗老遗少们便重拾勇气，同反对传统的激进派斗争，教师和父母们可以自由地尊崇儒家教义。

徐世昌所做出的第二个决策可以证明他确实是一位皇室的"太保"。他虽出任总统一职，但是他对增加皇帝的津贴具有极高的热情，并且觉得这些并不冲突。1918年，溥仪12岁了，已经在师傅们的指点下苦读了几年国学。他的老师全都是中国最优秀的学者。徐世昌和他的朋友（其中一位是著名总督李鸿章的儿子）时常讨论有关溥仪的教育问题，他们认为，溥仪应学习包括英文在内的西方知识。此外，他们还希望他能学习西方的制度尤其是英国君主立宪制原则的知识。

当时，徐世昌为溥仪选定的第一任老师是位美国人，他在教育和外交方面颇具成就。他因为要担任美国驻华使馆的代办一职而无法接受聘请。之后，我便被选为溥仪的老师。

对于我成为溥仪英语老师的缘由，就不再赘述了。来访中国并在此工作期间，我结识了几个与皇帝和新总统都有密切关系的人物，其中就有李鸿章的儿子李经迈。在辛亥革命之前，他曾随载涛王爷（光绪皇帝的兄弟）到德国访问。辛亥革命时期，他到威海卫避难，我当时在那里任职。之后，民国虽然多次请他担任官职，但他都拒绝了。同他一直交好的徐世昌在担任总统后也多次提出让他出任职位较高的外交官，他才复出。他一生都对清朝忠心耿耿，并且在民国和清廷内具有很高的权威。我则得益于他的推荐，才成为了宣统皇帝的老师。

第一次世界大战结束前夕，即 1918 年 11 月底，我同意接受聘请，但前提是必须得到来自伦敦和驻北京的英国机构的准许。没过多久，总统徐世昌再次正式提出这个请求，并通过英国驻华公使朱尔典爵士，很快得到了伦敦殖民部和外交部的批准。于是，我接到了调任的命令，于 1919 年初离开威海卫向北京出发。

我首次见到宣统皇帝是在 1919 年 3 月 3 日。三天后，我将同宣统的谈话写成了一份简要的报告，送往了英政府。在此，出于慎重我引用了全文，其中记录了小皇帝给我的第一印象。虽然他还是个 13 岁的孩子，但是他作为皇帝在宫中以及宫外的很多人眼中都是敬畏的对象。下面就是我的文章。

　　1919 年 2 月 22 日，我到达了北京并受到了总统秘书的接待。过了两天，我分别到皇帝的父亲醇亲王（多年以前在香港见过他）和载涛亲王（光绪皇帝其中的一个弟弟）的王府拜见。载涛亲王可谓是众亲王中思想最开明的一位，他非常关心皇帝的教育。我在他的王府受到热情的接待，并被告知可以在任何时间同他讨论皇帝的进步。3 月 5 日，我再次接到他的邀请，并结识了皇叔载洵和其他几位皇族人员。

　　2 月 27 日，我正式拜访了徐世昌总统。以后的几天里，我分别拜见了内务府领衔大臣和总管世续、内务府大臣绍英、内务府大臣耆龄（醇亲王福晋即皇帝生母的亲戚）、帝师梁鼎芬、朱益藩以及伊克坦。3 月 8 日，我在维根利茨饭店设宴招待内务府的人员以及皇帝的老师。

　　3 月 3 日，皇帝正式接见了我。当时，我在他人的带领下进入毓庆宫，便看见在一群侍从中间身着龙袍的皇帝从宫外进来。我赶紧

向他深深鞠了三躬。之后，小皇帝从龙椅上起来，走过来用西方人见面握手的方式同我问好。然后，他和我攀谈了一番，问了我几个问题，比如我在中国做官的事情。在这次简短的谈话中，他始终站着。谈话结束后，我回到了候见厅，不久便有人来告诉我，皇帝希望可以尽快向我学习英语，待他换上便服，便将马上再次召见我。之后，很多侍从和朝廷人员都因为我成了皇帝的老师而向我道喜。当我再次进入毓庆宫时，便看见皇帝已经坐在书桌旁，桌子上摆放的是我为教导他选出的书籍。小皇帝让我在他身边就座，之后我们的关系便非常融洽，没有烦琐的礼数了。

小皇帝此前并没有接受过有关英语的课程，也没有学习过其他西方语言。但是，他非常聪明而好学，看上去相当积极。他非常关注时事，经常看中文报纸，尤其对国内外发生的政治事件感兴趣。他熟悉地理，热衷旅游和发现新事物。对于欧洲一些国家的情况和第一次世界大战的结果，他也有所了解。他非常理智，对中国目前的处境很了解，丝毫没有被那些浮夸之词所影响。他身体健康，发育良好。他是一个很有人情味的孩子，活泼、充满智慧、幽默感强。此外，他行为举止优秀，并不傲慢。若是思考一下他的成长经历，他能成长良好实属不易。皇宫里到处是阿谀奉承。他贵为皇帝，从未见过皇宫外的世界，也没有年纪相仿的朋友，只有他的弟弟和两三个年幼的皇族短暂地陪伴他。他甚至每天都要依照一个庄严的仪式行事，坐在金黄色的轿子中，由侍从们送到学习的地方。

虽然皇帝生活的环境充斥着无知和无能，但是他一直没有受到影响。不过，我依然忧心他在之后几年是否还能安然无恙。那些围绕在他身边的太监和官员，都不会给他任何良好的启示。我认为，如果想让皇帝健康成长，就必须远离皇宫以及这里的一切，住在颐和园或许有所改观。颐和园会让他的生活接近自然，更为幸福。他能在那里得到自由并有机会进行体育锻炼。前提是，他身边的侍从要换掉。总统或者其他皇族人员例如载涛亲王可以派遣一些官员，时刻监管这些侍从。我会寻找机会提出我的建议。事实上，我早已对刘体乾先生（李经迈的亲戚，载涛亲王的朋友）和总统的专属秘书表达了这样一些我的看法。

坤宁宫和交泰殿

在我去紫禁城之前，发现了一件能够说明皇宫内遗老遗少旧思想的小事。皇宫是中国保守主义最后能够存在的地方。当时，我到达北京后先入住了北京饭店。之后，我又换了一所更为宽敞的府院，但是没过多久，我又被安排到距离皇宫更近的府院中。我在北京饭店生活时，好几天都要不停地接电话。2月底，我忽然被内务府告知，钦天监对于我为皇帝讲课的时间，选定了两个吉利的日子——3月3日或者3月28日，皇帝可以在这两天当中的任意一天向我学习英语。钦天监所说的是农历，对应到公历便是这两天。虽然在民国时期，人们已经开始使用公历，但是宫廷中却没有发生改变。而且，除了这两日，3月份并没有其他好的日子，因此由我来决定哪天为皇帝授课。

我选的是早一些的那天，大概有些莽撞吧。

需要提醒的是，我担任溥仪老师的这段日子，朝廷都会为重大事件进行占卜。例如，皇帝在1922年进行大婚的日期和时间就是通过占卜得来的，就连我变换住处的日期也是通过占卜而决定的。我曾经拒绝过，不过没有什么效果，在中国人眼中，变换住所是一件很大的事情。

而且，我也要描述一下宣统皇帝身边的环境。首先，他居住在紫禁城中，即整个北京的中心地带，被高高的围墙所包围。而我就是在那里看到他的。

1912年到1924年间，到访中国的西方人一直被这个地方所吸引着。中国在这段时间发生了许多重大事件，这是中国极为混乱的一个时期。他们十分了解中国动荡不安的政局，无论是国会还是内阁，都因为当权者的变化成立或解散。当权者也会因形势的变化向西方各国使馆寻求庇护，当时人民的利益早就被无视了。在首都的城墙下，军阀们上演了一场接一场的武装冲突闹剧，总统们轮流着被某一派拥护上台，又被另一派驱赶下台。他们还观察到中国一直处在动乱、分裂、劫匪、饥饿和内战之中，这里有阴险的国会，诡计多端的政客，残忍的军事家和头脑发热的滑稽的学生。不过，他们发现并非所有地方都是这样，在中国政权的中心地带，有一个安定的地方。这个地方依旧保持着原本的尊严，人们还在继续古老的仪式，那是中国精神的代表。被围墙所隔绝的地方，是中国守旧思想最后的乐土，这就是紫禁城。

在 1919 年，我是唯一一位可以进入皇宫的西方人。就是在那时，我目睹了真正的紫禁城。与紫禁城西边相邻的是"三大湖"和新华宫。新华宫以前属于皇室，现在成了民国总统统治国家使用的宫殿。我们在前面讨论清皇室"优待条件"时，着重提过新华宫。我们看到了一个其他国家永远不会出现的情景，中国有两位当权者。这两位当权者的宫殿相邻，一位是名义上的君主，却永远被困在这小小的紫禁城。一位是实际的领导者，虽然没有帝王的称号，却统领着整个国家。这种奇特的情景在中国持续了 13 年。

困在紫禁城的君主，一直都无缘见到紫禁城以外的事情。在这 13 年中，他所看到的都是紫禁城的一切，我则有幸陪这位帝王第一次走出这个困住他的地方。亨利·博雷尔，这位荷兰学者曾在辛亥革命爆发前说："皇宫困着一位帝王，孤独而骄傲。没有人能理解他，而他也一直伪装自己。"这位学者大概觉得皇帝会一直困守在孤独中，永远缚在这座神秘而庄严的与世隔绝的紫禁城。但他为什么会产生将小皇帝比喻为神仙的奇怪念头呢？他解释说："在那金粉高墙后，到处都是仙境般的宫殿，在深蓝的天空下，人们只能看见那闪闪发光的屋顶，就在那里面，住着小皇帝宣统。"

1919 年 3 月，在一个寒冷的早晨，当宣统小皇帝从龙椅上走下来和我握手的时候，他就已经不再如神话般神秘。也许，神话中的皇帝是那些真正执掌大权的人吧，眼前这位毫无实权的人绝不会是神话中的人物。但是，那位荷兰学者是不容易明白的。也正因为如此，他才认为北京城是座庙宇，而皇帝在紫禁城里接受人们的敬仰和朝拜。

1919 年，皇帝已经不是所谓的神，不过他在西方国家的认知中依然是皇帝。当然，对于很多中国人而言，他依然是帝王，接受所有人的臣服。

第十二章　帝王之师

在中国的旧社会，老师的地位很高，皇帝的老师则更受尊崇，在皇宫中地位高于他的皇族权贵没有几人。对于一个外国人来说，很难明白"旧中国"的学生为何要对老师如此绝对尊崇。如果那些人只是对"新中国"有所了解，那么他就更无法理解中国这传承下来的风俗了。

丁韪良博士曾说："中国是所有国家中最尊敬老师的一个。这不仅体现在平日生活里十分敬重老师，而且在一定意义上，'老师'这一称呼也夹杂有中国人对其崇拜的情感。中国有祭祀的传统，'师'和'天、地、君、亲'一起被刻在碑铭中，用隆重的典礼加以祀奉。"

在中国的传统中，以北为尊，因此皇帝接见官员时都是坐北朝南的，官员们也是向北跪拜，这也是表现尊卑的一个形式。但是，作为皇帝的老师却不必行君臣之礼。有趣的是，这种古老的做法，一直保持到最后一位帝王的结束。皇帝读书时，依旧是坐北朝南，但是老师则可以坐在东方。中国的皇帝对老师很尊敬，哪怕这个人是个外国人。当时，我教皇帝英语，座位就在皇帝书案的东方。

清朝，尊师重道是传统。当帝师来为皇帝授课时，皇帝要起身迎接他，待他向皇帝行礼完毕后，再一起入座。倘若在授课的过程中，帝师因为某些事情必须站起来，皇帝也不能在座位上坐着，直到帝师回到原位，方能重新就座。皇帝对老师们十分尊敬，这是清廷的特色之一，这一特色曾在清初时期引起在天文学馆或其他宫廷工作的耶稣会教士们的注意。在《有教益及有趣的信札》这本描述 18 世纪初耶稣会教士在宫廷经历的书中提到一个人——顾八代。我们可以从中得知这个满族人是世宗皇帝的老师，并且得到过世宗皇帝为其写的颂词。后来，据说顾八代死后，皇帝不但将其定位为忠烈人士，还追赠谥号"文端"。皇帝还赐予顾八代的家人一笔丰厚的财产。在清朝，帝师身体不适，皇帝会派人看望，帝师若去世，皇帝还会为其追赠谥号。这并不是什么罕见的事。在我做帝师时，这个传统依然存在。

中国皇帝的老师除了享有某些特权，与皇帝友好往来外，他们还位居高官，地位不亚于总督或者执政大臣。毋庸置疑，能教导皇帝的人必定有杰出的才华并在科举考试中胜出。在科举考试未废除之前，它是人们扭转命运的唯一出路。倘若一个人能在科举中名列前茅，那么他就会拥有光明的仕途。一般而言，帝师在教导皇帝之前，就已位列最高的官阶（清朝官阶分九品），倘若他的官职没有达到这个地位，他成为帝师后也会达到。另外，帝师还会得到其他代表荣耀的赏赐，比如可以坐轿辇入宫，赐双眼花翎等。假如帝师去世，皇帝还为其吊唁并赐谥号。即使帝师由于重病或其他原因辞职（除了玩忽职守），他仍可终身享有荣耀、尊重和"帝师"的头衔。此外，帝师可以得到皇帝入座的恩准（其他在场的大臣、总督必须下跪），这是其他高官没有的权利，宫中的人也会因为他是帝师给予他极高的礼遇。

在皇室中，帝师都是博学的中国人，我成为帝师这件事带给了朝廷不小

的混乱。皇族以及内务府守旧思想的人都极力反对。他们担心我会让皇帝拥有
更多的现代意识，使其不满宫中的现状。不得不说，他们担心的事情真的发生
了。总统以及几位激进派的皇族人员对皇室施加压力，这让守旧人士不得不退
让，但是要求我只负责皇帝的英语课程，没有帝师的名号。在这些人的认知中，
一个外国人是没有资格成为帝师的。我的地位也远不及皇帝的其他帝师，更不
要说过问朝中大事了。对此，清政府一些有威望的人提出异议，觉得这样做有
失公正，他们认为若不给我相同待遇一定会同英国当局产生嫌隙。

我成为帝师后，这种争执还未结束。但我毫不关心也不想卷入其中。我
并不明白他们争执的内容。从一开始，皇宫的人都对我以礼相待，其中包
括皇帝、皇族人士和内务府成员。没过多久，我便同这些人相处融洽。但是，
我和宫中的太监发生了第一次的摩擦。依据以往习惯，太监会从朝廷新官员
那里得到一部分赏赐。当太监向我表明来意后，我同意给他们一部分赏赐，
但是需要他们给我一份正式的收据。太监们非常惊讶并且拒绝我的要求，之
后便放弃了这个要求。

很快，双方的争论有了结果，我在皇宫内可以享受帝师应有的特权以及
荣耀。最初，我只可以乘坐由两人抬着的轿子入宫（这些是皇宫提供的），
不久我又得到皇帝的赏赐，官阶也升为了二品。1922 年，皇帝成婚，我在这
一年成为一品官员，同其他帝师一样受人尊重。

依据惯例，皇帝会在重大节日前赏赐我们，并在乾清宫处接受我们的谢
恩。为表友谊之情，皇帝还会送书籍、瓷器、玉石等物品；皇太妃也会将一
些水果糕点作为赏赐之物。得到赏赐的人也经常会引起人们的称羡。北京的
各大报纸经常会刊登这些事情，例如《北京时报》中就这样写道：

> 据说，皇帝的英文老师庄士敦得到了瑾贵妃赏赐。瑾贵妃因
> 担心他教学劳累会导致喉咙痛，特别恩宠地赐给了他一些人参和
> 西洋参。

　　这里，我需特别提及一下其他的帝师。在我教导皇帝学习英语之前，皇帝已经有四位帝师。这四位帝师中一位是满族人，三位是汉族人。首先，我要提及的一位帝师叫梁鼎芬，是位广东人，我从未见过他。在我成为帝师时，他已经病入膏肓，卧床不起了。到了年底，这位博学之人便辞世了。

　　对于广东，人们总认为它是革命爆发的摇篮。没错，过去广东发生了很多次革命，似乎将来还会发生很多革命。不过，对于没有来过中国也不了解中国的西方人而言，他们不太知道很多效忠皇帝的人也来自广东。许多人认为广东一定会蔑视清政府以及帝制，但是如果他们知道支持清政府的人也有很多广东人，他们一定很惊讶。梁鼎芬就是一个典型效忠皇帝的广东人。

　　一个中国学者是很难被别人认可的，只能透过诗歌去表达自己的心声。梁鼎芬的诗参照了晚唐和宋朝的诗体，特征是悲伤忧郁、脱尘出世。

> 江水不可耗，
> 我泪不可干。

　　这不是他写过的最优美的诗，但这能看出梁鼎芬的不开心。字里行间很少有欢乐的元素，都被悲伤忧郁代替了。依据梁鼎芬的一首自传诗，我们可以得知他自3岁开始读书，第一任老师是自己的母亲。他会因为不懂母亲教导的内容而懊悔。在他幼年时期，梁鼎芬家中会来很多儒学雅士以及显贵之人。这些人在他家高谈阔论，虽然他不懂其中内容，但是非常受诗歌和剑术的吸引。下面是梁鼎芬的另外一首诗歌《暮过丛塚间》，诗歌最后两句是指那些隐士摆脱了世俗烦扰，获得了超然物外的精神境界。

> 白杨团夕阴，日收忽见火；
> 飘燐逐人衣，但行不可坐。
> 世间惟二美，豪杰与婀娜；
> 堂堂百年驶，累累一土裹。
> 无限未来人，或有当初我；
> 何不去学仙，微尘乃轻堕。

年幼丧母对梁鼎芬来说是一个巨大的打击，之后他由父亲抚养长大。他在父亲的教诲下严守君子自爱自律之道，他一直遵从父亲的话：以死守节。1880年，梁鼎芬考中进士后开始他的仕途生涯，先是担任湖北按察使。戊戌变法之前，他曾因为直接指出朝中显贵之人的不足险些被"老佛爷"降罪。当时，朝中极具威望的张之洞庇护他。不过，"老佛爷"一直因为他与康有为的友谊而怀疑他。其实，梁鼎芬一直在反对康有为，也曾当众斥责过康有为。甚至，他还在辛亥革命后向黎元洪提出过恢复清朝的请求，不过遭到了拒绝，他就跑到西陵光绪皇帝的陵墓前哭。之后，他因为陈宝琛引荐负责建造陵墓。不久，帝师陆润庠去世，他就接替陆润庠成为了帝师。

　　1917年，北京整个局势动荡不安，张勋的军队同段祺瑞的军队正面交锋，战场离紫禁城非常近。梁鼎芬要去皇宫为皇帝授课，要想抵达皇宫大门必须穿过街道。当时，北京城内硝烟滚滚。但梁鼎芬坚持要去皇宫。他到达景山对面的宫门时，轿夫们像往常一样在那等候。但是，这些轿夫们都劝梁鼎芬回家。梁鼎芬却走出马车，进入轿中，坚持要去皇宫。轿夫们因为考虑自己和他的安全，极为不情愿。不过，他们也没敢违背梁鼎芬的意思。没有走几步，他们经过的宫墙被子弹打中，散落的砖瓦砸在轿子上。轿夫们想到安全的地方躲避一下，梁鼎芬却不想因为自己的利益而不忠于职守，他认为那比死更为耻辱。最后，梁鼎芬顺利到达了皇宫。我们可以想象那天皇帝的书房肯定不能进行授课，但这是激战造成的，并不是帝师梁鼎芬的责任。

　　梁鼎芬去世后，很多人都前来吊唁，并称赞他在帝制复辟时期表现勇敢。此外，民国总统也派人吊唁，并赠送了1000元葬礼费用。皇帝则赠送了更多的礼品，并赐其谥号"文忠"。

　　皇帝的另一位帝师是陈宝琛。这位帝师入宫多年，极具威望，享有"太保"等尊称，而且嗣后成为"太傅"。陈宝琛是福建人，精通诗、书，在学术方面也很有研究。虽然我听不懂他的家乡话，但是他北京话讲得很标准。1919年，他已经72岁，却依然精神矍铄。

陈宝琛天资聪颖，于1868年考中进士，此后一直受到重用。但是，他也像梁鼎芬一样，由于戊戌变法惹怒了"老佛爷"。他被迫辞官归乡（他以前只在为母亲服丧的时候才这样做）。之后的二十几年，他没有过问国家政事，一直恣情于诗、书以及学术之中。陈宝琛有两座院子，风景不错。我比较熟悉福州附近鼓山的那座别院。在那里，他度过了一段美好的治学生活。他时常受到风雅人士和达官显贵的邀请，与他们一起促膝长谈。他的多数诗歌，在很大程度上表达了自己对云霓及川流的渴望。

1908年，陈宝琛很不情愿地回到官场，被任命为山西巡抚。当时，慈禧太后去世，朝廷想为小皇帝选帝师。摄政王则在隆裕太后的示意下选了陈宝琛。于是，陈宝琛没有去山西任职而是留在紫禁城教导小皇帝。同时，陆润庠和伊克坦也被任命为帝师。关于伊克坦我们在下文会谈到。而陆润庠曾在科举考试中高中状元，备受尊敬。但是他过早离世，其职由梁鼎芬接替。

1911年，帝师其实没有多少授课任务。不过，陈宝琛因为帝师的身份成为了内阁的一员，并参与国家政事。但自1912年后，他的任务便仅是教导皇帝。

当我任职帝师时，陈宝琛已经教导皇帝八年，见证了皇帝的成长。在中国文学方面我从不奢望能和他并驾齐驱。不过，我们很快就找到了一个共同的喜好，喜爱山水。当时，陈宝琛已经是古稀老人，但还是经常同我一起游览山色美景。不过，他是乘坐一个便于登山的轻巧轿子随我登山的。西山有一个山谷，虽然偏远也没有多少人知道，但深得我们的心意。我在那里还有一座别院，是徐世昌总统送给我的。山谷里还建有很多庙宇，其中一个庙宇所供奉的神明已经无从考据。陈宝琛第一次到这里是在1902年的中秋节。这里的美景顿时吸引住了他，他还为此写了一首诗。我们可以从诗的墨迹中看出他对书法艺术极有研究，他的笔法精致飘逸。西方人认为，陈宝琛的笔法与其气质相符。但我的一些"现代派"的中国朋友们却认为，他的书法缺乏活力与强烈的意志力，这同他的性格弱点直接相关。

的确，陈宝琛有一处软肋。辛亥革命后，他在如何整顿和管理宫廷事务方面没有足够的威慑力，实际上，对于内务府的腐败他也心知肚明，但却没有用尽全力去改变。不过，我们不应该谴责他。他已经处于古稀之年，本应颐养天年却因为对朝廷忠诚以及尊崇儒家思想而不得不在官场奔波。

还有一位帝师是朱益藩，江西人，比陈宝琛年轻 10 岁左右。朱益藩曾作为侍读在翰林院待过一段时间，这说明他才华横溢。朱益藩的仕途也比较顺利，他在 1904 年到陕西任督学一职，在 1906 年出任山东提学使，1907 年后他被提升为宗人府府丞。他在北京声望很高，我与他相识时，他已经教导了皇帝 4 年。不过，我认为他的个人魅力远不及陈宝琛，因为他只会讲家乡话，因此我们交流很少，或许这也是我们关系淡漠的原因。但我对这个人的直白和真诚很佩服。他能够毫不掩饰地表达自己维护旧制，抵触西方文化的想法。虽然他比陈宝琛年轻，但是他的思想更加守旧。他不但无视内务府腐败渎职的现象，也不关心革命。我曾多次和他攀谈，告诉他需要立即改革内务府，但他毫不理会，甚至继续支持宦官制度。的确，太监自周朝时期便存在了，一直延续了两千余年。因此，朱益藩认为太监必须存在。

朱益藩抵触西方文明，自然也不接受西医，他本身对中医颇具研究。只要有机会，他就会乐于应用自己这方面的知识。他除了是皇帝的老师外，也是太医院的一名太医，每当皇帝身体不适，他都会第一个前来诊脉。

朱益藩有一套中医理论，即人不应该在年轻时期过于运动。他认为一个人的能量是固定的且无法再生。假如这个人年轻时经常剧烈运动，就会消耗掉过多的能量。这样，等这个人年老时就会因为能量不足提前去世。他认为人应该在年轻的时候保持安静，这样年老时才会有足够的能量和精力。他让我们劝阻皇帝尽量避免过多的运动，同时能够时刻维护皇族的庄严。他觉得那些户外运动让那些呆笨的外国人过早踏进了坟墓。

对于他的理论，我运用了很多知识去反驳他，甚至公开对峙，并取得了一定的效果，皇帝也认为人需要一定的户外运动。不过，一位杰出的美国科学家，他在生物学方面有很大成就，却认为朱益藩的理论并非荒谬。他说，一些生物存活的时间长短与能量的高度消耗有关。他认为，无论人或是生物，其死亡率同生命能量消耗率成反比。关于这一理论，近期的《泰晤士报》也有所关注，为了安慰那些热爱运动的人，报道说："上帝青睐那些折腾的人。"

另一位帝师伊克坦，满族人。伊克坦为人谦和，交友甚广。他在这四位帝师中任职最早，并负责皇帝的满语课程。他教皇帝满语不过是让皇帝不至于完全忘记先祖的语言。我不知道他对满语了解多少，不过他北京话说得要比满语好。当时皇帝并非一定要熟练掌握满语，只要能够会说、会写一些满语，便足够了，毕竟皇帝并非想对此精通。

伊克坦一直想参加皇帝的婚礼，却未能如愿。出于自己的意愿，也是遵循惯例，皇帝在伊克坦即将辞世时去看望了他。那是1922年9月26日的下午，皇帝来到了他的家。当时正值伊克坦神志清醒，他向皇帝点头表示自己认出了眼前的人。皇帝离去后，他在晚上七点的时候便去世了。伊克坦去世后，一时间没有合适的人再教皇帝满语，于是皇帝将英语定为了宫廷的第二语言。

皇帝出宫看望伊克坦的那次，是他第二次踏出紫禁城。之前，他因母亲重病曾出宫一次。一年后，皇帝赐伊克坦谥号"文直"，还授予了"少保"称谓。皇帝为赞颂其美德将上谕发表在宫廷公报上，上谕中还写道皇帝为对伊克坦的忠心表达谢意，特命一位亲王带着三千元的赏赐出席了葬礼。伊克坦的儿子则在朝中任职。

第十三章 黄昏中的皇室

　　1919 年 3 月 3 日，我第一次踏进了紫禁城。庄严的神武门，曾经隔绝了两个世界。我则有幸探寻门内那个神秘的世界。这里没有共和制，这里存在的是古老的中国，一个自罗马建国前就存在的国家。神武门外是一座拥有一百万人口，满怀梦想和期冀的城市，不过这些梦想和期冀很难实现。但是，这座城市仍然在奋进，为了能够成为大国都市而努力。这座城市的思想也在革命，学生们不断地学习现代知识，将哲学和现代通用的语言与马克思主义思想相结合。中国传承千年的儒家教义渐渐被遗忘了。这个城市的风俗也在发生变化，高官贵族们穿着西方人的服饰出席总统的会谈。这个城市也存在国会，并且在努力向西方学习，希望能通过选举产生领导者，不过这也很难实现。

穿过神武门，官员们的官袍和花翎官帽都未曾发生变化，这些人坐在由四个人抬着的轿子中。那些得到皇帝赏赐的官员会披着貂皮长袍，那些皇族人员以及宫中侍卫依旧穿着大大的刺绣礼服，这些衣服会在他们骑马时显得非常扎眼。太监们也依据等级不同穿着不同的服饰在一旁等候命令。身穿长袍的苏拉（宫中杂役）则时刻准备着伺候那些显贵人士下马或者下轿子，把他们引导到候觐室。候觐室内，这些官员会喝着仆人端来的茶水，等待内务府人员检查觐见的名单。最后，一位身材瘦削、仪态大方、衣冠肃整的少年会在养心殿接受他们的觐见。这位仅仅 13 岁的少年便是中国古老王朝的最后一位皇帝——宣统。他是人们心中的天子。而神武门外的世界是崇尚共和制的。即使相隔不远，同处一个时代，紫禁城内外却是两个世界，看上去好像相差几个时代。

对于皇帝的称呼，人们和内廷成员们会称其为"皇上"，即使皇帝不在场，他们谈到他的时候还是使用同样的称呼，而帝师以及内务府高层官员则称呼他为"上头"，表示"在上方的"或者"在位的"的意思。太监们会称呼他为"万岁爷"，宫里的侍从，包括太监和苏拉，被派到帝师或者官员家传达皇帝的旨意或送达皇帝赏赐的礼物时，也是称呼他为"万岁爷"的。

紫禁城内依旧沿袭古老的惯例，例如使用农历，甚至是沿用皇帝的年号。我们知道1919年是民国八年，但这只是对紫禁城外面的世界，在紫禁城城内，这年称为宣统十一年。

紫禁城内还发行宫廷公报，这是世界上发行最早的报纸，其历史可以回溯到唐朝。不过，它并非真正意义上的报纸。辛亥革命爆发后，这份报纸只在皇宫内流通。宫廷公报的内容具有局限性，没有经过编辑，其格式也比较简单。报纸都是手写而成，发行量很少。举一个例子，在 1922 年 1 月 28 日和 29 日发行的宫廷公报，依据皇宫里的年份，则是宣统十四年一月初一和初二期的报纸，当时正值春节期间，书写日期的纸是红纸条。当天宫廷公报上刊登的是皇帝赏赐民国将领王怀庆以及其他大臣，一位地位显赫的蒙古人、章嘉活佛和喇嘛觐见皇帝，献上哈达和佛像。宫廷公报以前也记载朝廷

的事件，例如官员的调任，皇帝颁布的重要命令，朝臣的奏请等。清朝步入末途后，宫廷公报的内容就只限于紫禁城中发生的事件，比如记载觐见皇帝的人名，赐已故官员谥号，相关祭祀典礼的负责人，宫中节日等。下面摘录两则有代表性的公告：

"礼仪主事奉告，恭肃皇贵妃（已经去世）的神案设立仪式的时间为十一月二十日辰时。另外，请皇帝明示，依据传统应在十一月二十四日的祭天仪式如何举行。皇帝上谕：祭祀典礼由增沛负责。"

关于祭天典礼，本应皇帝亲自在天坛举行。不过，辛亥革命爆发后，此典礼就被废除。不过，紫禁城内依旧会举办，只是规模较小，举办人员仅是一位皇室人员而已。

"内务府奉告，请皇帝明示宫中冬衣换装的日子。皇帝上谕：三月二十八日（即1922年4月22日）。"

清朝有很多庄严而神圣的仪式，历代皇帝也会依据传承下来的仪式举行。仪式除了细节有变动外，大体上没有多大差别。

一些古老的宗教典礼没有被废除，其中最隆重壮观的要数皇帝的生辰和新年。相比之下，五月的端午节和八月的中秋节时举行的仪式规模就要小很多。其实，皇帝向来喜欢简单，他不喜欢穿龙袍，虽然这样的机会并不多。宫中依旧使用农历，民间虽然推行公历，但是人们也用农历计算节日。宫中只在一个节日上使用公历，那就是元旦新年。元旦那天，紫禁城内并无什么典礼活动。不过，一位满族亲王会在宣统帝的授意下向总统表示祝贺，总统也会在宣统帝生辰那天派遣人员去祝贺。通常，祝贺的人员会收到礼品，并被款待一番。

皇帝的生辰在紫禁城内被称为"万寿"或者"万寿圣节"。那天的典礼主要在皇帝的大殿以及乾清宫前的四方广场举行。整个典礼非常隆重，有一定的仪式流程。首先，皇帝要在奉先殿向先祖表明今天是自己的生辰。这项仪式一般由皇帝主持，有时候皇帝也会任命亲王来主持。

之后，便是朝臣们进宫拜寿。帝师、王公大臣和皇族人员都必须在8点

神武门（紫禁城北门）

前进入皇宫。这天，紫禁城内会进出很多马匹和轿子。这些拜寿的人先要在懋勤殿以及其他可以到达四方广场的宫殿内等候。其间，他们可以用些茶点。乾清宫大殿前有一处汉白玉的平台，这是司仪和皇宫的御用乐师在举行大典时所在的地方，他们在朝臣们等候的时候到达指定位置。还有一些官员官阶较低，他们虽然有资格参加大典，但是不能像高官那样接近皇帝，他们主要集中在一个长方形的空地上。这片空地的北方便是乾清宫的正门。

典礼的过程简约却不失隆重，让人经久难忘。典礼的仪式分成了好几段，每段仪式都有一段音乐和简约的赞词。那些身穿红衣的乐师们各自负责自己的乐器。汉白玉的平台上依次摆着钹、铃、磬、编钟和编锣等。一般来说，只有在庄重的祭祀孔子或者盛大典礼时才使用这些乐器，乐师们演奏古代礼乐，还会有舞蹈和飞舞的羽毛以及孔雀翎。当官员们看到华丽和庄重的华盖出现在大殿正门时，他们就要离开原来待的宫殿，然后依据官阶地位在汉白玉的通道上站立。人们所站的高度跟其地位有关。越是靠近大殿，其平台就会越高，站在平台或者台阶上的人在宫廷中的地位也越高。大殿前的红色台阶上站着的都是皇亲国戚，以帝师为首的其他人则站在一个地势较低的平台上。

一段音乐和赞词结束后，会有人用华盖摆在大殿门前，挡住殿内的情况。然后，就是"升殿"的仪式，即皇帝登上龙椅。华盖的作用就是挡住人们的视线，皇帝是非常神圣的，一般人不能窥探圣颜。其实，即使没有华盖，广场上的人也看不清大殿中的情况。不过，不是所有人都不能看到圣颜，皇帝"升殿"时，由四个御前太监和一个内务府人员陪同。这些人都是为皇帝工作的。显然，中西两方的仪式差别很大，西方的君主会在马车中向他的子民鞠躬表示谢意。

"升殿"仪式结束后，乐师们演奏的音乐会发生变化，华盖也会被抬走。之后，乐师们会停止演奏，片刻后再演奏另外一段音乐。然后，醇亲王会从平台上由大殿偏门走入大殿内向皇帝祝寿。祝寿的过程非常短，依据典礼的要求，亲王会为皇帝奉上材质为黑檀的"如意"。西方人认为这如意代表着权力，其实，它只是在问候中表达敬意。皇帝会在醇亲王登上御阶时接过他手中的如意，而醇亲王鞠躬之后便退出大殿。在整个过程中，他们都没有任何交谈。

依照中国的传统，朝臣都要向皇帝跪拜。醇亲王是皇帝的父亲，父亲若是向儿子下跪是不符中国的孝悌之义的。不过，由于宣统皇帝名义上的父亲是光绪皇帝，他便不能称醇亲王为父亲，也不能继承醇亲王的爵位。不过，皇帝是醇亲王的儿子这一事实是不容忽略的。因此，醇亲王可以不用向宣统皇帝下跪。除了醇亲王，不用向皇帝下跪的人还有皇帝的母亲醇亲王福晋以及四位太妃。太妃在辈分上要高于皇帝，享有此特权。不过，整个皇族中，醇亲王是唯一一个不必叩拜皇帝的男子。

醇亲王祝寿完毕后，便是其他亲王们向皇帝祝寿。他们会在司仪的指示下，对皇帝"三叩九拜"。所谓"三叩九拜"就是分三次跪下，每次下跪叩头三次，算下来一共叩头九次。当司仪宣布"谢恩"后，官员们还需再次下跪叩头三次。依据传统，皇帝会在重大节日时赏赐官员。第二次行礼是对皇帝的赏赐表示感谢。

之后，便是帝师、内务府当权者以及官阶二品之上的官员向皇帝祝寿，同样要行"三叩九拜"之礼。这些人在行礼前，会目视前方慢慢沿着通道向前走去，这种情景让人很难忘记。

有一些参加典礼的人曾经在皇帝手下担任高级官员，现在接受了民国的职位，但他们每年还是会从边远的省份赶回来一次，只为能给今天仍然效忠的主子贺寿，并且以此为荣。他们穿着当年他们忠于皇帝时所穿的朝服，虽然这种朝服和九品官制一起被民国废除了。共和主义者们不觉得这种衣服漂亮，他们认为这种衣服应该在新现代化之神的威慑下被摒弃。

一位学者对中国的事务很有研究，他曾说："用不了多久，那些热衷共和的人会欣赏到世界上最美妙的无词音乐。这些人可能会更青睐西方的服饰，也会无视天坛的本来作用。不过，他们很快就会再次遵循古老的礼法制度。"

我非常赞同这位学者的观点。我不得不承认，在这庄严的场景中存在不和谐之处。在整个典礼当中，只有我和总统穿着西式服装，其他官员都穿着朝服，有些人还穿着貂皮长袍（宣统皇帝的寿辰和新年都在冬天）。我成为帝师没有多久，也得到了一件貂皮长袍。但是，我如果穿貂皮长袍，也需要像其他官员那样对皇帝叩拜。其实，对于这种礼仪，我并不反对。叩头是中国礼仪的一部分，只适用某些场合，不存在所谓的羞辱。不过，我的西方朋友对此非常惊讶。西方人是不可以随便下跪的，也有诗歌描写永不低下头颅的高贵精神。因此，对于一个西方人，若是没有完全明白中国的文化，并接受教导，他即便穿着中国的服装，也很难像中国官员那样认为叩拜是理所当然的。不过，我比较幸运，不但可以得到皇帝的赏赐，也可以穿中国的华服，而且不用行中国的礼仪。

我和民国总统站的位置比较偏僻，在广场的一边。等大臣们行礼完毕，我们才进入大殿向皇帝祝寿。我对皇帝鞠躬六次，其实，三次便可以了。但是，皇帝每次都会赐予我礼物。我多鞠躬是表达对皇帝的谢意。整个过程中，宣统皇帝都安静地坐在龙椅之上，保持皇帝的庄严。他只在接见醇亲王时才会起身。

整个典礼中，除了我和总统，还有一些人的穿着也破坏了这种和谐。他们是民国的将军，这些人穿着军服。他们虽然隶属民国，不过依然尊敬这位君主。他们得到特许，进入大殿，也正是这样，他们那劣质的仿制西方的军服才得以和广场周围那些貂皮长袍、丝绸锦衣脱离。其实依据中国的传统，这些人的服饰是对典礼的不敬。自古，皇帝的权力最大，皇宫内不允许其他人穿戴代表军权的服饰。在举行"升殿"仪式时，是不准诉诸武力的，这有违帝王理论，连皇帝本人都不穿与武力相关的服饰。

华盖外的大臣们对皇帝行礼时，其他站在广场上的官员也会行礼。这些人的官职较低，无法得知殿前仪式的内容，只是依照门口礼官的指示行礼。这批官员中，包括宫内的所有下层人员，在过去的典礼中，还包括大量二品以下的官员。

典礼结束后，乐师会继续演奏音乐，皇帝离开龙椅。皇帝离开乾清宫后，华盖就会撤下。皇帝回到养心殿后，就会换下龙袍，然后接见另一些人。这

溥仪生辰时的乾清宫情景（文武百官穿戴朝服在汉白玉平台等候跪叩殿内的天子）

些人包括皇室人员，他们并没有接到正式的邀请。典礼结束后，皇帝还会在皇宫的某处举办盛宴。

史书记载，有很多盛宴曾在乾清宫中举办。例如，清政府在乾清宫款待过外国来使。1713年，康熙皇帝为庆祝自己的六十大寿，在乾清宫举办千人宴。当时，近2000名普通百姓得以参与。乾隆皇帝在1785年也举行过类似的宴会，当时参加的人数达4000余人，这些人还得到皇帝的赏赐——一柄镶玉如意。

在1924年之前，紫禁城不准许外国人进出，甚至陌生的中国人想进出紫禁城也遭到内务府的反对。我是唯一享有参加新年或者寿辰典礼特权的外国人。不过，宣统皇帝很希望能看到紫禁城外的人。大婚后，他便开始无视内务府的反对意见。我用了很多办法，在1923年到1924年间，让皇帝见到了一些西方人。1924年的新年典礼，虽然经过几番周折，但终于成功地让其他的西方人也能见到这种庄严的典礼。这是紫禁城最后的新年典礼，就在这一年，清政府彻底覆灭了，由黄昏走进了黑夜，皇帝甚至迫于无奈离开了皇宫。

珀西瓦尔·兰登参加了那次新年典礼,他是《每日电讯》极具影响的记者。他生前曾仔细描述过这次典礼并在报纸上刊登出来。下面是他文章的一段摘录：

> 这场仪式给人的印象深刻，不单指它的辉煌与庄严，还因为它背后的悲凉。中国正处于过渡时期，共和政府慎重地把这条金黄色的丝带保留下来，并将她的过去与现在死死绑在一起，使她不能动弹。可惜这个被民国小心保护的丝带随时可能断开，无法修复。也许，这次典礼会成为宫廷最后的壮歌。这真令人难过。

正如我们所看到的那样，这场典礼过后仅仅9个月，皇宫就完全陷入了黑夜之中。

第十四章 内务府

如前所述，内务府是一个腐败而庞大的机构，是它加速了清朝覆灭的速度。我们知道，民国同皇室达成了协议，皇帝只保留尊号，并且拥有自己的朝廷，这样清廷就会从民国那里得到一大笔的津贴。虽然帝制被推翻，内务府这个制度却被完全保留。

对于清朝灭亡的原因，我曾和大部分的中西方人员的意见相一致。皇族的懦弱无知；太后因为愚昧而做出的错误决定，她还错信了奸臣；西方列强对这个古老王国的冲击；中西文化在交融中所产生的冲击；满汉之间的民族矛盾；中国人对清廷即将灭亡这件事越来越确信等，这些都是朝廷走向末路的原因。确实，这些列举的原因导致了这个帝国走向灭亡。但是，我们忽略了一个重要的原因，那便是内务府对皇家的控制。我曾说过，内务府是覆灭

这个王朝的魔鬼。

在西方作者介绍中国的文章中很少出现"内务府"这个机构。或许是因为这些人不了解内务府，因此并不关注它。太监制度是清政府一个最大的弊端，东西方的人都知道它犯下了许多重大罪过。然而，人们并不知道太监是归内务府统管的。而且，太监制度只是内务府制度的一部分。另外，内务府中还有对朝廷更危险的系统。太监所效忠的对象并非皇帝而是内务府，它承担了人们对这个没落的王朝覆灭过多的谴责。所有人都希望取缔太监制度，我在朝廷任职的初期也致力于这件事。最初我没有看清事情的本质，后来才知道只有废除或者改革内务府制度，才能让朝廷免于灾难，让皇族得到应得的利益。

1899年，在废黜光绪皇帝这件事中，内务府对保守派的支持起了很大作用。在慈禧太后采取信任义和团时，内务府也是极力赞成。最后，辛亥革命爆发后，民国同皇室签订"优待条件"，内务府再度赞成。可以这样理解，"优待条件"能够签订要"归功"于内务府，它还负责草拟文件内容。内务府推动"优待条件"签订，并非因为这些条款有利于皇室，而是有利于它自己。

或许有人会不理解，为什么内务府会带给皇室如此大的灾难，它又是凭借什么在推翻帝制的过程中被保留下来？这一切是不是帝制腐败的证明呢？假如不仔细研究，就会让人认为是前几个帝王的漠视、昏庸才导致奴仆剽窃了自己的权力。这些人一方面在帝王面前表现卑微，一方面暗中窃取王朝的利益。其实，这个解释并非完全符合事实。我们如果先了解一下中国皇族人员如何打理自己的财产，也许会令事情变得清晰一些。所有的皇族人员都有自己的王府，他是王府的主人，在家中过着半帝王式的生活。这些皇族人员曾经非常富有，不是在京城拥有宅院就是在乡村拥有大量的耕地，有的皇族人员还会在朝中或者是紫禁城内拥有职位。可惜，这些人员并不清楚自己到底有多少财产。对于理财的事务通常是由他们的管家来负责。这位管家是唯一一个清楚自己主人家产的人，而且可以独立支配这些家产。假如这位管家比较诚实（这样的人的确不少），有理财的天分（管家不一定擅长经商），那么这个主人就不用担心家中财政问题，即便会有所亏空，他所得的赏赐以及朝廷的津贴也会填满这个亏空。但是，很多管家却不会放弃中饱私囊的机会。富裕的主人也要保证其他不算富裕的亲戚的生活，这也算中国的一个"传统"。这是中国很早便形成的制度，那些没有工作的人由此可以得到不少的钱财。

不过，管家们明白，假如自己的主人变得贫穷，他们也就无法再获得利益。他们要保证主人富足的生活，哪怕是表面上的富足。其实，很多亲王都察觉自己的财产被别人拿走但是无力阻止。他们不能对管家怎么样，除非他们想面对很多的财务亏空。而且，只要管家能够让自己在债主面前维持自己的尊严，他也就不关心钱的问题。这也就是管家的任务，在适当的场合提供给主人钱财。

辛亥革命后，很多王公变得穷困潦倒。当我在 1919 年认识他们时，其中一些人早已不再是富人了。那些一直依靠朝廷津贴生活的贵族的情况相当凄凉，为了生存他们私下变卖艺术品。当然，为了维护自己的尊严，这些事情都是由他们的管家来负责。不过，这些艺术品换来的钱非常少，至于管家给这些王公多少钱，那就看管家的意愿了。

参观那些王公的宅院，总会惹人感伤。这些府邸已经失去了昔日的富丽堂皇，到处充斥着荒凉的气氛。曾经，我参加过一位王公的宴会。这位王公曾经每年都要设宴几次，有时仅仅是为他那株罕见的山楂树开花就举办宴会。他的府邸中有比较宽敞的阁楼，宴会就在那里举办。我们在阁楼里喝酒、吃菜，闻着风中飘散的山楂树的花香，真是美妙的场景。这位亲王若不是乾隆皇帝的第五代后人是无法享受这生活的。如今，这位亲王处境却非常凄凉。我来北京后，他便去世了，而他的宅院也换了主人。据说，那株山楂也枯死了。

另一位亲王，他的名字我就不说明了，他曾经也过着富裕的生活，但是最后的结局也十分可悲。北京动乱时，他没有勇气在北京居住，便躲到天津，他在北京的宅院、财产由他的管家负责。在天津生活时，每当他需要生活经费时便以书信的方式告知他的管家。他的管家会将宅院中的艺术品（多数是皇帝赏赐的）卖掉，然后将钱寄给他。这样，这位管家就有处置这些东西的权利，他可以根据自己的意愿给主人钱。不过，很快这位亲王的家遭到了抢劫。抢劫的人是民国的士兵，他们很有可能得到了上级的指示或者默许。这样，宅院就再无艺术品可卖了。

紫禁城内的情况也同这些王公府邸发生的相似。依据相关礼法，王公会依据等级决定府内太监的人数。而内务府负责管理皇家的资产，也就等同皇室的管家。任何一位满族亲王都没有能力保护自己的财产，这都是他们的无能和怠惰造成的。我们还发现内务府独揽大权的情况，是这场灾难的主要原因。

不过，并非所有的王公大臣结局都这样凄凉。皇室中有一位独一无二的亲王载涛，他是光绪皇帝的兄弟，同宣统皇帝是叔侄。他马术很好，也喜欢开车，尤其青睐德国的汽车。我还收到他赠送的马匹，这匹马在皇室人员中非常有名气。载涛亲王非常聪慧，而且见识深远，不但去过西方国家，而且谈吐优雅。最重要的是，他擅长管理自己的财产。我曾有幸目睹过他在理财方面的才能。那天，我作为陪同和他的大儿子到家族墓地巡防。墓地离北京有几公里，离汤山温泉很近。当时，墓地正在进行修复工程，祭坛和一些宫殿都在其中，有很多工人将木材和砖块堆在一处看似花园的地方，载涛亲王在那里监工。我们在墓地门前下车，看到他从墓地看守人手中接过一摞册子放在桌子上。之后，他同自己的孩子在墓前祭祀祖先。祭祀仪式结束后，他开始查看那些册子，在查看过程中他一直在上面做笔记，还会计算一番，有时会向工程负责人仔细询问有关材料和价钱的问题。可见，这位亲王并不允许管家替他打理全部的财产。

我想中国会出现这种情况与中国的教育有关。中国人大多注重文学，对算术比较轻视，算术也不在科举考试的范畴内。一位在中国文化方面的权威人士曾说："只要没有经过西方文化熏陶的人就会轻视算术。对于中国人而言，能够进行简单计算便可以了。然而，他们掌握的算术知识只是一位7岁左右的西方儿童所学习的知识罢了。"在中国的西方人都明白，中国人擅长使用算盘。不过，使用算盘需要学习的技巧，若是不经商，他们是不会学习的。那些思想守旧的学者们并不擅长算盘，不过这没什么可丢人的。在那个时期文人是不屑于打算盘的。我想，这同中国的教育有关，尤其是那些官员，思想更为根深蒂固，觉得君子应视钱财为粪土。

除去这些理由，我们可以这样认为，这些人对算术毫无兴趣或者无法学会，他们只能将家中的财产交予管家负责。不过，这并不代表他们不关心自己的财产，只是他们不懂得如何管理自己的财产罢了。现在说他们的算术知识只相当于一个 7 岁左右的西方儿童所掌握的，那也就好理解了。

我曾说紫禁城中内务府的制度和这些亲王府中的制度有些类似。但是，它们也有一定的差异。首先，亲王府中的管家不会在朝中任职，他们做人比较正派，重视账房人员。而紫禁城管理财产的人多在内务府握有大权，这些人不但在内务府任职，他们在朝中也有非常高的地位，因此这里必定会出现一个结果：内务府成为了一个腐败无用的机构。这个机构的当权者不屑于管理账目，这些都由他们的属下完成。这些属下不管是否老实，都属于这个庞大的有组织的腐败体制。

内务府还有一个特点，它会影响到国家政事，亲王府邸中的管家不会。内务府的权力极大，而且同皇帝关系亲密，这也是为什么它的权力无人限制的原因。内务府并非只统管皇帝的生活琐事，倘若真如此，那么它就不会这样臭名昭著。内务府在中国的地位极高，它同其他部门一起协助皇帝处理相关事务。军机处是皇帝用来处理国家政要的机构，保密性极强，但是它的支持者是内务府，军机处的成员往往也是内务府的成员。无论处于何种情况，内务府的总管大臣在朝中都是位高权重的人。例如，辛亥革命后，世续成了内阁人员，同时他还担任内务府总管大臣，直到去世前。他的亲信也都位居一品或二品官阶。

对于腐败的标准，西方和中国的定义有所不同，中国对此的定义比较模糊。在中国居住的西方人都同这个恶名远扬的行为有所接触。这种行为可以称为"勒索"，而且似乎无法制止，西方人都对它敬而远之。不过，当这种行为上升为抢劫时，情况就会发生变化，如果被抢劫的家庭能够容忍，那么就属于合法行为，如果无法容忍，就属于非法行为。

　　辛亥革命前，我们很难断定朝廷的那些"勒索"是否合法。清政府的收入和开销都无法预算，财政可以平衡。辛亥革命后，朝廷财政情况紧张。虽然民国政府承诺，每年会付给清廷津贴，但并没有履行过。朝廷的收入已经无法满足内务府这个腐败而贪婪的机构了。

　　一位作者（著有《清室外纪》）描述了一个非常有趣的情况。在辛亥革命爆发前，人们费尽心机想要谋得一个内务府的官职，并意图利用这个官职进行"勒索"。他还提到，内务府高层官员的年俸非常高，能够达到二十万英镑，约合白银一百万两。若是有人想减少这些俸禄，就会遭到皇族成员的排挤。因为，这些俸禄中也有他们的既得利益。明白这一点，我们就不难理解为什么皇室很快就同意"优待条件"了，内务府可以凭借这些条款在清廷灭亡后继续存在。但还是有两位皇族成员对"优待条件"表示了反对意见。

　　一个事实被这些人刻意忽略了，财政的腐败会损害皇室的权威，从而让那些本来忠于皇帝的人不再支持朝廷。人们在辛亥革命前就已怀疑皇帝的能力，一位无法管理臣仆的君主如何管理天下子民呢？孔子说，治国者先齐家，意思为想要治理国家的人必须能够管理自己的家庭，一个连自己家庭都无法管理的人，何谈管理天下呢？

　　类似内务府这样的机构在其他的国家也存在，而且很多也是非常的腐败、贪婪。像哈里发诃伦·阿尔拉希德的王朝中也有一个掌握朝廷大权的机构。不过，这个王朝留有像《一千零一夜》这些美丽的传奇，能够为自己的奢靡找到借口。中国其他朝代的宫廷生活也曾奢华过，如唐朝和宋朝，不过这两个朝代即使造成毁灭性的后果，也有一个堂而皇之的理由解释。清朝在文化和政治上取得过非常大的成就，它至少有两位皇帝称得上是中国最伟大的君主，但是这一切与内务府无关。相反，内务府应该对这个王朝的没落负主要的责任。不仅仅是清朝，明朝这个能够征服世界的蒙古人的王朝，覆灭的主要原因也在于太监。诚然，太监制给清朝带来很大的损失，但即使是在慈禧太后和隆裕太后时期，在满人的管治下，他们也未能获得过明朝太监那样的权力。不过，管理清朝太监的内务府却是令清朝走上末途的主因。在东北的土地上孕育了这一天生高傲、征服中国的民族，到头来却毁在内务府的手中。

尽管内务府腐败无能，带给清朝无法估量的损失，但是，我们不能将内务府同内务府官员相混淆。内务府的人员也有不同的命运，并非所有人都腐败昏庸。一些内务府人员（包括我接下来要提到的）还是值得我们敬佩的。毕竟，内务府的腐败不是一朝一夕的事情，他们或许不能改善这种状况，但我们也不能对其进行谴责。

蒙田曾引用卢卡的一句话："清白的人是无法在朝廷中生存的。"他还引用过柏拉图的话："除非发生奇迹，不然管理者都会腐败的。"假如没有人为内务府的官员创造奇迹，那么承受道义谴责的就应该是能够创造奇迹的王公大臣，而非他们。内务府的官员确实有过错，作为一个机构存在的理由，他们就应该意识到自己是忠诚的奴仆，他们的职责就是为皇帝提供良好的服务。然而，内务府的职责不止如此，他们为皇帝效力，皇帝一旦失去他们，无论在精神还是物质上都会变得一贫如洗。但是他们没有这样做。在辛亥革命爆发的前后，我们可以得知，内务府这个机构仍是这些人获得利益的地方。内务府并非服务于皇帝，而是皇帝为他们的存在提供了一个理由。

由数目庞大的满族人组成的具有严格等级的内务府，有很多人我都未曾见过面。这些内务府人员并非都在皇宫中任职，还有一部分人在皇族的陵寝、颐和园以及其他属于皇族的行宫中。不过，他们无权管理满族人拥有的土地。沈阳有专门负责管理田地的机构，这也是内务府设立的。这个机构的腐败程度同皇宫中的内务府相比相差无几。

内务府最高的官职是内务府总管大臣。自 1919 年到 1922 年，一直由世续担任。世续是一位才能出众的人，辛亥革命前，他曾在朝中担任要职，例如工部侍郎、内阁学士、军机大臣等。他还负责了《德宗实录》的编纂工作。世续因为军机大臣的身份一直参与朝廷大事，在军机处被取缔后，他"中堂"的称谓也一直被保留。他还在辛亥革命前担任"太保"一职。

有关财政方面，他对下属持纵容的态度（可能他知道，没有那些下属，整个内务府都会垮掉）。不过，人们一致认为他个人是廉洁的。世续是一个标准的保守派，不赞同对机构进行整改。但是，举止大方、谈吐优雅的他又精通为人处世之道，虽然痛恨西方人，却同意我这个西方人表达自己的想法。他看起来思想开明，虽然事实并非如此。

辛亥革命后，皇室同民国进行谈判，世续和其他大臣为了能够顺利签订"优待条件"，极力劝说宣统皇帝交出实权。这就表明，世续关心的是内务府的利益。因为，"优待条件"能够保证内务府继续存在。他于1922年2月份离世，民国政府以他曾为民国利益而劝说皇帝退位为由，派人前往吊唁；宣统皇帝迫于内务府以及外界的压力，派载瀛贝勒为皇室代表，带着八千元的赏赐出席了葬礼，世续还被赐谥号"文端"以及其他的尊称。

世续死后，绍英被任命为了内务府总管大臣。绍英也是一位皇族大臣，在1905年以委员会成员的身份出国学习西方制度。在出国前，他同载泽亲王（考察团领导者）一起于1905年9月24日被炸弹所伤。当时，这件事的影响极大，连清政府也为此感到慌乱。考察团行程因此推迟，当再次出发时，绍英已经不在其中。不久，他便出任度支部左侍郎一职位。

绍英接替了世续的职位，却无法胜任。绍英本性善良，却缺乏勇气，也没有进取的精神。表面上，他热衷改革，却总是避免采取那些会使自己遭到同事或下属反对的行动。绍英认为同西方人建立友好关系非常重要，可以在非常时期得到帮助。他在北京东门附近有两处宅院，一处是他自己住的府邸。另外一处，他一直想租给西方人，哪怕不收租金也可以，只为了一发生了什么事就可以向那些西方住客求救。不过，这座宅院离使馆区比较远，一直未能招到租客。那所房子确实是北京城内最好的住宅之一，庭院里还有一个典型的中国式花园。我同他认识后，让自己的朋友租下了他的房子。对此，他一直心存感激。1924年11月，紫禁城陷入了完全的黑暗中，他便学习很多人的做法，声称自己身体不适而住进了德国医院。这家医院位于使馆区内，他在此生活了一段时间，之后，他还真的因为当初谎称的疾病而去世了。

继绍英之后，耆龄担任内务府总管大臣。耆龄同醇福晋（皇帝生母）为姻亲。他曾在资政院任职，善于察言观色且为人聪慧，由分部主事升职到礼部左侍郎。一开始我认为他能够改善皇宫的财政状况，对内务府的制度进行改革。可惜，他对此没有多大兴趣。

宝熙是1923年到内务府任职的。在这之前，他曾在山西学习从政之道，也曾在六部中某一部任职。他是庆亲王和孙宝琦（曾担任过山东巡抚）的姻亲。"满洲国"成立后，他还成为了其委员会中的一员。

同宝熙一同加入内务府的还有皇后的父亲荣源。他因女儿的身份被称为荣公，不过他也未能对内务府改革做出什么贡献。

还有一位内务府大臣，佟济煦。他是满族八旗子弟，与帝师陈宝琛同是福建人。经陈宝琛的引荐，他得以入朝为官。1919年，我来到紫禁城后便同他相识。不过，他是在1924年到内务府任职的。这个人效忠皇帝，理应得到更多关注，可惜他在内务府只是普通官员。1931年，他追随皇帝到东三省避难。

1923年之前，内务府所任职的官员都是满族人。不过，内务府另外一个组成部分，太监，情况则有些特殊。的确，在清朝末期，尤其是慈禧太后以及隆裕太后在位时期，几个太监也曾有相当大的权力。这些人侍奉皇帝和妃嫔，同皇族关系紧密，他们可以不将财产交予内务府管理。虽然太监归内务府管理，但是西方人并不了解内务府。他们对声名狼藉的太监李莲英比较熟悉，对其他的太监就不甚了解了，虽然侍奉隆裕太后的那位太监也非常腐败，且掌握的权力非常大。

对于皇宫中的太监，西方的一些作家存在错误的认识，这些太监并非满族人。皇宫内有法令规定，太监不准许为满族人。紫禁城内的太监大多为山东、直隶两省交界处的人。至于那个故事，慈禧太后时期，一些太监因为仇恨汉族而故意戏弄李鸿章，根本就是无稽之谈。

辛亥革命之后，皇室与民国签订的"优待条件"中规定，皇室不得再用太监，现存人员可以继续留用。内务府和隆裕太后虽然反对这项规定，最后还是做出了让步。即便如此，1923年时，皇宫内的太监人数仍达一千多人，由内务府管理。这些太监身上的故事，我将在另一章描述。

　　1911年后，清皇室在内务府的左右下多次陷入尴尬的局面，它一再抛开尊严向民国政府索要"优待条件"规定的津贴。报纸多次刊登了清皇室的请求，人们对民国这种行为相当鄙视。《北京日报》在1919年10月1日报道了这样一则消息："内务府总管大臣向民国政府请求，希望民国政府履行承诺支付60万元，否则内务府无法解决债务问题。"类似这样的请求，内务府总管大臣每年都会提出三到四次。每次，内务府总管大臣都表明这笔钱用于"维持现状"。然而，总管大臣和他的亲信其实并不关心目前的情况是否有利于皇帝。

　　我在宫中任职时也一直听到有关"维持现状"的言论，这让我非常反感。对此，我曾对皇帝表示，"维持现状"比较适用于去世的内务府官员，并非尚在内务府任职的官员。

第十五章　少年天子

　　我从 1919 年 3 月开始担任宣统皇帝的老师，直到 1924 年 11 月皇帝被驱逐出紫禁城时结束。

　　宣统皇帝在 1922 年 11 月大婚。婚后，未满 18 岁的他虽然还是未成年人，却有成年人的地位。尽管受到身份制约，他得不到完全的自由，但他还是比婚前多了许多权力，能够自主安排生活。只要他不是总想着把脚步踏到宫外，便不会受到太多束缚。

　　婚前，宣统皇帝每天都要在毓庆宫修习功课。毓庆宫作为历代皇帝的书房，里面保存着嘉庆皇帝的墨宝，毓庆宫在当年也是嘉庆皇帝当上太子后的住所。毓庆宫中辟开了一个门，连着一个庭院。在庭院的左边有一个房间，供帝师们歇息，有一群仆人（苏拉）在那里专门伺候，随时为他们递上茶水。

毓庆宫的主殿坐西朝东，位于帝师们休息房间的右边。帝师都由神武门进宫，若是为了方便，也可以从东华门或者西华门入宫。

如果帝师是乘坐汽车或者马车进宫的，他需要把汽车或者马车停在皇宫门外，换乘肩舆再去往目的地宫殿，一路上，会向站岗的兵士点头问候。在所有帝师中，只有我是乘坐轿车进宫的，我时不时也会骑马进宫，进宫方式可谓灵活多变。到景运门时，帝师会被要求下轿或者下马，还需要步行一小段路才到达毓庆宫。

帝师们先到院中的房间里，喝茶，稍作休息，等待皇帝的来临。皇帝坐着一顶十二人抬的金色轿子来到毓庆宫，根据礼仪的规定，经过庭院时，帝师们可以不出去看他，但是都要站起身来，等到皇帝走入了书房，大家才可以重新坐下来。这时候，会有一名太监站在主殿门口大声呼喊一个字"叫"，然后一位仆人跟着重复喊一声，表示皇帝已经做好修习功课的准备了。

帝师便应声从休息室走出，步入书房。帝师进书房后，需向皇帝鞠一个躬，皇帝在书桌后面站着，然后，两方同时坐下。皇帝面朝南而坐，帝师则坐西朝东边。

我起初任职时，宣统皇帝的课程表是这样制定的：夏季每天早上五点半上课，冬季则是早上六点，先是陈宝琛进行教学，他在七点半左右结束授课。在宫里这时是早朝时间。陈宝琛偶尔也会逗留宫中，与同僚交谈，并一起享用早餐。帝师们的早餐是免费取用的，无论什么时候，不管帝师们想不想吃，御膳房都会径直将早餐送入帝师们的休息室。这些菜肴制作精致，很是美味。

八点半是满族帝师伊克坦教学的时间，朱益藩在十点到十一点之间授课。我在下午一点半开始上课，三点半左右结束。

皇帝的假日是这样安排的，农历春节放假大概三周，其中包括正月十三皇帝的生日，夏季放一个月的暑假，除此之外，还有中秋、端午以及先皇的忌日。在先皇的忌日里，宫中有要求皇帝禁食的传统。不过，我观察到皇帝并没有空腹入寝。宫中并不承认西方的节假日，这也是正常不过的事。在这些日子里，帝师和皇帝都可以收起书本，享受闲暇时光。不过，自宣统皇帝大婚后，他便不再来毓庆宫上课了。

在我教学的前期，我不能与皇帝独处一室。课堂中会有一名太监侍立在旁，中国帝师如朱益藩还有内务府大臣如耆龄也经常面朝北坐着旁听。据说他们这样做的理由是怕从未与外国人交谈过的宣统皇帝会感到焦躁不安，不过我并没有发现皇帝有过这种情况。在我看来，他们是在打着冠冕堂皇的借口监视我的行为。陪同的人基本每天都要打瞌睡，皇帝则任由他们，并不会唤醒他们。

一个多月后，我授课时出现的闲杂人等就只剩下太监了，中国帝师和大臣不再出现，也许是认为皇帝已经适应与外国老师的相处。不过，我观察到其他帝师教学时太监并不会出现。这件事说明朝廷依然对皇帝与我这个外国人单独相处放心不下。

那个太监在书房门口守着，每隔半个小时，就会轻手轻脚地走出去找另一名太监来换班。

太监从我的课堂上消失是在1920年的夏天，也就是我当帝师的第二年。在授课过程中，我意识到，如果皇帝身边有一名陪读，也许他的英语能力会进步得更加明显。我建议皇帝找比他年幼2岁的堂弟——郡王载涛的大儿子溥佳来当陪读。虽然宫中向来就有在皇帝学习时安排皇族陪读的规矩，我的建议看起来再平常不过，却引发了一场意料之外的纷争。我后来才得知，醇亲王与郡王载涛素来不和，醇亲王是皇帝的生父，同时也是摄政王，他对我没有选择他的儿子，即皇帝的弟弟溥杰，而选择了载涛的儿子的建议感到不满。不过，纷争很快就平息，皇帝身边安排了两名陪读，英语方面是载涛的儿子溥佳，中文方面是醇亲王的儿子溥杰。

当时，皇帝身边早有一位中文陪读——溥伦的儿子，14岁的毓崇。当年光绪皇帝驾崩后，袁世凯企图将溥伦扶持上帝位。如果世事顺着袁世凯设想的轨道发展的话，毓崇极有可能会当上太子。如果辛亥革命没有爆发的话，出于其父溥伦数年前逝世的考量，毓崇很可能会被朝廷推上皇帝的宝座。

袁世凯曾经想扶植溥伦做皇帝，所以后来出于对袁世凯的感激，溥伦支持袁世凯称帝。他曾经在袁世凯的唆使下意图偷窃御玺，不过很快袁世凯因病去世，这件事便不了了之。在后来漫长的岁月里，溥伦受到朝廷的冷落。不过，他最终与皇室达成了和解。他的儿子能留在皇帝的身边当陪读，说明皇室已经宽恕了他曾经的作为，并没有记恨他。

溥杰、溥佳和毓崇这三个意气风发的年轻人都成了皇帝的陪读。朝廷特地在宫廷公报上公告，赋予他们官衔，他们还享有了可以在宫中骑马的待遇。

在这里我想提及一下，中国人在取名字时有一个风俗，给家族中同辈分的男孩取名字时，会用上一个相同的字。皇帝叫溥仪，也就是说与他同辈的所有皇族成员名字中都会带"溥"字。他的弟弟叫溥杰，他的堂弟叫溥佳，其他同辈的皇族成员还有溥光、溥儒、溥修、溥伟和溥伦等。

许多英文报纸直接称呼宣统皇帝为"溥先生"不妥，因为许多皇族成员也可以是"溥先生"，而且对皇帝的态度也显得轻慢。这里需要提一下恭亲王溥伟，他居住在辽东半岛，日本人给他提供保护。因为东北最近政治风云多变，他的名字经常被印上报纸。中国发行的英文报纸上经常将他冠上"皇帝的叔父"的名头，大概是因为他年龄比较大。但是，辈分与年龄毫无关系。他与皇帝同辈，称他为皇帝的一位堂兄更为恰当。

"溥"字辈之前是"载"字辈。前朝德宗皇帝光绪名字叫载湉，他的三个弟弟的名字是载沣，即醇亲王，还有载洵和载涛。"载"字辈之前是"奕"字辈。光绪皇帝的父亲名字叫奕譞。"溥"字辈之后是"毓"字辈，皇族成员中有毓崇、毓森、毓朗等。如果宣统皇帝有儿子的话，他的儿子名字中也会有一个"毓"字。

皇族成员都姓爱新觉罗，只在记载了满族统治中国的历史书籍中见过，在其他地方很少见到。"爱新"二字在满语中有"金子"的含义，于是很多皇族成员都用汉字的"金"作为他们的姓氏。"金"在汉族人中也是一个常见的姓氏。

皇帝学了两年英语后，想有一个英文名字，他让我帮他起名。他并不是想把这个英文名字放在汉文或者满文名字前面，而是想用在给我或者其他西

毓崇（爱新觉罗·溥伦的儿子）身穿日本古代盔甲

方人写信、在照片上签名以及签署一些外文文件上。我在前文提过，中国皇帝的名字有很多方面上的忌讳。皇帝不能像外国人一般任意使用自己的名字，他为此在英语学习上感到很不方便。皇帝在我列出的一堆英国皇族的名字中选中了"亨利"。但他并没有要把"亨利"和"溥仪"放在一起的想法，即使"溥仪"这个名字可以随意使用，他也没有这个心思。那时很多学生乐意将自己的英文名字放在中文姓氏前，皇帝曾经和我明确说过他不赞成这个风气。近年来，媒体经常称呼他为"亨利·溥仪"，这个名字看起来非常怪异，听上去也不顺耳。这和那个 "溥先生" 的称呼性质一样，都是不恰当的。皇帝从不在正式场合使用"亨利"这个名字，即使使用时，他也从来不会附加上其他名字。

从我任职时起，我就与他相处和睦。随着交情的深入，我们之间的情谊更加深厚。我在他身上发现了许多闪光点，极具才气、待人真挚、关注时事、宽宏大量、艺术天才、心地善良、关心弱者、勇敢过人、幽默风趣等这些词语都可以形容他。起初我给他讲授英语时，他对英语一窍不通，也并没有学会英语的打算，更能引起他关注的是当今的时事，比如《凡尔赛和约》签订前后欧洲的局势、地理和旅游、基础物理学、天文学、政治学、英国宪法史等，还有在日常生活中可以看到的中国政治形势的变化。我们无拘无束地运用汉语讨论着这些话题，讨论这些内容显然占用了大量上课时间，不过我觉得即使将这些时间专门用在英语教学上，对他可能也没有多大帮助。

宣统皇帝心思敏捷，聪慧过人。他有时行事轻率，有时严肃，开始我以为他只是年少轻狂，随着年龄的增长他就会学会沉稳处事。不过，后来我发现他似乎存在着两个极端，有两种矛盾的个性。当他告别童年的时候，我和他交谈过这个问题，我真挚地对他说，他身体里似乎存在着两个皇帝。只要优秀的那个皇帝占据主导，恶劣的那个皇帝位于下风，他就能将祖宗基业发扬光大。

在听我批评或者忠告他时，皇帝一直都表现得非常虚心。不过，这并不说明他以后会有令人满意的表现。依我看，他最大的优点就是他可以面不改色虚心地听完我的批评，而且完全不会记恨。不过他的中国帝师们常会抱怨皇帝对他们的忠告是左耳进右耳出。宫里的人们渐渐发觉皇帝对他的英文老师的话比较信服，听英文老师的话会更有耐心。因此皇帝的中文帝师们、他的父亲和叔父们，常请求我帮忙转告他们对皇帝的一些谏言，他们认为他们直接向皇帝进言的话，皇帝听进去的概率不大。不过听取意见与接受意见并不是一回事，我经常对皇帝说在我看来是他做得不对的事，他在听的时候从来不会表现出不高兴。他对我坦承，他也意识到自身的过错，也愿意改正，也为此下过功夫，但并不总是都能顺利达到目的，也不是每次的改正都能坚持到最后。

我的同事陈宝琛，他从皇帝 6 岁起就担任帝师，他对于我评价皇帝有轻率任性的方面给予极力肯定，他用了一个"浮"字来评价。我偶尔在思索，也许是皇帝的生母，即声名显赫的荣禄之女给了他聪明才智等性格中迷人的闪光点，而他的生父醇亲王也许是造成他性格轻率任性的主要因素，在一些鸡毛蒜皮的小事上，他表现得极其固执。不过一个人的性格有很多形成因素，究竟是遗传还是幼时不健康的宫廷生活环境导致的他性格中的一些缺陷，很难说清。遗传的性格可能难以矫正，后天环境的影响则可以迁移到一个更好的环境中以慢慢去掉那些缺陷。

我前文提到他是一位幽默风趣的人。有一天我跟他讲到了君主专制和君主立宪制的不同点，我简单地解释着君主专制就是君王权力至高无上，他可以随意安排别人的生死，将人处死只需要他的一句话，他也可以赋予他身边的人这种生杀予夺的权力，这是很不好的制度。皇帝便说按这种道理的话，他的祖先都是不好的专制君王了。这次授课没过几天，我正坐在中式庭院里休息，一个仆人跑来说宫里太监来到了家里。太监是来宣旨的，他宣旨完后递给了我一把剑，严肃地说这把宝剑是皇帝赐给我的，即是说皇帝给了我生杀予夺的权力。

在我再度进宫时，皇帝急切地询问我是否拿到了宝剑，我回答他我已经拿到了剑而且明白他的意思。差不多十年之后，已经成了伪满洲国元首的他

有一天想起这件事，便问我用过几次宝剑，我就跟他说宝剑在我手上一直洁白无瑕，没有沾过任何一个人的鲜血。他听了之后还饶有兴味。

他并不会像外人所说那样轻易受谗言的蛊惑。在他十五六岁时，便对宫廷里的阴谋和罪恶看得甚是清楚。他对朝中官员了解不深，不过他并不相信他们的歌功颂德。但是，要是他信任的人奉承他，他也许就会认真看待了。

那些阿谀奉承的话，有些是侍婢太监或内务府的人说的，更想不到的一些居然是从他平时信任的以为是诚实质朴的人的口中说出。对于皇帝来说，后者比前者有害得多。中国人对皇帝的推崇简直就像一种迷信。不过帝师们并不会认同天子就是天赋异禀的说法，他们会认为皇帝不过是个寻常孩子，并没有比其他孩子更优秀或更恶劣。但是很多崇拜皇帝的人则会认为皇帝不是凡人，来见皇帝是件了不起的大事，需要隆重对待。很多人平生最大的愿望就是来紫禁城看看皇帝，然后跪拜在皇帝脚下对他俯首称臣。他们爱戴皇帝如同宗教信仰，甘愿为其抛头颅洒热血，就是这些忠诚的拥护者为他们拥护的人营造了一个不良的环境。

但我相信，宣统皇帝并没有在万众拥戴中迷失自己，他并不会认为穿上龙袍的他就会高人一等。他不热衷社会活动，在乾清宫的龙椅上处理完公事后，他会很快到另一个房间换下龙袍。他在私下里见别人时，只会穿平常的中式衣服，如长袍马褂，见外国人的时候更是如此。本书收录的他坐在龙椅上的照片，是世上仅有的一张他允许拍摄的穿着龙袍的照片。当时是他经不住我的再三请求，才答应拍摄的。

书法也是他必修的一门功课，他的几位祖先在书法上都造诣很深。历代皇帝素来都有将自己亲笔写的大字赐给功臣、寺庙或者是一些建筑来制作匾额的传统。宣统皇帝亦沿袭了这个传统，到了春节、寿辰或是其他一些重要节日，他就会把亲手书写的墨宝赏赐给朝廷大臣、老臣、民国官员。墨宝上会盖上皇帝的御用方形印章，以证明墨宝是真品。印章会印出"宣统御笔"四字。

皇帝和他弟弟溥杰在艺术上都很有才华，在很年幼的时候便写出了一手好字，人们对他们的书法作品赞不绝口。他们也都擅长作画，宣统皇帝会有很多有趣的想法，他有时会创作漫画，他仅仅需要一张小纸片就能画出一幅漫画，漫画内容有的描述的是一个奇闻轶事，有的则是报纸上的一些文字，有的是宫里生活的趣事。我至今收藏了他的很多漫画。

少年皇帝很快掌握了中国帝师传授给他的作诗技巧，在作诗上得心应手。1921 年至 1922 年间，他向北京的几家报刊投了几首诗，投得最多的是《益世报》，诗上签署的是他的假名"邓炯麟"。"邓"在汉字中是一个寻常的姓，"炯麟"是"闪光的麒麟"的意思。那些他投稿的报刊编辑都没有知悉他的真实身份。《益世报》发表了他所有投稿的诗作，该报编辑曾经多次打听"邓炯麟"都徒劳无功。我知道皇帝曾写了许多诗，这并不奇怪，每个接受过教育的中国人大多会写诗。直到 1922 年 7 月，他跟我分享了他发表过的诗作，我才知道了他的秘密。据我了解北京城里是没人知道诗人"邓炯麟"就是宣统皇帝。我在这里公开这个秘密大概会让很多人大吃一惊吧。

宣统皇帝对新文化运动或者其他一些运动也有着浓厚兴趣，不过他并不喜欢以白话文写作的新诗。他还是爱好古诗体，写诗严格遵照古诗格律。他喜欢唐朝诗人白居易、韩愈以及李白的诗。而且，他真心实意推崇他的先祖乾隆皇帝的诗，并不仅仅是由于血缘关系。

我不会说宣统皇帝是一个圣明的独裁君主。他向来钦佩意大利大政治家墨索里尼，他认为，墨索里尼让意大利人过上了好日子。驻北京的意大利公使曾向他送达了墨索里尼从罗马寄来的礼物——一份墨索里尼亲笔签名的照片，皇帝收到礼物非常高兴。不过皇帝也明白，自己与墨索里尼在本质上是不同的。

不管是西方人，还是中国人，他们都会问我这么一个问题，如果宣统皇帝能重登皇位，他是否能扮演好一个进步的现代国家的立宪君主的角色。我对他能做到这点毫不怀疑。不过需要限制朝廷旧派官员的行为，他们会不择手段意图恢复旧的统治制度。

我是"少年皇帝"的英文老师的身份，引起了一些中国报纸的注意。北京或者北方的报纸大多对我言辞得体，礼貌友好，但是以广州为代表的南方报纸则对我有攻击性言辞。我曾收到了一大堆信件。处理这些信件让我感到头疼。信件内容五花八门，有的是对我在教育皇帝时的建议；有的是让我为他们或者他们的亲戚在朝中谋职；有的是向我告密在东北或者其他地方有复辟运动；有的是让我传递给皇帝的奏折；有的是在谴责朝中官员；有的是请我安排觐见皇帝，他们有重大秘密要禀告；还有的信件是指控我祸害民国，并且威胁让我立刻辞去帝师职位，否则就会遭遇不测。1923年起我开始遭到了暗杀。除此之外，还有一些家长想请我去当他们儿子的老师，或者让他们的儿子在我身边研墨，这样他们的儿子既可以聆听到帝师的教导，也能与皇帝有同门师兄弟的关系。

　　令我更头疼的是，一些陌生人频繁登门拜访。我有一个尽忠职守的守门人，他通常不会让陌生人进门。不过这些人并没有善罢甘休，他们会守在门口，一旦看见我出门或者从外面乘车回家，他们就出手阻拦。在他们之中有一个人让我印象深刻，他是个身穿中式长袍、戴美式帽子、脚穿黄靴的年轻人，他的脸很白但长着粉刺。他长期堵在门口，我无可奈何，只好与他见面。他跟我说，他是基督复临安息日会会员，他受神的意志驱使，特地来见我。他希望皇帝改信基督。他从腋下拿出一叠传单和小册子，信誓旦旦地说只要皇帝看了这些小册子，他的灵魂就会得到升华，甚至能获得救赎。我很难知道这些小册子使多少灵魂得到了救赎，但我清楚它们救赎不了暮色中的中国宫廷。

　　我有一项帮皇帝处理外文信件的任务。北京邮局先把所有寄给皇帝的西方信件送到我手中。大多数信函实际上只经过我的手，并没有到达皇帝。信件内容五花八门，并非都有益处。有的是一些无名女士希望进后宫当皇妃，有的仅仅是请求得到皇帝的亲笔签名。有一封信需要提一提，信件主人自称是正在美国流亡的俄国沙皇，他希望建立一个退位君主协会，来帮助他复辟。他希望宣统皇帝能成为协会中的一员。宣统皇帝看了这封信，觉得建立退位

138

君主协会这个主意很有意思。他开玩笑地说，如果每个退位皇帝都会弹奏一项乐器，就能组成一支乐队，乐队成员都是曾经头戴皇冠的显赫君主，这样的乐队前所未有，肯定能给世界带来极大的欢乐。我们都赞成用宫中御花园里的珍贵牡丹来表示遗失的皇位。皇帝说会在宫廷盛典中使用的乐器，如锣、钟、鼓和编磬等之中挑选一件乐器，这些古老乐器演奏出的"韶乐"也许不算悦耳动听，但是比起一些大家熟知的管弦乐队，演奏出来的声音也会别有一番风味。我还有一个想法，就是这个退位君主协会可以在一个荒岛上发展壮大，在那里建立一个政权，比如说采用共和制，在退位君主中推举出一位总统，那样会很有意思。皇帝对我的想法表示赞成。

在我起初担任帝师的几个月里，我写了两封信，信中写到了中国宫廷里有很多不良现象，我建议皇帝应该换一个更健康成长的环境。我的这些想法在很早以前就已经萌生。在此我摘录了这两封信中的一些内容，希望会对读者深入理解本章有所帮助。

1919 年 5 月 18 日，那时候我已经担任帝师差不多两个月，我写道：

> 虽然知道现在提出对宫廷的一些改革的建议难以被采纳，但我真心希望，皇帝能够搬到颐和园去居住，离开目前的生活环境，这会有助于他的成长。不过，只要内务府一天没有进行彻底改革，一切改革都是徒劳无补。而且我不希望太监与皇帝一同搬到颐和园，只需要侍从、皇室官员和帝师陪伴皇帝就足够了。数天前，我与载涛亲王就这些问题进行过讨论，我们都对目前宫廷需要改革深以为然，不过这些改革可能会受到内务府的阻碍。

同样是在 1919 年，6 月 17 日，我给一位中国朋友写了一封长信。他十分关心皇帝的生活，也懂英文。信的摘录是这样的：

> 我即将去西山旅行，在这之前我想跟你说。我认为皇帝的生活方式很不健康，他处于众人的监视之下，不得自由。出于他身心健

康的考虑，我希望能够寻找到一种解决的方法，让他生活得更加符合他的天性，更为自然一些。他有着天子的尊贵身份，虽然已经被剥夺了实权，同时他也是一个孩子，把他作为孩子的身份忽视也许会给他的成长带来很多不良影响，这三四年正是他重要的成长时期。我认为他的生活环境需要改变。我想，如果他能有两个月的假期，放下书本，到海边或者是山上去走一走、欣赏风景，他会收获很多。在这过程中也许他会遇到很多难题，有些是来自政治方面的阻力，他需要学着去应对，去解决。把这个孩子禁锢在皇宫里是不合理的，他既不能感受到外面真实的世界，也没有社会锻炼的机会。

　　我能够体谅您和其他一些忠诚的中国人对他的想法，你们的第一出发点往往是他是皇帝，而我却会首先考虑，他是一个有人格的人。他已经失去了重登皇位的资格，为他的成长去做努力，比让他为重登皇位做的努力更有意义。即使他现在是还能掌控权力的皇帝，又或者他真的会在将来某一天重登皇位，我也依然会坚持我目前对他教育上的观点。在西方，人们不会把君主架上神坛，让他脱离凡世的生活，君主与凡人有天壤之别的观点已经不适应当下的社会了。西班牙可能是西方国家里的一个例外，不过那里经常爆发革命，君主制随时有被推翻的危险。纵观世界各国，君主制都有走向末路的趋势，时常爆发革命的当下，假如有一种君主制能屹立不倒，我认为会是英国的君主立宪制。以往君主制里的"君权神授"的旧观念已经不流行了。我曾经与威尔士王子一同在牛津读书，他过着和我差不多的生活，后来，他在战争中表现出色，被国家授予军官的职位，他凭着自身的努力获得人民的爱戴。我经常给皇帝看画报上的照片，在照片里许多英国皇室子弟被平民包围，自由地进行演说和一些活动。他现在对西方的生活习俗已经有很多了解。我有教授过他有关现代进步君主的一些理念，他学习起来并没有显得困难，不会比教导他孟子的学说的难度更大。中国民主君主的理念的出现比西方早上好几百年，所以我并没有把中国圣贤的话解释错误。

　　这里我需说明的是对皇帝的教育很重要。皇帝如果有可能重登皇位，成为一位立宪君主，抑或他连最后一点皇室尊严都不能保持，成了一位普通的中国公民。假如我们对他的教育方式得当，不管他的未来如何，他都能以健康的身心去应对生活，也不会怨恨曾经教导过他的人。我坚持认为，把他与人群隔离，对他的成长会有极大的伤害，既无益于他作为人的成长，也无益于他作为皇帝的成长。假如只是针对皇帝的身份来培养他，如果复辟终究没能实现，他就连普通人的生活本领都没能掌握。如果把他往思想开放的爱国者或者是一位有涵养的中国绅士方向培养，他就有能力担任一个好皇帝，也可以当好一个普通人。这样的话，不管未来如何，他都能灵活应对。

　　我认为要对皇室进行全面改革，比如把多余的官员、仆人以及太监遣散回家，这样，皇宫就可以节省大笔开支，办事效率也能得到提高。这个并不是我的职责所在，这方面我便不多说了。

　　以上就是那两封信的摘录。在书写这些信时我并没有清楚认知到对皇宫制度进行改革会遇到多大的阻碍，改革起来会怎样地举步维艰。很久以后，我才有所了解。当年我建议皇帝应按照"优待条件"中的第三条的规定从紫禁城迁到颐和园时，我并不清楚我的建议会引起朝廷里多大范围的反对，以及反对的原因。这些我还需进一步地探索和思考。

第十六章 君主制的希望和梦想

目前，皇上最喜欢做的事情，就是自由翻看从皇宫外传进来的报纸，他对在国内政坛每天都在上演的闹剧很是关心。不过我也经常告诉他，不要沉浸在报纸的报道中，更不能将时间浪费在报纸上，他还有许多其他更重要的事情要做。他却告诉我，他通过报纸能够知道如何从矛盾的观点中发现真相，慢慢地形成属于自己的判断能力，以便自己不会被别人误导。他的想法或许是对的，不过我也庆幸他知道外面世界的途径不只是报纸一样，朝廷的官员还有一些朋友，也会通过书面或者口头的形式，向他解说中国现在的政治状况。就算这些人的看法有些偏激，也是有一定的道理的。除了国内的政治，皇上也时常听我讲欧洲的政治，他也怀有极大的兴趣。

我们生活在一个动荡不安的年代。回想我1919年刚担任皇帝老师的时候，那一年第一次世界大战已经结束，但是在巴黎凡尔赛的某一个教堂里，五大强国正勾勒着整个世界的新格局，试图制定出一个可悲的协议。他们天真地认为，只要有了这个协议，世界上就不会再有战争。在当时的中国，更多的人关心的是曾被德国占领的青岛的归属问题，战争开始后青岛便落在了日本手中，中国人一直强烈地要求日本无条件归还青岛，还有山东铁路以及其他利益，人们甚至要求将这些要求写入《凡尔赛和约》中，中国是"一战"的战胜国，人们相信自己有理由去提出要求。但是，日本拒绝中国的要求，它们认为处理山东问题，应该由日德两国直接谈判解决，而青岛应该留给日本。当凡尔赛传来消息，日本的提议在凡尔赛和谈中有可能占上风，中国的民众开始爆发前所未有的愤怒，一场影响中国内政外交的运动应运而生，这就是"五四运动"。

"五四运动"的领导者只是北京大学的一些师生而已，但是中国当局似乎小瞧了他们的号召力，也认为这样的运动很快就会销声匿迹。可是"五四运动"却持续了很长的一段时间，他们的努力甚至超过了中国当局，终于使得中国政府没有在《凡尔赛和约》上签字。中德双方只能一对一地签署和平协议，和日本无关。

这一切，我们的皇帝虽然坐在皇宫里，却也一直在关注，除了《凡尔赛和约》的事情，他还关注着国内随后发生的一系列事情。他看着各级的军政官员，还有军阀，还有国会议员们的那些阴谋。在那一段时间里，中国存在着三个国会，每个国会都对外宣称自己代表人民。我经常和皇帝讨论这些问题，在课室里会讨论，在他的住所也会讨论。因为徐世昌当总统的时候，中国政治上发生的事情太多了。不过沿着这一时期的中国政局谈论下去，似乎会离这本书的主题太远，我们还是回到和皇帝命运有关的事情上来。

1919年2月，在张勋复辟帝制失败的19个月之后，我开始了自己为清朝皇室服务的政治生涯。在之前我讲到这一段插曲的时候，我说过复辟失败，和其他人的不支持以及不同情毫无关系，失败的主要原因完全在于张勋一个人。他居然在这个重要的时刻，愚蠢地相信仅凭自己一人之力，就能够完成大事，他觉得自己不需要其他保皇人士的支持，更不需要给那些人想要的职位，比如摄政王、亲王之类的高官。

不过在这短短的 19 个月里，中国的公众头脑里已经不对复辟帝制有着过多的想法，他们对民国也不抱有任何希望。当徐世昌被推为总统的时候，保皇人士的希望在此时点燃，就算徐世昌上位后的第一件事不是赦免张勋。在当时，复辟帝制成为民众，应该说是绝大多数民众的选择，毕竟民国给了人们太多美好的诺言，到最后带来的却只是灾难。这一点，我们可以从一些欧洲的报纸里看到证据，这些报道的记者大多为传教士，他们希望通过革命让民众接受新的政治局面，从而改善中外的友好关系，借此打开一扇传递基督教的大门。1919 年 6 月 23 日，刊登在甘肃的《字林西报》上的一则报道比较典型，它涉及偏远西部省份甘肃省的形势：

"在民国时期，政府的苛捐杂税并未比清朝要少，反而更多，地方官员趁着动乱也越来越腐败。人们又开始渴望帝制复辟，就算清朝的统治在当时不算好，却在他们眼里要比民国政府好，这样的希望不仅是出现在甘肃这样偏远的省份，其他省份也存在。"

在许多意想不到之处或者激进分子的身上也能够找到证据，就算这些激进分子曾让西方相信，中国的民众是欢迎革命的。可是，当他们用汉语对同胞演讲自己观点的时候，却坦率得多，因为他们知道自己可以骗过西方人，却骗不过国人。在辛亥革命结束之后，众多的激进派领袖先后创办了革命期刊，如《新青年》《改造》《曙光》等，其中无数的文章反映出他们痛苦的失望情绪。他们未能把革命的思想灌输到中国农民的头脑中去，而农民人口占了中国人口的 90%。1921 年，刊登在《曙光》上的一篇文章，让那些以为帝制复辟无望的人不得不大吃一惊。

"中国农民十之八九不识字，愚蠢得和鹿豕一样，真是可怜。什么自由、权利、政治，他们哪里懂得？他们就晓得把钱粮纳上，一边过他的苟且日子罢了。有时遇见城中人还要问问'宣统皇帝如何？''现在是哪一个坐在皇宫里？'往往也叹息痛恨地说：'这样年头怎么得了！等出了真龙天

子就好了！'

"你想，在这种情况下，只有张勋复辟，才能得农民们的心；只要张勋招义勇兵，他们还踊跃上前。若是给他们读什么新思想，哪还能够理会？所以我们要想种种社会运动都得到农民的援助，就要先促起他们的觉悟。"

由此可见，就算是受过教育的人也相信帝制还未结束。我进宫后不久，就从不同的渠道知道，中国各个省份的许多具有影响力的领袖人物，或多或少的私下也对复辟抱有希望，甚至将这种希望寄托在满洲。

满洲是清朝皇室的发源地，尽管满族作为一个有着自己的语言、文字和习俗的单独民族，已在逐渐地消失，不过那里仍然有许多忠于朝廷的人，不管是汉族人、蒙古族人、满族人，还是混血的后裔，对革命都是不积极的。在这样的社会现实下，就算皇室不和民国谈判，而是选择回到满洲建立一个新的"满蒙"帝国，完全独立于中国，军政当局，也就是张作霖政府，也绝不会敌视或者反对的。如果建立这样的帝国，在一段时间后不仅包含满洲，还会有热河、察哈尔、新疆、甘肃甚至西藏。这样一来，这些潜在敌意的地区就将民国包围起来了，而这些地区有太多是在清朝征服中国后被皇帝并入其帝国之内的。不过事情并不是这样发展的，许多人把现在的状况视为中国人应得的惩罚，因为是他们亲自驱赶了这个曾征服大片中国领土的王朝。

沃特金·戴维斯在其1933年10月的一篇文章中写道："1912年，外蒙古正式宣告独立。其实在1911年，外蒙古还是中国的属地，它们乐意臣服于中国，应该说是愿意臣服在清朝的统治下。在满族征服中国时，蒙古的首领们给予了他们宝贵的支持。表面上说来，蒙古人认为对清朝皇帝还是应该负有一定的义务。当清朝消失，取而代之的是民国的时候，它们就觉得自己没必要再效忠满族人。这也使得沙皇俄国在其存在的最后几年中，有机会加强它在外蒙的统治能力。"

除去一点之外，这篇文章的评论基本上还算正确。其实在1911年，外蒙古就已经不承认自己"臣服中国"，而是"臣服大清国"。不过戴维斯先生在后面也补充了这一点。除此之外，我们还要注意的是，"中华帝国"只有在西方的措辞中才存在，正确的说法应该是"大清国"，其皇帝是"大清国皇帝"。同样，"老佛爷"的正式称谓应该是"大清国皇太后"，而不是"中国皇太后"。

沃特金·戴维斯还写道："从名义上来说，外蒙古独立之后内蒙古依旧臣服于中国（我想他也会承认'臣服于中国'这一字眼又把人们给弄混淆了），不过可以明确地说，庞大的民国政府在动乱时代，在内蒙古地区已经没任何真正的权威。"同时，"日本承诺可以让内蒙古实现自治，并答应给予一个统一的蒙古人国家保护，让全体蒙古人站在他的一边。日本人为了把事情做得更为妥当，有可能恢复皇帝的称号。由此，任何一个怀念过去的蒙古人都会支持日本，以及日本人扶持的傀儡皇帝溥仪，并为他欢呼。"

文中所提及的事件后来有所发生，沃特金·戴维斯的观点还是具有前瞻性的。

另外在《李顿报告书》中，则是直接说满洲不愿意参与革命。文章写道："1919年革命爆发的时候，满洲当局希望张作霖出面阻挡革命党向北进军，以免满洲遭受内战牵连。借此，张作霖日后成为满洲的独裁者，甚至还成为了华北的独裁者。"正如文中所说，在民国建立之后，满洲"接受既定事实，同意袁世凯的领导"。不过这一切，都是因为皇帝颁发了退位诏书，接受"优待条件"，并且仍然留在北京。如果皇上或者摄政王以他的名义拒绝退位，并选择迁都沈阳，那么满洲就会走上一条截然不同的道路，这一点是张作霖自己对我保证过的。

在1919年以后，拥护帝制寄望于满洲并不奇怪。不过在我达到北京之后，却发现他们缺乏真正复辟的活力，这与1917年复辟失败的原因如出一辙。这些人大多是经历风雨的人，他们对彼此已经丧失了信任，在对目标的争取和手段上，他们都缺少必要的协调。至少有两个组织与皇室保持着联系，但是他们得不到其他组织的信任。其他组织认为没有人能保证复辟成功之后，登上皇位的不是小皇帝，而是流亡中的某个皇族。拥护帝制的一些组织确实存在这些想法。理由是，第一，年轻的皇帝没有为复辟做过任何事，而且他也已经退位了；第二，至少有一位流亡在外的皇族把他的生活和命运都奉献给了复辟帝制，而且从来没有承认过民国；第三，只要那个年轻的皇帝仍然留在紫禁城，想要采取任何积极的步骤去助他重登帝位，且又要不伤害他的性命，是不可能的。

据我所知，更多的人反对用其他皇室成员代替小皇帝。不过这些人又分为各种观点不同的小团体，一些人选择回避战术，耐心地等待机会，等待小皇帝成为复辟活动的公开首领。不过这一点，只要小皇帝还在皇宫里就不可能实现。另外一些人，也赞同不采取主动行动，只要民国信守承诺，遵守"优待条件"。

同时，那些坚持用皇帝的名义建立"满蒙"帝国的人士，在这个时候又碰到了新的困难。现在，满洲在事实上和蒙古在名义上，都已经成为了民国的一部分。到1919年，民国成功控制了满洲的行政机构，再加之此时张作霖并不同情民国，他更多关注的是自己的切身利益，那时他还没有后来那样独裁。如果在满洲这里开始复辟，必定和其他地区一样陷入内乱之中，这一点拥护帝制的人们非常明白，于是他们只能默默推迟所有行动，幻想着民国某一天的腐败崩溃，或者有外国来干涉这一切。这种干涉，大多数人相信是日本，相信日本早晚会采取行动，反对民国侵犯它在满洲的战争成果。拥护帝制的人们相信，只要日本和民国发生事端，他们就会获得机会，哪怕是稍纵即逝的机会。如果有人骂他们是叛国者，他们就可以说满族人已经被宣判为异族，没必要继续效忠中国了，既然作为不必效忠中国的异族，他自然有权利选择自己的盟友。

这样的猜想和希望，加之拥护帝制的人们的按兵不动，出现了一些谣言，这些谣言从1919年传到了1922年。其中，1921年3月23日刊登在《华北正报》上的文章指出，拥护帝制的人们将会建立一个叫作"华北帝国"的新"满洲帝国"，首府将选定在沈阳。传闻的制造者说张勋将军、前端亲王，以及义和团领袖，还有那些在1917年失败过的人，如今正在中国的北方、满洲和蒙古各地支持建立新帝国的运动。

同一家报纸在 5 月 21 日刊登的一篇文章中写道："根据中国当局掌握的消息，肃亲王和前总督升允想要在中国进行复辟。另外，如果复辟失败，满洲的复辟者就会提出'满洲是满洲人的满洲'这样的口号，把希望寄托于在沈阳重建一个缩小的满族王朝身上。中国官方对此非常担心，因为哥萨克谢米诺夫和肃亲王的联合行动，在当下还影响着外蒙古的局势。"

在人们看来，这次阴谋复辟的带头人，是张作霖以及想再次复辟的张勋。不过很少有人知道他们已经结为亲家，且关系非常亲密。其实张作霖曾支持过 1917 年的复辟运动，但并未卷入其中。而后来，他声称自己是共和主义者，从而迎合革命派。他一直都小心翼翼地躲在幕后指挥着一切，他还为张勋重返政治舞台做了很多准备，并为他在长江地区谋得了一个军事职位，但这次复辟计划失败后就被无限期搁置。张作霖开始有了另外的野心，不过他和张勋在 1921 年打算复辟帝制这一事却是真的。《字林西报》记者甘露德之前采访过前总统黎元洪，采访中黎元洪透露他断言复辟肯定会发生，但他也预料到了它的失败。

甘露德再次写道："据说复辟运动计划已经谋划许久，张作霖在军界的同仁都已经得到消息。在三个月后，也就是六月的某一天随时可能爆发一次群众示威游行，响应复辟的开始。"在文中，甘露德更是一针见血地指出："当然，如果复辟成功，张作霖就不会再躲在幕后，所有人都明白他的真正意图，与其说是为了皇帝的利益，不如说是为了自己和政治同伙的利益。因为他们现在的地位岌岌可危。"

这个观点，在张作霖授权发表的文章中或多或少得到了印证。在授权文章中，表示自己不会和复辟计划有任何关系的张作霖暗示：虽然激进派和报纸要求废除"优待条件"，但最终不会有任何影响。文中有这么一段话："朝廷旧臣依然同情前君主，如果民国能够遵从'优待条件'，他们也就不会追求政治权势。"

我引用这段文字，就是表示这些猜想并非空穴来风。我从其他渠道获悉，这些都是事实。不过在《李顿报告书》中，却是说"在 1931 年 9 月前，满洲从来没有人听说过'满洲独立运动'"，这一点让我感到很难理解，难道李顿及其同事们真的从未看到过恢复旧君主运动的任何证据？

从1919年到1924年，我逐渐接触了许多对复辟帝制计划有兴趣的人，包括某些希望在整个复辟计划中发挥突出作用的人，如过去的总督升允。我得到的这些消息都是机密，我有义务进行保密，不能向其他国家透露。

在皇宫里却从未讨论过复辟，宣统皇帝不参与这些阴谋（如果可以把这些叫作阴谋的话）。他其实清楚，在满洲、蒙古或者其他地区，都有许多忠于他的人，希望他在北京或者在沈阳重登皇位，不过他对整个计划的了解并不会比报纸上得到的多。他的中文老师和我都小心地回避着这一个话题，我们都希望皇帝不要卷入这些阴谋中，这样会被当作反共和的典型。不过讨论也是不可避免的，但是在他看到报纸上的一些相关报道的情况下，那时我会告诉他我的看法。在我看来，不管任何形式的复辟都应该受到谴责，任何欺骗舆论的行为都应该避免。除非是人民自由选举出的代表诚恳地、自发地提出这种请求，否则任何形式的复辟邀请都要拒绝。不过接到这种请求可能是十分渺茫的，我也把自己的真实看法表达出来。在我看来，虽然革命后出现了多个国会，却没有一个可以代表人民，人民也无法选择一个真正代表自己表达意愿的国会。如果有一个真正代表人民的国会，让人们选择君主制和共和制，我觉得多数人可能都会选择前者。

1921年，《京津泰晤士报》有一篇社论写道："我们可以谨慎地估计，会有九成的人支持恢复君主制。"在我看来，这个数字并不夸张。文章作者在后面所说的话我也同意，他说道，就算众多民众支持恢复君主制，它还是会失败，因为"对那些寻求升官发财的人和军阀来说，拯救民国或者再造民国，是一件有利可图的事情，他们不会放弃"。

在我看来，民众由于没有途径来表达自己的意愿，恢复君主制也就没了希望。除非，根据我的意见，皇帝不动用，也不允许有人动用他的名义，事情才会有转机。

另外，我还对皇帝说过，如果人民是支持恢复君主制的，这和他们对皇

室的忠诚毫无关系。人民支持君主制，多半是因为共和制代替君主制最终失败。人民大众想要的是一个像样的政府，如果他们在内心深处赞成君主制，也是因为他们习惯了熟悉且传统的政府，这个政府容易实现他们的愿望，这比民国要好得多。

1919 年，我即将离开威海卫，前往清宫履行新职务时，我曾写下一则笔记。我从中摘录出一段：

> 在大多数有思想的中国人心中，都是希望有一个稳定的政府，他们希望这个政府具有消除内忧外患的能力，还有勇气解散或者控制比土匪还要恶劣的"驻军"；有能力使中国免遭外国财阀的压榨；有责任监督官员们尽忠职守，不中饱私囊。在我看来，中国现在所面临的问题，其实并不是国家制度是"共和"还是"君主"的问题，只要政府表明自己有能力并且有意愿统治，人们就会心满意足。

我后来所看到的情况，更加坚持了我在 1919 年的那些看法。在北京任职期间，我接触到一些有思想的中国人，他们大多同意我的观点，即使那些并不同意君主制的人也是这样。胡适博士就是这样的人，当时他在文学、教育、哲学以及政治上都有所建树。我记得有人问他，"少年中国"需要无政府，而"老年中国"需要君主制之说是否确实时，他的回答非常巧妙，他说，无论哪个中国都需要"太监"。

年轻的皇帝绝无丝毫参与复辟阴谋的意愿，他经常向我保证，绝不会再次上演张勋给他的角色。我认为，就算复辟是民心所向也不会成功，共和制可能会一直存在。皇帝认同我的观点，并没有感到遗憾和失望，他非常熟悉自己的家世，他以祖先的丰功伟绩而自豪，会尊敬他们。但是他也感到悲哀，因为由康熙、乾隆统治过的盛世王朝最终是断送在他的手里。不过很多人却在质疑他，怀疑他酝酿着复辟的阴谋，以图夺回被他那当摄政王的父亲和袁世凯从他稚嫩的手中夺走的皇位，我只能说那些人，对这位被抛弃的皇帝的个性和品格太不了解了。

第十七章 龙的躁动

　　1920 年，宣统皇帝还未满 16 岁，但是他已经让他的生活有所改变。他开始将更多的注意力放在工作和娱乐上，不再遵守古老的宫廷礼法、习俗等。依据规定，皇帝出行要乘坐金色的轿辇，但是他却依据自己的意思在皇宫中的巷子和小院中恣意奔跑，朝廷的大臣对皇帝的表现非常吃惊。皇帝自然是明白自己因为毫无实权后开始厌恶这些大臣的讨好与虚伪；大臣们也非常烦恼，虽然他们遵从君臣之礼，可是皇帝对此的态度非常消极。

　　宣统皇帝一直渴望有机会出宫看看外面的世界。尤其，当他站在可以看到外面世界的地方时，他这个渴望就会异常强烈。他不是没有提出过这个要求，却从未实现过。他身边的人总是用危险以及孙中山等南方革命人士会对他造成伤害这种理由阻止他。他明白，他自己会走出这里，只是时机尚未成熟。

1921 年，皇宫发生了几件大事，这让皇帝感慨颇多。

1921 年 4 月 21 日，庄和太妃去世，她是同治皇帝的贵妃。皇帝下令要为太妃守丧。丧期一共 38 天，其中 3 天是全丧，剩余的 35 天为半丧。皇帝在宫廷公报中表达了自己对太妃的哀思。第二天，王公大臣也来宫中吊唁太妃。太妃的棺椁被安置在养心殿，这原本是慈禧太后的寝殿。我也去吊唁了这位太妃，并看到一群太监一直在棺椁旁恸哭。

期间，发生了一件有损皇家颜面的事情。那些在太妃灵前恸哭的太监，在太妃过世后为太妃的遗物争执不休，甚至在灵堂中造成骚乱。值得提醒的是，太监们的争执才是丑闻。内务府觉得这些太监缺乏管教，便斥责了他们，认为如果他们以有礼节的方式洗劫，也许就不会引起那么大的轰动。但是，这些太监并没有受到惩处，私吞的财宝也没有归还。宣统皇帝非常愤怒，也曾想严厉惩处这些人，却遭到了反对。有人认为若是让外界得知太妃的遗物被太监们偷窃，会有损太妃的颜面，因此一些王公大臣和其他太妃都劝导皇帝，希望他顾及庄和太妃的颜面，秘密处理此事。

类似这样的偷窃行为还是少数，紫禁城中发生最多的是私吞财务。我从一个法国人那里得知：皇帝为修缮使馆区拨款 8 万元，负责修缮的工人却只得到了 80 元，其他的钱财都让相关官员私吞了。

我还记得另外一件事情。当时，我出席一位帝师举办的宴会。大家在宴会期间谈论宫中刚刚举办的一个节日庆典。据我所知，这个庆典非常简单，却花费大量钱财。皇宫为了凑足这笔钱财，将很多玉器、瓷器拿出去抵押。虽然有些失礼，但是我还是问了钱财的去处，原来大部分钱都用来赏赐那些负责点挂灯笼的太监们。其实，这真有些浪费，完全可以在北京的街上雇几个人来做这些事情就够了，也用不了多少钱。对于我的质疑，他们回答说这是惯例，无法取消。虽然，我提出现在的情况不同，皇宫已经没有多少收入来源，一切事务应当节俭，仍然没有人理会我。

5 个多月后，宣统皇帝终于可以出宫了，心情却十分悲痛。他的生母，醇安王妃在 9 月 30 日去世了。她死于醇亲王在北京北城的府邸，那里也是

颐和园玉澜堂的会客室（御座旁边的门通往皇帝的寝宫）

皇帝的出生地。10月初，他要出宫到北京北府为母亲吊唁，并逗留半天。皇宫和北府之间隔着街道和景山。若想出宫，皇帝需要通过神武门。进出神武门是有规定的，它中间的门洞在帝制时期只有皇帝可以通过，只有两边的门可以公用。民国时期，能够通过中间的门的人变成了总统。所以，这个门洞一般是关闭的，两侧的门洞开着供人们进出。皇帝出宫的那天，民国政府给予了很高的礼遇，让皇帝的汽车从神武门中间的门洞通过。

出了皇宫后，皇帝的汽车前后都有随从护驾。当天，街道两旁挤满了人，大家都想见到这位名义上的君主。整个过程都很安静，人们充满了同情与敬意。

后来，宣统皇帝表示想再次出宫，到城里简单游览一番，却立即遭到了周围人的反对。反对的理由很多，例如：如果不是购买所需品，是不允许出巡的；必须同民国政府商量；需要赏赐士兵、守卫；需要雇很多汽车作护卫。我曾提议要皇帝微服出访，不需要护卫，但是被人无视了。

经历这次的事后，皇帝坚持要买一辆属于他自己的汽车。而他的确也坐着这辆汽车再度出了宫。1922 年，帝师陈宝琛得了肺炎，情况一度危急。这年的 5 月 13 日，皇帝乘坐汽车到陈宝琛府邸看望他。后来，这位帝师战胜了病魔，转危为安，直到 1934 年他 87 岁了，还是矍铄健壮。不过，另外一位帝师，负责教导皇帝满语的伊克坦的情况却不容乐观。9 月 26 日，皇帝在伊克坦临终前坐着汽车去看望他。皇帝这两次出行，宫中官员和民国将军都有陪同。其实，他们这是多此一举。而且，我意识到这些民国的将军们并不是保护皇帝，而是确保皇帝不去使馆区域。民国政府和皇室合作，安排皇帝能去的地方只有帝师的府邸和北府。其实，民国并没有限制皇帝的自由，真正提出限制皇帝出行的是朝廷官员。我曾私下从徐世昌总统那里得到过许诺，在他任职期间，民国政府不会干涉皇帝的自由。实际上，他也不会干涉，他不会对穷奢极欲的清廷有所行动。除非，他想得罪一些握有权力的支持者。这些人不是内务府人员，就是同内务府人员交好，像段祺瑞、张作霖这样的民国将领以及一些公开或者私下支持君主制的人员。

他们并不了解皇宫的情况，他们认为攻击内务府就等同于反对皇帝以及皇室尊严，这不符合"优待条件"。

皇帝虽然拥有了汽车，但是他出宫的机会并不多。之后，皇帝提出要安装一部电话，这样就可以得知外面发生了什么事情。当然，这个提议也遭到了内务府反对。它们认为敌人若是知道皇帝有电话，就会打电话羞辱皇室。但皇帝还是坚持安装，事情的结果是紫禁城的第一部电话被安装在了皇帝的寝宫中，皇帝很快将它的价值发挥出来。

1921 年和 1922 年，宫中又引起了几次骚动，我认为自己应该对这些骚动负上直接或间接的责任。

1921 年，我发现皇帝的视力不好。我猜测，皇帝时常头疼，身体也不舒服，是过度使用眼睛的缘故。有一次我看到皇帝在看墙壁上的大钟（这是国外君主赠送的），而不去看书案前摆放着的小钟。后来，我才知道皇帝是因为看不清小钟。这件事非同小可，我告诉了醇亲王、其他帝师以及内务府的人员，但他们毫不理会的态度震惊了我。我提议请一位外国的眼科医生为皇帝治疗，竟然遭到端康太妃的反对。这位妃子在三位太妃中势力最大，她质疑外国医生，认为外国医生只会为皇帝配眼镜，而皇帝戴眼镜是绝对不可以的。我认为，假如皇帝需要戴眼镜，那么就应该接受。

对于太妃的一再反对，我不得不以离职来威胁。对于我的态度，醇亲王和内务府做出了让步，不过太妃还是坚持自己的意见。实际上，内务府一直都希望我离开。但是，皇帝出面解决了这件事，他让我负责他眼睛的事情，并坚持让我继续做他的老师。内务府可能对此非常不高兴。

1921 年 11 月 7 日，霍华德教授接到了我的邀请信。他是一位极具影响力的美国医生，当时在北京协和医院工作。11 月 8 日，霍华德教授带着他的中国助理李景模博士进宫为皇帝检查。检查结果是皇帝得了严重的近视，眼睛还患有其他的病症，必须戴眼镜；他的眼睛在一年之内再做一次检查。霍华德教授和他的助理对皇帝视力问题这么严重才治疗感到惊讶，而当霍华德教授得知皇宫反对外国医生为皇帝治疗时更为震惊。

皇帝戴眼镜后，感觉良好，这种变化是非常明显的。时间久了，他便一直戴眼镜。即使是拍照或者画肖像时，也是如此。

这里需说明一下，端康太妃是在皇帝检查完毕后才知道这件事。在内务府任职的一个人对我说，假如端康太妃真的因为这件事震怒，她或许会吞食鸦片自尽。当时，我根本没有想到这一点。自这次事件后，我同皇室的一些人员有了罅隙。我知道内务府更加排斥我，而太妃可能也没有原谅我。但是，我不在乎她的情况和想法，我甚至可以想象她第一眼见到皇帝戴眼镜时的心情。

再补充一下，虽然医院当局没有接收为宣统皇帝服务所花的费用，皇帝还是下令皇室给医院送去 1000 元捐款。霍华德博士更是声名大噪，后来还在满洲被土匪绑架并勒索赎金。

另外一件事也让很多人非常惶恐，这件事同我也相关。当时，皇族的其他人员剪了辫子，皇帝还留有辫子，这让他非常不满。好几次，他跟我说要剪辫子。当然，皇帝的这一提议遭到反对，理由是他代表且管理整个满族，必须遵从满族的传统。皇帝听后没有表态。一天，他突然下令让太监剪掉他的辫子，太监惶恐万分，担心这样做会带来不好的结果，太监恳求皇帝不要为难他。之后，皇帝自己一个人在另一间屋子中剪掉了自己的辫子。

之后的几天，皇宫中的气氛一直很低沉，而我也遭到了很多人的指责。二十多天后，这个紫禁城中除了帝师，所有人都剪了辫子，以前紫禁城里保留着这项传统的人达一千五百多人。三位帝师保留辫子是对这件事的反抗，不过其中一位不久去世了。

后来发生的事情确实给紫禁城带来了不小的震动。因为我的关系，皇帝被"少年中国"这样的活动吸引了。我并非想让皇帝成为革新派，让他追随《新青年》参加文学改革。而且，对于《新青年》，我对它还是有鉴别能力的，但我认为皇帝应该了解一下当代中国年轻人的思想以及他们的运动。这些运动会影响到中国的发展，虽然发展的方向还不明朗。另外，皇帝的其他老师是不会告诉他这些东西的，因为那些人根本不关注这种事情。我认为自己有义务告诉皇帝这世界的本来面目。

当时，我同"新青年"以及"文学改革运动"的几位领导人交好。我们是在一个具有国际性质的交友会上认识的。每隔一段时间，我们就会聚在一起高谈阔论。我还担任过这个社团的会长，后来胡适博士才接替了我的位置。胡适博士是一位很有见地的人，同时他主张文学改革。我挑选了几篇胡适博士的文章以及几份期刊交给了皇帝。

后来，皇帝要召见胡适博士。1922 年 5 月末，胡适在觐见皇帝前向我询问了觐见时的礼仪，他担心要向皇帝下跪。我回答他不用行叩拜大礼。内务府对这件事毫不知情，皇帝是通过电话告诉我的。倘若内务府知道这件事，肯定会强烈反对。他们是不会让胡适这样的激进分子接触皇帝的。胡适觐见前无法进入神武门，直到皇帝亲自下令后才被守卫们放行。

几天后，胡适写了一封信给我，简述了他同皇帝的谈话内容。信的日期是 6 月 7 日。

"皇帝接见我时非常有礼貌。我同他就诗歌等文学话题进行了讨论。由于神武门守卫的问题，让我觐见的时间缩短了，所以，我们谈话的时间不长。之后，我向皇帝告别……一开始，我并没有想将这件事刊登到报纸上。但不幸的是，一些我平时不关注的报纸将这件事报道了。毕竟，对某些报纸而言，这件事具有很高的报道价值……我必须承认，在那里，我见到了中国最后一位君主，这件事让我触动很大。"

信中，胡适博士还提到皇帝生活里有一些新思想萌芽。他表示，如果没有这些新思想，皇帝和生活在牢笼中没有区别。胡适提到，这件事对某些报纸而言非常有价值，这没有错。他本人遭到"左"倾人士的指责，认为他向皇帝下跪行礼，称其为"皇上"。然而，胡适根本没有下跪，不过确实是那样称呼了，但他只是借此表明认可"优待条件"罢了。1924 年 3 月 27 日，胡适再次进入紫禁城，接受了一次时间更短的召见。1925 年，胡适仍因为那些觐见被人指责不遵守共和原则。

皇帝日益不满目前的处境，这都是我的过错。到 1922 年，我甚至被看作对宫廷秩序的稳定性构成了威胁。尽管内务府成员依旧礼遇我，但我明白我受到了排斥，同时更加同情我的皇帝学生，我本应在 1922 年辞去这份职务，却因为我的皇帝学生的请求而继续留任。

第十八章　龙振双翼

　　1922年上半年，全国的政局变得紧张，最直接的表现便是以孙中山为首的广州政府拒不承认北京政府。不过此时，造成北方忧虑和冲突的主要原因并不是广州政府的存在，而是这些政治集团之间的互不信任。在这些军阀体系中，皖系、奉系还有直系军阀都有主导北京的想法，其中又以张作霖和吴佩孚最为明显。张作霖曾明确地表示自己并不满足于只做满洲的主人，还希望成为北京的主人。至于吴佩孚，他认为自己如果谈不上是一名伟大的将军那也是勇敢的战士，不是一位完美的政客也是一位爱国主义者，这些都和张作霖一样，都只是想统一中国。

　　前文我曾提到过，1922年的时候人们都怀疑张作霖为复辟帝制努力，到了1923年，他对皇宫的态度则改变了。

一些任命于紫禁城中的人被张作霖陆陆续续收买，张作霖在他们那里获得了一些消息，比如内务府现存的政治关系，还有皇室的政治倾向。其实在1922 年之前，皇室都把他当作最有权势的朋友，而且皇室希望他可以保护皇上免受任何威胁。我这么说，并不是指内务府和满族王公们都是张作霖的同谋，内务府大多数官员，都希望他可以维护"优待条件"，因为他们的特权和俸禄依靠的就是这个，他们愿意给予张作霖最大的支持和信任。

　　这一点，在 1920 年夏天发生的一场短暂却激烈的内战中得到证实。在内战开始前几天，北京有可能被和张作霖敌对的政治集团所控制，据说他们将会策划针对皇上的一系列阴谋。恰在那时，我参与了宫里最核心的会议，他们希望，如果发生事情的时候我能够站在皇上这一边。我也做好了准备，一旦接到通知便会搬到紫禁城中暂住。后来，当战争在北京附近持续的那几天，我带着行李箱一直住在皇帝的寝宫里，不过张作霖最后在战斗中取得胜利，我也不用再为皇帝担心，便带走了行李箱。

　　不过，这样的信任到 1923 年时开始在皇室中开始动摇，这里我不想细说吴佩孚是怎么崛起的。他将司令部设在洛阳，并把势力覆盖到了华北和华中的广大区域，在这个区域之中，北京的政界认为吴佩孚最有可能成为北京的控制者，张作霖很快会输掉长城以南的势力，甚至完全败北。这种观点，在一些具有影响力的亲王还有内务府官员中尤甚，张作霖也通过收买的人获悉了他们的这些想法，他变得恐慌起来。后来，他得知康有为等一些著名的保皇党人都拜访过吴佩孚，还受到了吴佩孚的殷勤款待，加上吴佩孚过生日的时候，满族宫廷还派出使者赠送了贺礼，吴佩孚则将贺礼摆放在客厅中央最尊贵的位置，张作霖便肯定了满族宫廷对吴佩孚表示的友好。

　　本来张作霖和吴佩孚对皇室的恭敬，可以成为他们合作的基石，但这反而让他们彼此憎恨。他们都认为自己是忠于皇室的，张作霖认为满族宫廷对吴佩孚的友好，是对自己的一种侮辱，他不会原谅满族宫廷的这种做法。当然，他对皇帝的态度未曾改变，但对其他满族王公（除了一位王公）还有朝廷官员，变得冷淡起来。他还和徐世昌发生了严重的分歧，他非常愤怒徐世昌对吴佩孚主张的妥协观点，他甚至怀疑是徐世昌诱使他卷入了这场战争，目的就是让他垮台。不过，这位军阀的势力并未垮掉，徐世昌的总统之位却在失去张作霖的支持后变得岌岌可危。再加上他的行为让人们认为他想通过削弱其他人来巩固自己的地位，这让他也失去了吴佩孚和直系军阀的支持。

这场政治和军事的动乱发生在 1922 年的春天，这场事件让宫里的人认为皇帝可能会受到威胁，因此他们委托我去寻求英国大使的帮助，希望英国使馆可以给予皇帝庇护。庆幸的是，比尔力·阿斯顿爵士听了我的话后，同意给予皇帝帮助，但前提是，不能让别人以为这是英国在干预中国的内政。他的建议是，在英国使馆区为我安排一处住所，然后我就可以以帝师身份邀请皇帝来做客。除了他的帮助，葡萄牙大使和荷兰大使在我的请求下，也同意在紧急关头接待皇室的其他成员。

后来局势稳定下来，皇帝也就没有必要到外国使馆寻求庇护。而张作霖和吴佩孚的交锋拖延到几个月之后，徐世昌的总统地位被大大削弱，我相信张作霖迟早会孤立他，让他陷入被敌人和不冷不热的朋友包围的世界之中。

1924 年的下半年，"基督将军"冯玉祥完成了和张作霖的联盟，在 1922 年，他还通电全国向张作霖宣战，据说是因为张作霖的军队进入了他的领地。

不过这些都不是皇上担忧的事情，已经 17 岁的他日益不满自己被困在紫禁城中，也越来越明白自己被迫成为自己极不情愿但又身在其中的那个充满弊端的体系的罪恶。他知道内务府的一切行动都以维持现状为唯一准则，他也意识到自己不过是一位有名无实的君主。但他是一个强烈的爱国主义者，他同情自己的子民遭受到的苦难，他希望中国未来繁荣。他也开始认为自己终日无所事事却还在领取民国津贴，即使随着时间的流逝，民国的约定津贴越来越少，他也为这种身份感到可耻，这一点他在和我的谈话中经常提到。

1922 年 6 月 2 日，徐世昌突然辞去了总统之位并离开了北京。他走得很匆忙，实际上就是逃跑。从皇帝和我的角度来看，他的辞职让我感到遗憾，他是一位讲究礼仪和尊严的绅士，是一名尽力为中国人做了一些事情的学者，他也经常邀请几位亲王和我以及其他帝师进行非正式的聚餐。聚餐时他表现出对皇帝的福利待遇的足够关心。我相信，如果时机允许，他会高兴地卸下总统的铠甲，拜倒在皇帝膝前。在私谈中，他也总是以"本朝"来代替"前清"，似乎清朝还在统治着中国。他与袁世凯不同，这让我相信他不会和袁世凯一样背叛自己对民国的誓言。不过与我共事的一些人，总是蔑视这位总统。理由是在送皇帝礼物的时候，他没有在自己名字前加上一个"臣"字。他们认为在君主制下大臣都要这样做。对于这点，我向他们解释，民国的总统已经不是皇帝的仆人了，他没必要进行这种没有任何意义的恭维，这对民国也是不敬的。

但这些都成为了过往，在他辞去总统职位之后便一直居住在天津的英租界，1933年他还在那里庆祝了自己的80大寿。

继续来说1922年发生的故事，在年初，皇帝对内务府不惜一切保持现状开始表现出不安和不满，可是醇亲王和其他权贵对他的不满毫不理会，除了载涛亲王，他们一致认为皇帝不应该放弃宫廷和名义上的尊严，做出任何颠覆祖训的举动。他们最终决定为皇上迎娶一位皇后，就算那一年他才16岁。

1922年3月11日的宫廷官报便发表了一段简短的声明，立荣源之女婉容为皇后。不过这并不意味着他们马上就要举办婚礼了，也不是在近期，而是在几个月之后。从西方的角度看，中国皇帝大婚有一个很奇特的地方：年轻的女孩拔擢到皇帝家，不是等到她和皇帝真正结婚的时候才自然成为皇后的，而是皇帝的诏令一颁布，她的身份就开始是皇后了，尽管颁布日期与婚礼日期相差了几个月。

颁布诏令的时候，婉容正和她的父母住在天津，她的父亲荣源是前任吉林将军长顺的孙子，在辛亥革命的时候他还只是一位候补道台，不过他的第二位妻子（皇后的继母）是王公毓朗的女儿，毓朗是皇室中的著名成员——乾隆皇帝的直系后代。

在这一期的宫廷官报中，还任命了端恭的女儿，即额尔德特文绣为淑妃。皇后和妃子都是满族人，这使许多汉族大臣感到失望，他们希望皇帝能娶一名汉族女子。但是满族的保守派和宫廷的法律是很严格的，他们绝对不会考虑这个问题，尽管宫中曾流传一段毫无根据的谣言，说皇帝要迎娶的新娘是徐世昌的女儿。

在3月14日，宫廷官报再次刊登了和婚礼有关的文告，内容是荣源和文绣的叔父进宫表达对皇室的感激之情。同时，荣源也被授予了头品顶戴、御前侍卫的恩典，以及在宫中骑马的特权，随后他还成为内务府大臣，官至公爵。

虽然皇帝对这次见不到新娘的订婚默认了，不过他还是对自己同时拥有两位未婚妻表示出强烈的不满，他以文明君主不实行一夫多妻制度来进行反驳。他在宫中多次不体面地争吵以后，太妃们声泪俱下地痛骂他背弃祖例，使得皇上最后只得妥协，答应选一位淑妃。

几位和我关系比较好的皇室成员告诉我，对于鼓励皇帝实行一夫一妻制，我应负主要责任。当然我是被冤枉的。某位法国记者曾公开说过，我是想将皇帝培养成一个"英式花花公子"的人。我对于皇帝的婚姻，只有一个观点，那就是推迟婚期，毕竟那时他才16岁，是一个孩子。不过我的看法没有起到任何的影响。

订婚的事情并没有分散皇帝太多的注意力，这一点可以从6月份发生的一件事情上看出来，这件事之后我还写了一封信给一位懂英语的前官员。在这封信里，我向他叙述了整件事的经过，此处我只省略了一些非必要的段落。

我的好朋友：

　　我在端午节离开北京，3日回到家就有人告诉我这个消息。徐世昌总统在1日辞去了总统一职。上午，我和皇帝通过电话，也将得到的消息告诉他。我收到一张用中文写的纸条，这是皇帝信任的一个人转交给我的。皇帝想在下午3点的时候接见我，他还让我在东华门外准备两辆汽车，不过没有解释为什么。最后，皇帝还要我保密。

　　我根据皇帝的要求准备好了一切。然后，我到养心殿同皇帝见面。这次见面的时间也就一个小时左右，当时只有我和皇帝在场。

我却觉得这次见面非常困难。皇帝执意要我带他去英国使馆，根本不听我的意见。他已经下定了决心，这也是他让我安排两辆车的原因。一辆是我和他乘坐的，另一辆接送几个他贴身的仆人。他想离开皇宫，到英国使馆向民国表达自己的态度。他认为自己毫无实权，却得到民国的津贴，这是一种耻辱。因此，他会放弃这笔津贴，也放弃皇帝的尊称，甚至搬离紫禁城。他预计，在向全国致电后就去欧洲访问，但是准备还不充足，因此希望在英国使馆居住一段时间。

皇帝之所以这样决定，一定是受到政治局势的影响。不过，这不是全部的因素。最近一两年，我时常同皇帝讨论皇权和民国这两者的关系。皇帝已经对他目前的地位有所了解，并越来越感到耻辱。哪怕北京城能够一直安定，他也无法再继续这种身份。他已经成为一位有思想的大人，他觉得非常有压力，若不放弃这些，根本不会有所改观。

皇帝这样的举动并没有让我多么惊讶。我明白，他思考良久，而且他也知道我原则上会支持他这样做。这也是为什么他只相信我一个人的原因。不过，这次我却没有继续支持他。我跟他解释，目前总统辞职是迫于无奈，假如现在到外国使馆避难，那么各大报纸和各方势力一定会有所误解。这样，人们会认为总统和皇帝合作，这一切都是策划好的。皇帝因为内疚离宫，放弃尊称和津贴，但依然会遭到众人的怀疑，人们会觉得这不过是在做戏而已。还有一种误解就是那些本来支持总统的人也会把矛头指向总统。

另外，我告诉皇帝，英国使馆不会对他以礼相待的。无论是英国使馆的馆长还是说英国当局，他们都不会让自己卷入其中，何况目前的情况牵扯到中国的政治问题。英国使馆的大使在中国即将爆发内战时做出承诺，如果北京爆发动乱，皇帝的人身安全受到威胁，那么英国使馆将提供帮助。但是，现在皇帝的人身安全没有受到威胁，那么比尔力·阿斯顿爵士也就没有理由提供所谓的帮助。此外，皇帝是因为避开皇室人员和朝廷官员才去英国使馆，对于皇帝设想的行程，例如通过电报发表自己的态度，着手出国的事宜。但是，这会引起国内的政治事件，并将英国当局卷入困境中。因此，皇帝这一设想根本行不通。我提议让皇帝允许我马上赶去同使馆商议一下，保证一小时之内给他带回使馆的答复。不过皇帝不同意我的意见，他只想立刻实施自己的计划……

我曾和皇帝讨论过皇位和民国补助的问题。对于皇帝突然选择这么做，我认为事出有因。第一，皇帝天资聪颖，对于各种政治事件有自己的想法。而且，他明白自己目前的处境。那些教导他中国文学历史的帝师没有分析西方文明的能力，但是他可以对比中西方时局的变化。皇帝精通清朝的历史，也明白是什么导致了清朝的覆灭。而且，他并不怪罪那些革命人士。对于慈禧太后这样恶名昭著的人，他也直言不讳地讨论过，虽然这可能引起他的追随者的指责。皇帝年幼的时期，对于一些事情只能接受。例如，1912 年，他直接接受皇室同民国政府签订了一份令人不齿的协议，当时正是民国建立初期。不过最近三年，我发现皇帝非常不满自己现在的生活情况，不想接受民国的津贴。虽然，民国一直拖欠着大笔的补助金，但这也没有改变皇帝的想法。第二，皇帝日益不满皇宫中存留下来的腐败传统。一些人的恶劣行为让皇帝非常生气，他也曾跟我谈论过这些事情，在此我就不指出这些人的名字了。宫中各种有损皇家颜面的事情经常发生，例如贿赂、偷盗、报假账等。甚至，在太妃死去后，那些原本侍奉太妃的太监为瓜分太妃的遗物发生争执。更让皇帝生气的是，当他想惩处这些人时，大臣、内务府甚至是其他三位太妃都以皇家颜面为由阻止了他。在那些人眼中，颜面很重要，假如让外界得知太监为瓜分太妃遗物而厮打，这会让太妃蒙羞，这是不可行的。最后，皇帝妥协了。皇帝明白，假如他放弃了尊称和津贴，那么皇宫就没有了保障，最终就会消亡。所以，皇帝想尽快实施这个行动。至于内务府，他们一定会阻止皇帝的，不然他们就无法获得利益了。皇帝必须对内务府保密，并在内务府能力范围不及的地方实施这个行动，显然使馆区域是非常合适的。我们无法断定皇帝的这个想法是否正确，但是皇帝认为他没有必要对内务府这些腐败贪婪的人负责，他的财产因这些人平白无故地损失了。而且，皇帝个人花费的钱财并不多。国民正处于水深火热中，皇帝却一直享有津贴，这让他觉得非常愧疚，何况这些津贴还被内务府那些无用贪婪的人瓜分。

皇帝认为这些条款可以废除，皇室不应该向民国政府收取每年四百万的津贴（民国政府一直拖欠这笔津贴）。如果是保证太妃和皇帝体面的生活，也不用这么多钱。对皇室而言，完全有能力不依赖这些津贴也可以过舒适的生活。皇室拥有很多资金以及固定资产，不过在过去的这些年，这些财产没有管理好，被一些人瓜分了。尚且不论这皇室是否还拥有多少资产，至少在1912年，"优待条件"签订之前，管理皇室财产的人还是尽职尽责的，得益于这些人的才能和忠心，皇室以及皇族的侍从一直过着舒适的生活。皇帝和我都觉得，是内务府促进"优待条件"签订成功的，这样那些贪婪腐败的官员、内务府成员的收入就能得到永久的保证。这些人根本不想自力更生，他们都想在清朝覆灭前多赚一笔。我在紫禁城任职的这几年渐渐明白了一些事情。没有谁真正在乎皇帝的利益，不过皇宫的人会在乎皇帝的安危。毕竟，如果没有皇帝那就意味着他们无法达成自己的目的。他们在乎的是皇帝活着，而不是他的身体健康。不然，在治疗皇帝眼睛这件事上，我也不会和他们斗争很久，以离职为要挟，才能为皇帝请到外国医生。不过很幸运，假如现在以离职为要挟，为皇帝寻找医生，我想内务府那些人会痛快地答应我的。

　　以上这两个是皇帝急于放弃尊称和津贴的主要原因。他已经无法忍受目前的身份，非常想脱离这一切。其次，皇帝想彻底除掉腐败恶习。虽然有的人提出改革的方式，不过皇帝已经没有这个耐心等待了。他认为若想彻底消除这些腐败，就必须废除皇宫制度，拒绝民国政府的津贴。

　　第三个原因是已经废除的国会很可能再度建立。那些激进的共和人士也可能会建立其他的组织。皇帝明白，只要出现这样的情况，"优待条件"很可能会被修改。如果国会正常运行，那么它首要的任务便是决定皇室的去留。想要得到国民支持的皇帝想自动放弃尊称和津贴。不过，如果国民误解皇帝意图，认为他只是顾及颜面才这样做，这会让皇帝伤心的。

　　此外，还有一个原因是我个人的观点，或许皇帝并没有意识到。我认为这个原因非常重要，假如谁能够熟知宫廷以及宫廷生活，那么他一定能够理解皇帝。我曾说过，皇帝生活的环境会损害他的身心健康。帝师陈宝琛曾开导过皇帝：历代清朝皇帝都要遵守很多的行为准则，很多事情都不自由。但是，宣统皇帝同他的先祖不同，他没有先祖拥有的权力。他明白，自己只是名义上的君主，他除了太监和皇室成员外并没有所谓的子民。皇帝若是有什么想法，即便这个想法是合理的，也会遭到一些人的反对。

我不赞成皇帝现在采取行动，还有一个很重要的原因。当时，中国处于群龙无首的境地，没有国会也没有总统，即便他宣布放弃一切特权和津贴，也没有哪个组织能够受理这件事。对此，皇帝表示同意。不过，假如恢复旧国会或者是建立新的国会，其场面很可能是政治家们的争执不休，皇帝很可能会被永久地忘记。

在此，我还要说一个重要的原因。之前，我首次写信给你和刘体乾，将皇帝打算放弃津贴的事情告诉你们。你曾告诉我说这样做非常仓促，应该让皇帝先对皇室的财产进行清算和调差，然后再考虑如何进行下一步。在过去的这些年，皇室的财产并没有得到妥善的管理，官员们腐败且贪婪，皇室财产不容易清算。然而，调查皇室财产意义非常重大。所以，我向皇帝提议建立一个组织专门负责清算皇室财产，并且得到了皇帝的准许。皇帝很明白，这次清点是要揭露出过去内务府的玩忽职守，所以不能够任命内务府人员，那样他们是不会认真彻底清查的。皇帝任命的人员都和皇室财产无关，你和刘体乾也是被任命的人员之一。皇帝还封你为"太保"，表示对你的信任，特许你可以随时觐见。当然，内务府成员和皇室财产有关人极力反对这一决定。但是，皇帝完全不理会那些人的抗议，他非常直白地让内务府人员告诉摄政王，他不想再受人摆布。对于这件事，皇帝的言行一定让大臣们经久难忘。

但是，我还是想告诉你，关于皇室财产的调查，可能会花费很长一段时间，皇帝是没有耐心等到结果的。皇帝认为皇家财产能否保证自己的生活同他放弃津贴无关。我非常支持皇帝。假如皇帝得知皇室财产能够保证他的生活，才将放弃津贴的消息宣布，这或多或少有损尊严。

或许你在这个组织内有着举足轻重的地位，所以我不得不说明一下，关于皇帝能够自由支配哪些资产，你一定要让民国政府明确了解。过去的几个月，有些报纸刊登紫禁城变卖财宝的事情，有人对此提出抗议，他们认为皇室根本没有处置这些财宝的权力，它们归属于国家。例如，《顺天时报》刊登了这样一则消息，说一个外国人作为中间人，将紫禁城内的一些天价之宝转让到国外银行。文中还说，这样做让中国失去了很多珍贵的财产。

这是皇帝告诉我的，所说的事情也算属实。但是，我并不是文中所指的外国人。无论如何，这同皇家颜面有关。我们也可以借这个机会，将这些财产分类，区别出国家财产和皇室财产。

关于皇帝想要放弃尊称和津贴这件事，刘体乾先生与我讨论过。他对皇帝的做法持反对意见，他认为皇帝可以放弃津贴，但是尊称可以继续保留。从你写给我的信中我看到你的观点和刘体乾的观点一致，我却不赞同。我认为皇帝如果想真正获得利益，就必须舍弃这一切。只要皇帝还是名义上的君主，就会有人因一己私利再度要求保留内务府，那样皇帝就无法真正摆脱目前的处境。这样的结果同现在的情形没有区别，皇帝依然受人摆布，还有一些人借助皇帝的名义中饱私囊。假如你为了皇室颜面要保留君主的尊称，我是不会赞同的。一些思想极端的报纸会一直用粗俗的语言攻击皇帝。那些支持共和制度的人会觉得皇帝保留尊称是民国动荡的一个原因。其实，这个观点还算正确。比如，他们认为皇帝保留尊称同民国政府是相悖的。西方人则觉得中国的皇帝和其他国家下台的君主相同，中国的皇帝也只是上一个时代的君王而已。他们认为放弃尊称并不是一件羞耻的事情，而且他们在报纸和言论中一直称皇帝为前任君主。无论皇帝是否放弃自己的尊称，在西方人眼中，他都是一位前任君主。

或许，您和他人的想法一致，认为皇帝如果放弃了自己的尊称，他就无法依据时局条件而进行重登帝位的活动。我个人不希望皇帝，以及我自己参与这种没有希望的计划。我比较担心皇帝的身心是否健康，不希望他成为行动的关键所在。中国若是真的施行君主立宪制，这种制度也能够让中国安定下来，那么，我认为现在皇帝的决策并无不妥。他这样做可以说是爱国行为，对于他日后重登帝位肯定大有益处。关于这一点，朱尔典爵士曾提到过，皇帝出国游历，结束学业，他在某一天也可能成为总统。其实，这个说法的可能性很大，不过需要前提，即废止紫禁城的旧制，不再享有民国提供的特权。不然，那些忠于皇帝的人或许会继续支持他，那些与皇帝敌对的人则会认为这是对民国的直接挑衅。

另三位帝师对于宫廷丑事和诡计束手无策，诚然，我们不能站在道义的角度指明帝师的过错并加以指责。他们都是思想陈旧的学者，不关注所谓的中国政局、文学和社会的运动，他们的目光都比较短浅。他们从来没有离开过中国，也不会其他国外民族的语言，或许这些人认为世界上只有中国存在发达的文明。一位帝师曾试图将自己的政治观念教于皇帝，我完全不赞同。皇帝曾对我说，他曾和其中一位帝师探讨津贴问题，他认为现在民国政府财政周转困难，人们的生活非常艰难，他想放弃津贴。对此，这位帝师劝导皇帝无须忧心，是民国剥夺了皇帝的权力，他们应该是皇帝的敌人。皇帝立即反驳，假如我同民国是敌对关系，那么我更不能接受津贴。而且，皇帝一定不会仇视民国的。无论是民国还是说反对他的人，他都给予理解的态度。一次，我同皇帝谈论一位革命派的将领。皇帝通过报纸对他也有所了解，他非常赞赏这位将军，认为他有资格成为国家的一位领导人物。我对皇帝解释，这位将领思想激进，他和多数南方革命派的人没有区别，一直攻击皇帝。对此，皇帝的态度很坦然，他说只要这个人能给国家带来利益，其他无所谓。

皇帝书房的墙上挂着一幅卷轴，内容是勉励皇帝要永远忧心天下臣民。当我听完皇帝的中国帝师教唆他把臣民当作敌人时，我对皇帝说，如果以后再碰到类似这样的话，他应该把他的老师叫到卷轴跟前，让他们把卷轴收起来，因为卷轴上的内容显然已经无效了。

我能一直坚持在紫禁城任职，是万分不舍与皇帝的情谊。在外人看来，摄政王、内务府的人员以及其他帝师和皇室人员都对我以礼相待，其实我们的关系并不好。这些人认为我要为皇帝不满宫廷的一切负责——皇帝越来越想摆脱宫廷以及他的处境。对此，我无可厚非。假如皇帝毫不在意宫内目前的情况，我之前的努力就付诸东流了，我大概会离开这里。皇帝最终依照自己的意思在皇宫进行改革，这导致很多人必须辞职，我却一直在宫内留任。不过，我不可能一直只担任帝师。紫禁城内的人都知道，我和皇帝的关系比其他人亲密。所以，那些被迫离职的人肯定会归咎于我，而且我是西方人，会更加仇视我。对此，我很难过，我只是做了我应该做的事情，但是别人却对我有所误解，他们认为是我的自私和虚荣，让他们失去了赖以生存的方式，我并不想给人留下这种印象……

挚友 庄士敦

1922 年 6 月 8 日 北京

从信中可以看出，我极力地阻止了皇帝离开皇宫，尤其是在那个特殊的时刻。不过，信中我并未说出一些我认为是琐碎的原因，其中有一个就是在宫廷制度崩溃的时候，我担心内务府的官员和王公们会采取一些极端的手段来保全自己，毕竟他们需要那个体系存活下去。就算是不采取什么手段，我相信他们也会重新选一位皇帝，一位听命于他们的皇帝，不过这个计划能否成功也很难保证。但他们会利用民国权威人士的关系，或者通过变卖宫中的财宝换取金钱来做准备，他们知道即使北京政府不支持，也不会反对这一计划的。此外，在解散宫廷制度之前，迫使内务府交出一份完整精确的皇室私人财产管理账本也是非常困难的。因为没有人准确知道这些财产的价值与范围，所以在核实这份账本时无法分辨真假。

让我更为担忧的是，皇帝一旦离开了紫禁城，他就成为了一名普通的公民，但是他之前的身份会被拥护帝制的人士所利用，使他成为恢复帝制的核心人物。我之前解释过，这些人暂时还没让皇帝卷入他们的活动中，是因为"优待条件"规定了皇帝的地位，他们让皇帝在那个时候参与他们的阴谋并不光彩，也很困难。但是如果皇帝拒绝了"优待条件"，情况就另当别论了，他们会很容易把皇帝拉进他们的阴谋之中。一旦皇帝离开了紫禁城，这些拥护帝制的人士就会将他包围，公认他为领导核心。如果在活跃的帝制分子的鼓动下，我们便无法理智地期望一个情绪不稳定的十六七岁的孩子会无动于衷了。

另外让我怀疑的是，皇帝主动放弃特权是否能够得到善意的反应，我想很多人会误解皇帝的动机，皇室的敌人会认为这是皇帝假装宽宏大量，只是为了摆脱退位诏书中规定的义务。他们甚至可能公开断言，这是皇帝对民国的背叛的隐藏，皇帝会成为帝制分子们的领袖。

还有，如果皇帝离开皇宫，最有可能接纳他的地方是英国使馆，如果皇帝在英国使馆里发布公告，那么英国就会被放在一个敌对的位置上，我也会遭受到来自各方面的谴责和诽谤，人们也会谴责皇帝是英国的傀儡，是英国让我诱使他剥削和掠夺民国政府和人民。

这些理由让我和皇帝的计划不同，我提议他召集王公和内务府官员，宣布自己履行搬到颐和园的条款，并任命调查皇室财务状况的委员会，让该委员会立刻起草一份大幅减少皇室花销和改革内务府的计划。搬到颐和园之后，他应尽快邀请国民政府进行谈判，一起协商修改"优待条件"和自愿放弃那些让他感到耻辱的特权。只要让皇室（除了毫无诚信可言的内务府）和民国政府都满意，那么皇帝就可以去欧美旅行了，然后去英国或者美国读大学，这是他期盼已久的计划。

而在信里我还提到了一件很重要的事情，那就是关于紫禁城中藏着大量珍宝的事情。这些珍宝，连皇帝都可能没见到它的千分之一。民国政府一直认为这些宝物属于皇室的私有财产，但是一些人却抗议说这些宝物是国家的。但民国政府不认为这些属于国家，他们清楚内务府只能通过变卖这些宝物来消除宫里的经济赤字，且没有阻止他们。而且，徐世昌总统以及他的继位者，并没有以此为契机，迫使内务府大规模改革，还为民国并没有履行"优待条件"支付津贴，造成内务府财政紧张不得不出售珍宝而道歉。

这些珍宝还是掌握在皇室和内务府的手里，就算它们每分钟都在被赠送、销售、抵押甚至偷取，那里还是收藏着大量的字画、瓷器、书籍、金银珠宝、玉石和其他物品。存放这些珍宝的武英殿还有文华殿，在1916年年底开始也被作为"中国艺术博物馆"对外开放，每一年都有世界各地成千上万的游客来这里参观并对这里收藏的珍宝惊喜不已。

不过这些参观的人都不知道这些财宝的所有权，连我也不知道，直到1923 年我得到了一份中文文件的副本后，才弄清了这件事情。

据我所知，这份文件从未在中国公开过，如果它没能使我的中国读者惊讶，那就真是奇怪了。这是一份写于 1916 年 9 月 11 日的文件，文中提及在 1914 年 1 月，民国政府和内务府派遣了一些人到沈阳和热河带回了藏在宫里的古物，民国承认这些收藏属于皇室的私人财产，并对这些财产进行了估价，当然其中一些是无价之宝，无法估价。皇室和民国政府签订协议，除了皇室收回的之外，民国政府按照估价购买其他珍宝，当然，民国政府因为财政紧张不能立即付款，于是这些珍宝暂被作为民国向皇室借的债款，直至民国政府完全有能力支付时为止。同时，武英殿作为国家艺术馆公开开放，由皇室的官员负责珍宝的监护管理。

另外一份文件则列出了令人感兴趣的这些珍宝的估价。从表格中我们可以看出，民国承认了这批珍宝属于皇室，并估计价值共达 350 多万元。我可以代表宫廷声明，这些金额没有支付过一块钱。就是说，民国政府以文字形式承认了这是皇室的财产，但是直到最终这些财产被没收，全款也没有被支付。它与"优待条件"一样，只是一张废纸。

毫无疑问，这些财宝价值连城（我怀疑官方的估价是非常低的）。在民国政府没收这些珍宝的时候，有人问过这些珍宝价值是多少，没有人说出过准确的数字，不过我听说它们至少值一千万英镑。这些珍宝在 1933 年日本和满洲军队逼近北京的时候再次出现在人民的视线中，不过是仓促地运往华中地区，当然它们最终的命运没人知道，热爱中国传统文化的人们都希望这些珍宝不要流散甚至流落海外，当然这是不可能的，有一部分的珍宝永远不可能再出现在中国，这是让人痛苦的事实。

紫禁城因这些珍宝变得美丽和辉煌，这里也是一个让人悲痛的地方。人们向往这里的奢华生活，可是谁又能体会到这里有被囚禁一样的痛苦？而且，有谁会比明朝最后一任皇帝更痛苦？崇祯被自己的大臣和仆人抛弃，留在身边的只有一位忠诚的太监。后来，他在绝望中杀死了自己的皇后，自己也随着皇后死去，摆脱宫中的束缚，奔向死亡的自由之中——如果死亡是一种自由的话。在他之后，清朝的君主顺治成为紫禁城的新主人，他充满活力且幸福地生活着，然而如果年轻的顺治皇帝的故事是真实的话，我只能说紫禁城里的生活其实毫无幸福可言。我曾在其他地方讲述过他的故事，在 1920 年我也讲述过。我对这个故事做了如下的结束语：

"如果世界上有一座宫殿可以称为监狱，那就是紫禁城。在这里，顺治皇帝渴望自由；大约 12 年前，清朝倒数第二位继任者光绪皇帝结束了忧郁的一生。那些不详的高大建筑群是 260 多年前一位皇帝的监狱；260 年后，仍然是另一位皇帝的监狱。"

而在现在，又一个年轻的皇帝正躁动不安着，他极力地想要挥动自己准备许久的翅膀，又有什么可以奇怪的呢？

第十九章 龙与凤

　　皇帝订婚的时间是在 1922 年 3 月 11 日，那一天皇室发布了第一个选定皇后的诏令。也是从这天起，一直到 12 月 1 日正式举行婚礼，皇室不断地发布着各种诏令，来宣布婚典的各项礼仪准备。

　　在第一条诏令颁发后的第 4 天，宫廷官报报告，皇后的父亲荣源进宫表达了他对皇帝的感激之情。他也被赏赐头品顶戴，册封为御前大臣，并得到了在紫禁城中骑马的特权。同一期的宫廷官报还宣告了一个诏令，宣告亲王载涛、帝师朱益藩、内务府首领绍英还有内务府大臣耆龄四人成为婚礼大臣，负责安排皇帝婚礼的所有事宜。

　　紧接着便是将皇后送回北京，不过这是为了让皇后在皇室的势力范围里接受必要的宫廷礼仪的培训，她还没有资格进入紫禁城，也没有得到觐见的允许。为了接她回京，宫里派了较多的官员和太监前往天津，直到 3 月 17 日他们才在一趟专列上顺利接到皇后。除了皇宫派出的人迎接皇后，民国政府也派出了仪仗队迎接，当她从火车站坐车前往她父亲在北京的住处时，军队和警察早已在她经过的街道两旁列队，只要她经过就会致敬，这是民国政府对这位年轻女士尊敬的表达。在大婚之前，皇后将要在她父亲在北京的住处中待上九个月。这所住处位于北京城东北部一条叫"帽儿胡同"的僻静街巷里，离神武门大概有四分之三公里远。从她正式入住之后，这个住所就更名为"后第"，意思是"皇后的宅第"，她的父亲也要向自己的女儿让出这里的优先权。

4 月 6 日的早晨，这一天宣统皇帝会穿上礼服来到寿皇殿祭拜，在寿皇殿里陈列着皇室祖先的画像，我们的皇帝就要在此面对祖先庄严地告诉自己即将订婚的事情，这是皇室的一个传统。到婚礼的前一两天，他还要去太庙里向祖先们宣告婚典的日期，这些仪式分别由礼亲王和义亲王负责。

在大婚之前，还有三件事最重要，分别是 10 月 21 日的"纳彩礼"，11 月 12 日的"大徵礼"和 11 月 30 日的"册封礼"。这三个日子，都是宫廷钦天监选定的吉祥日，从形式上看这三个仪式在很多地方并无区别。在所有的仪式中，都会让仪仗队从紫禁城的乾清宫步行到"后第"，然后皇后的父亲荣源会跪在大门口的红地毯上恭迎天子的特使。同时，每一次仪式，走在队伍最前面的人都是皇帝特别任命的亲王，他们的手里会持有象征皇室权威的"节杖"。即便相似，每个仪式也有不同的重要含义。

第一个仪式，"纳彩礼"所送出的彩礼是按照大清朝的先例严格挑选的，其中包括两匹马、十八只羊、四十匹绸缎和八十匹布，轻便的东西则会装在一裹着黄绸的龙亭中。

负责将彩礼送给皇后的人都是王公贵族以及内务府的官员，这些人会在乾清宫前方的方正广场集合，然后在天子特使和司仪的指挥下各就各位。接着，一位传令官会上前，来到龙椅东侧的某个地方站下，大声宣读圣旨：奉天承运，已颁令诏示候补道台、世袭六品贵族荣源之女为皇后，现特令亲王

凤凰

持皇权节杖行纳彩礼。

接着，节杖就会被人从御座前的案桌上庄严举起，并移交到皇帝特使的手中，然后他就走到仪仗队的前面，带领整个行送彩礼的仪仗队慢慢通过紫禁城，穿过神武门，走过人群拥挤的街道，最后到达新娘的住所。让人匪夷所思的是，和他一起前来的，并不只是宫廷的人，还有民国的骑兵和步兵，这是很有趣的，民国总统和政府居然对皇家队伍在首都街道举行这样的盛况毫无怨恨。

在"纳彩礼"结束后两周，便会举行"大徵礼"。这"大徵礼"标志着仪式的第二个步骤的进行。此时，又一个传令官会站在同样的位置宣读内容大抵相同的圣旨，只有结束语不一样。在这一次仪式中，亲王如同第一个仪式一样手持节杖前往"后第"，不过是赠送礼物给新娘和她家里的其他成员，但这一次的礼物要比第一次贵重得多。

不过最让人印象深刻的还是最后的"册封礼"，它在皇上大婚前夕举行。这个仪式中，御座前会摆上三个礼桌，中间桌子放着帝王节杖，东边桌子放的是金册，剩下那张桌子是金印。金册和金印都是为皇后准备的，她要在出嫁那一天将这两样东西再度带回宫中。

除了上面所说的三件东西之外，还有一个尊贵的物品暂时放在乾清宫里，那便是迎接皇后的二十二抬大轿。这个轿子的周边挂满了奢侈豪华、工艺精致的红色和金色绸布，每一匹绸布上都绣上了具有不同含义的图案。其中，最让人注目的是轿子顶部的四只银凤，这顶轿子因此也被叫作"凤舆"。在中国，"凤"被当作是百鸟之王，象征着幸福和好运，"凤"一般被翻译成"长生鸟"，但中国的凤和希腊神话里的长生鸟没什么关联。"凤"代表着一个幸福而富有的新娘，在中国它一般都是皇后的形容词，就像另一种传说龙一样，代表幸福而富有的新郎，主要是皇帝的象征。

在宫殿的东西屋檐之下，悬挂着一些乐器，这些乐器只有在进行一些大典礼的时候才会使用，乐师们用这些乐器弹奏据说是中国文明史上最古老的乐章。

当这一切都已经准备妥当之后，皇上就会身穿龙袍走进宫殿，在检查了金册和金印之后便登上龙椅。与此同时，乐师们也开始奏出"中和乐"中的"韶乐"。这段音乐，据说是由两千多年前登上帝位的舜创作的。

在音乐结束之后，不论是王公贵族还是朝中官员，都会在大理石台阶上行三叩九拜之礼。行礼完毕之后，传令官便会宣布第三道圣旨，圣旨内容相似，只是修改了必要的部分。在圣旨宣读完毕之后，就会有人将节杖、金册和金印交到使者手中，使者又会将这三件东西交到皇后手里，再等仪仗队排好位置后，皇上就会从龙椅上起身，乐师们也开始演奏"中和乐"中的"咸池"。

当仪仗队到达新娘住所时，仪式比前两次都要复杂，这一次也是新娘第一次出席，正式接受金册和金印的仪式，要听使者宣读皇帝圣谕。宣读圣谕的整个过程之中，她都要跪着，随后她还要做出一些复杂的礼仪来接过圣旨，包括六次垂臂，三次下跪以及三次鞠躬。等仪式结束后，仪仗队便开始返回宫中，新娘会在福晋的伴随下将仪仗队送到内院的中门外。

其实在这一天早晨，淑妃会被作为新娘的身份先入宫。这个比皇后先入宫的人，引发了许多无知荒谬的议论，特别是在西方人中间。显然，淑妃的存在就相当于重婚，在外国人看来，这样破坏了皇帝的婚礼应该展示的浪漫魅力。不过她虽然不是皇后，地位也是非常尊贵的，她也有可能在后来成为皇后而且她的儿子也可能成为皇帝。她的订婚礼和结婚礼与皇后的差不多，只是仪式要比皇后的低一级，她先于皇后入宫，也是因为需要她率领宫内所有妇女，第一个迎接皇后进宫。

在满族的婚礼习俗之中，新娘入宫的时间确定为凌晨4时，她需要在3点的时候从家里出门。这个时候，皓月正当空。

将凤舆从乾清宫抬到皇后家里也是一个庄严的仪式，先由太仆寺的普通轿夫将凤舆抬到前院，然后交给太监们抬到与各个庭院相通的主客厅，接着把轿子放下，这个时候，正面要朝着寓意吉祥的东南方向。根据占卜，那个地方现在已经被幸福神笼罩了。最后穿着华丽婚袍的新娘已经做好准备，由福晋请入凤舆，再抬轿出厅，穿过院子，走出大门停放一下，换上普通轿夫来抬轿。然后，整个队伍开始向紫禁城出发，新娘家里不会有任何人参与这个队伍，而且新娘的父亲也会一直跪在红地毯之上，直到整个队伍完全消失在他视线中为止。

这次仪仗队里包括了民国的一些骑兵和步兵，还有警察、皇家护卫队，以及演奏中外乐曲的两个乐队。随行的，还有一辆盖着黄色绸缎、顶部有银球的空轿子，三辆老式北京马车，和轿子一样的打扮。这两样东西，都是为皇后日后出行而准备的，因为凤舆在以后不能再用。在行进的队伍之中，还有六十人抬着大型的宫灯，七十多人抬着龙凤旗和华盖，众多的仆人捧着装有金册、金印以及嫁妆的黄色龙亭。在队伍的最前面，是持有节杖的皇帝的特使庆亲王，副使郑亲王则手持圣旨。在两位使者的后面，则是端着掌上香炉的人，香炉散发出渺渺香烟。在后面是二十二抬大轿，轿子的两侧都有御前太监守卫，之后就是内务府大臣、侍卫和骑马而行的护卫官。

大约一个小时之后，队伍就会从主门的中间通道进入紫禁城中，一直走到离乾清宫不远的通道处才停下来。此时，凤舆会被放下来，太监们会过来接替普通轿夫，然后庄重缓慢小心地将凤舆抬上台阶，进入四方广场。此时，包括乐师在内的大多数人就要停留在通道外面，他们没有接近龙椅的资格，只有手持香炉的人有权进入。一会儿后，凤舆便被抬进了乾清宫，落在御座前，此时每一侧都恭敬地站着亲王、福晋、宫女、太监以及包括我在内的帝师们和其他重要官员。

接下来就是新娘下轿的时刻了，不过这个礼仪要求只有女人和太监在场，所有亲王和宫廷官员都转身离开大殿，大门也被关上。

皇后在几位福晋和太监的帮助下下轿了，并被带到坤宁宫，在那里等待她的正是她16岁的夫君——宣统皇帝。皇帝在片刻之后会庄严地揭开红盖头，第一次见到自己16岁的新娘。

随后的仪式与其他满族婚礼上仪式相似，主要是喝交杯酒和吃长寿面。新娘祭拜皇室祖先等，都将在接下来的几天陆续举行。当然，这些庆典也是有好处的，那就是给宫里增添了不少的喜庆。在这些庆典中最精彩的，则是在 12 月 3 日举行的典礼。这一天，皇上会坐在乾清宫的龙椅上，接受来自王公贵族和宫廷官员的祝福，这些人都会穿上正式的礼服。在这些人中，还有民国的军政官员，他们穿着和满族服饰格格不入的西式制服。这些人有的是以私人名义来的，有的则是民国政府的代表，他们的出现不过是为了表达民国政府对遵守和皇室之间达成的协议的诚意，不管是名义上还是内容上。这必须承认，在关于皇帝大婚的事情上，民国政府都坚持着自己的承诺，以如同对待外国君主一样的礼遇对待着皇帝。

不过在这一次的婚典上，接待外宾成为一个亮点，它彻底打破了旧习俗。在婚典后的第二天，皇上就举办了一场清朝有史以来第一次针对外国人的非正式的接待会。值得一提的是，"老佛爷"在晚年也接待过外国人，是以君主的身份进行的国事活动。不过"老佛爷"的招待没有挣脱礼俗，男人和女人被分别接待，皇帝这一次则是男女一起。这一次接待会，是在接待了王公贵族和官员之后召开的。这次招待会，有近两百位的外国客人来到乾清宫，除了品尝茶点之外还获赠了一个小银盒的纪念品。皇帝没有坐上龙椅，也没有在大殿招待客人，由此可见这一次的招待会的非正式性质。皇后参与了这次招待会，和皇帝一样都未入座，他们是在西暖阁的小房间里接待来宾，和外国来宾一一相见。在那间屋子里，皇帝和皇后的两边站着的是两位福晋、两位内务府大臣，以及四名负责介绍客人的介绍人。

参加这次招待会的人几乎都是外国的使者，是驻民国大使而不是驻清朝大使，他们并不是代表国家，而是以私人名义来参加招待会的。

之后，皇上来到御座前的台阶上陪伴他们并致辞，他用缓慢却清晰的英文说道："今日在此，迎接来自世界各地的友人，实在是朕的荣幸。在此感谢各位的光临，并祝愿大家健康隆昌！"随后，他便从梁敦彦的手中接过一杯香槟，向客人们左右致敬，并把杯子举到了他的唇前。

对外国人来说，皇帝以前一直都是神秘之地的神秘人物，这是他们第一次见到他。他在各种艰难的情况下，一如既往地保持着似乎是满族王室与生俱来的优雅和高贵。他用他最坦率的方式，清楚地表达着属于自己的感受，显然他对见到外国男士和女士也感到很高兴，对他来说，东西方之间原有的障碍被一扫而光了。

无须多言，婚礼的花费是很庞大的，不过皇上也收到了大量贵重的礼物，其中就包括一百万现金，都是各地进献而来的。在婚礼结束后不久，内务府颁布了一个"红册子"，里面记载了这些贵重礼物和送礼者的名单。有趣的是，这个红册子暗示着官方和民间对清朝仍有某种程度的忠诚，当然孙中山及其政党的名字不在这个红册子内。红册子里，记载着的送礼人有冯玉祥，他送的是一柄大喜白玉如意，前总统徐世昌送来的两万元现金还有其他许多贵重物品，张勋送来的一万现金，各地民国官员也赠送了现金和其他精美的礼品，张作霖也送了一万元现金，黎元洪赠送了包括两万元现金在内的许多礼品。当然，还有王公贵族、宫廷官员、蒙古王公、活佛以及喇嘛也在红册子上。值得一提的是，皇上随后便将这些现金转赠给了慈善组织，用来帮助北京的贫困百姓。

实际上，婚礼期间收到的礼品，却在1924年11月被成为北京主人的军阀政客攫取了。尽管民国政府保证过不动皇室私产，不过他们的理由是这些财产都属于国家。不管他们为吞下这些私人财产找了何种理由，都不值得去讨论，因为皇帝是在退位之后才收到的这些礼品，完全属于个人财产，他们的行为是相当可笑的。甚至连我在皇帝婚礼和其他场合中送给他的几件不值钱的礼物，也被没收了。还有一件有趣的事情，便是冯玉祥将军动用武力控制北京之后，从没收的物品中很轻松地就找到了自己赠送的大喜白玉如意，然后又亲手赠送给了皇帝。

在皇帝大婚之前，皇帝还下诏提升三位太妃为皇贵太妃。圣旨大意如下：

> 敬懿、荣惠两位皇妃小心谨慎，全力侍奉穆宗先帝，端康皇妃侍奉德宗先帝，态度端正敬畏，极为负责；现值朕婚庆大典，朕特定赐三位皇妃"皇贵太妃"之称，以示尊崇。
>
> 着有司呈上典册，使之有效。
>
> 钦此

皇室的许多成员、帝师还有其他人，也被授予"大婚荣典"。皇帝的弟弟溥杰被授予辅国公，我本人也被擢升头品顶戴，陈宝琛成了太傅，朱益藩被任命为太子少保，内务府首领绍英则是太保，耆龄为少保。醇亲王的父亲，也就是皇帝的祖父也被追封了一个新的谥号。

婚典后的三天时间，也就是 1922 年 12 月 3 日到 5 日期间，宫中戏院上演着各种戏曲，都只邀请内廷成员。在当时，能被邀请到紫禁城里看戏被看作是很高的荣誉，每一次的要求都必须由皇上亲自下诏。而我也收到了邀请，邀请如下所说：

敬启者

现由奏事处传出，奉旨

赏庄（士敦）于十四、十五、十六日在漱芳斋听戏等因，钦此，

用特布达，专此即颂

公绥

内务府启

那三天，中国许多著名演员都参加了演出，一共演出了三十三部全戏和折子戏。看戏的时候，满族和蒙古贵族会穿着礼服，头戴孔雀翎，我在一次筵席上与一位老公爵相邻而坐，他曾经是"老佛爷"的宠臣。在他口中，我得知自从 1893 年以来，紫禁城就没有过这样的喜庆活动了。最不幸的是，皇后和女眷们都是坐在屏风后面欣赏戏曲，让这个场景失色不少。在这个冬日的三天里，宫廷的黄昏如同白昼一样，当然这并不是白昼。

第二十章　阴谋与计策

就算精心筹办婚礼，也没有让皇上满足宫里的现状。在他看来，很有必要成立一个调查并改革紫禁城和皇室财产的委员会，即便内务府官员还有王公贵族们反对，他还是坚持成立了。内务府一直作为一个严密的组织，在传统的强权之下，有着许多不可告人的秘密，如果这些秘密大白于天下，整个皇室都将无比尴尬。而且内务府不允许汉人的加入，他们认为那是荒谬的事情，内务府一直被视为清朝忠诚的侍卫，其人员空缺也是由任命制补充的。所以他们坚信整个调查委员会必须全部由满族人组成，否则将是摧毁内务府由满人垄断的开始。

要让汉族人加入内务府并成为永久成员，那是不可能的事情，主要原因就是醇亲王的介入（他是内务府的后台，肯定非常反对内务府的各种改革）。

但我的其他努力并没有成为泡影，虽然没能让汉族人成为内务府永久成员，却让汉族人加入了调查委员会中。就我个人而言，我是希望这个委员会都是汉族人，至少现在内务府的人不该加入，不过这是不可能的事情。尽管如此，我还是成功地让两个汉族人加入了委员会中，一个是在十八章的信件中提及的那个人，另一个是刘体乾，一个土生土长的中原人。

让人遗憾的是，前者一直身患重病不能上任，他认为只要内务府存在，而且它能够得到摄政王以及一些王公的支持，宫廷制度就不会得到真正的改革。他还认为任何的委员会在强大的利益阻力下，都不会取得成功。但刘体乾还是接受了任命，不过只有他一个汉人，他也没能在委员会中起到推波助澜的作用。但总体来说，这还是打破了内务府一直被满人一手遮天的现象。

我推荐汉人加入委员会的事情很快被内务府的官员知道，这让我和内务府的关系更为紧张，这一点可以从 1923 年年初的一件小事看出来。

在清朝被推倒之后，虽然皇室拥有"优待条件"仍然享有着皇室荣誉，但是其经济的来源都是由内务府经常拿一些财宝变卖或者抵押而来，我常提醒皇帝要进行改革。不过，出售珍宝和我没有关系，我也不会多说什么，毕竟在内务府存在的情况下，如果民国政府不支付津贴，皇室的存在就必须依靠这种方式来筹钱，就算我认为这种方式腐败且浪费也毫无办法。内务府只会将这些财宝卖给和自己关系亲密的商人，双方在知根知底的情况下，就算能够达到彼此满意的条款，却也低于了一般的市价，算是一种亏本买卖。宣统皇帝也不会多问，他没有学过金钱方面的知识，对宫里取走的珍宝的价格，他毫不知情。不过这一切，都被一位外国人搅乱了。

有一次，一批珍贵的收藏品送到了内务府，其中有一个六尺高的金塔。内务府希望皇帝批准他们变卖或者抵押，出人意料的是皇帝对这种做法非常生气，他引用我对他说过的话说，如果在公开的地方拍卖，这件珍宝获得的金钱将远高于他们私下售给的亲密商人。

就在当晚，这一件珍宝就被人送到了我家里，他们给我传达了内务府的口头消息，说皇帝让我处理这些珍品。我知道这是栽赃陷害，于是我要皇帝的手谕，他们说没有，我就让他们把珍宝带回去，还说如果皇帝要让我处理这些财宝，自然可以在我觐见的时候告诉我。不过这些人却坚持说自己接到了皇帝的命令，他们要将珍宝留在我家里，并让我开一个收据。我没有开收据，并告诉他们如果留下这些东西，我就会扔在大街上。最终，他们只好将珍宝原封不动地带了回去。

第二天，我就将这件事情禀报了皇帝，皇上很明智地说这是栽赃，为此他对内务府大发雷霆，希望其给出一个解释来。后来得到的答复说这可能是一个误会，这件事也就不了了之了。

如果说这件事并不足以惊心动魄，下面的事情则让我现在想起都心有余悸。

在皇上大婚后不到三个月的一天，具体时间是1923年的2月24日，当时的民国总统黎元洪举办了一个招待会，我有幸成为宾客之一。在那里，我见到了一位驻北京的外国公使夫人，她对我说她丈夫因为重感冒无法前来，但是他希望可以尽快地见我一面，有急事商量。听了她的话之后我便立马去了使馆，之后我便得知如下的消息：皇帝的弟弟溥杰已经连续三天拜访过他，并向他表达了皇帝决意秘密离开皇宫的意愿，皇帝让溥杰恳求大使可以帮助他，把皇帝接到公馆，随即去天津。

幸运的是，大使问过溥杰，他或者皇帝是否和我商量过这件事，溥杰的回答是没有，他们认为我不会同意，溥杰还说有某位王公参与了这一计划。计划中，皇帝到达天津之后，就会住在王公位于英国使馆的住宅里。这位王公已经提前将大量的宝物从宫里运到了那里。大使告诉我，他同意溥杰考虑这件事情，而且还留下了溥杰、王公的电话号码，不过溥杰回宫后就让大使务必不要给王公打电话，因为他还不想透露看法。

大使说完之后，就说他仔细考虑了这件事情之后，也对被囚禁在宫中的皇帝感到同情，决定在使馆接待皇帝，并亲自陪同他去天津。不过他说皇帝可以带着天子的尊严离开皇宫，但是到了使馆就不再是天子了，只能按主人的意思行动。

我听了大使的这些话之后，告诉他另一件事情。那是一件发生在1922

溥仪与罗宾德拉纳特·泰戈尔在紫禁城的合影

年6月的事情，宣统皇帝希望我可以带他到英国使馆，不过我没有那么做，因为我知道皇帝不可能在太监和侍卫一无所知的情况下，离开紫禁城半步。一旦这些人发现他要离开，就必然会发出警报，除非对他们进行贿赂，以使他们对此保持沉默。

离开大使馆的第二天，我便向大使通过信件作了回复："昨晚，我认真地思考过你说的话，觉得你的拜访者的计划十分草率。如果实施这个计划，对那个你我都很关心的未来说，结果是不幸的。我不会参与这个计划，尤其是我确信我参加这个计划将要遭到英国使馆还有政府的强烈反对。如果当事人就这个问题问我，我的建议就是不要那样做，不过我也不会采取任何主动的措施来阻止这个计划，因为我不会辜负你对我的信任。"

很快，这位大使就给我回了信，他的信件内容让我知道我并没能改变大使的决定："我的拜访者溥杰告诉我，对于这个计划还有另外一个很有决心的人，而且他说这个人是经过仔细考虑的，并决定今晚就采取行动……我已将此事告知阁下的事情告诉了溥杰，他并未感到奇怪。如果你认为很有必要，请在今天下午到使馆内看望我们的朋友，如果可以还请告诉我你们的谈话结果。"

我立即作了回复："非常感谢你写信给我。我已经决定，今天下午不去拜访我们的那位朋友。据我对他性格的了解，我现在无法改变他的主意。而且，他很清楚我真心赞同他的总体态度，我一直赞同他为改变生活而努力。我不赞同的只是他现在这个方案。现在，我只希望计划能够顺利实施，我不祥的预感不要成为现实。事实上，他得到您这样一位具有影响力和同情心的朋友的帮助是非常幸运的。"

等到这封信到达使馆的时候，已经是黄昏，我一直在家里等待消息，直到当晚开往天津的最后一列火车离开，我才接到大使的电话，他告诉我计划失败，皇帝并没有去使馆。

第二天早上，我便早早地来到了使馆听大使讲述，不过他对这事知之甚少。按照计划，溥杰该用自己的马车将皇上带到使馆区，但在约定的时间皇帝并未出现。后来，皇帝给大使亲自打了电话，希望大使可以派车去宫门口将他带走，不过大使拒绝了这样的请求。大使坚持自己不做其他事情，他只会在皇帝以个人名义出现在使馆之后，让他进入使馆然后陪同其前往天津。大使还告诉我，他昨晚还为前往天津做好了一切准备，比如买车票订包厢。他对于皇帝为什么没有出现一无所知。

2月27日，我得知了其中的缘由，这一天正好是宣统皇帝生日的前一天，我被召见。和皇帝会谈的时候，只有他的弟弟溥杰在场，皇帝已经知道我知道他要离开皇宫的事情，他解释说，那位王公告诉他，不能将这件事告诉任何和宫廷有关的人，他才没有征求我的意见。

计划失败的原因是多方面的。溥杰为了顺利实施计划，多次在紫禁城和使馆区奔走，他每一次出宫都会带上一些小皮箱。他这样来来回回，而且还搬动这么多箱子，势必会引起宫里人的怀疑。还有一个理由值得相信，那就是溥杰的仆人已经秘密地将他们的计划告诉了醇亲王，皇帝为此做的准备也引起了太监们的注意。最终的结果便是一个紧急的电话将内务府的大臣们召集到宫里，所有大门的门卫都被更换，只要皇帝离开，不管从哪里走都会遇到阻碍。皇帝最后希望大使可以主动帮助他，所以他主动向大使打电话求救，不过就算大使真的派车过去，皇帝也根本无法上车。

参与这次计划并负有主要责任的王公却依然在幕后，并拒绝承认和此事有关。而且在这位王公的恳求下，皇上和溥杰都采取了沉默的政策，他们的沉默并不会对他们带来什么后果，毕竟作为醇亲王的儿子，他们就算态度倔强也不会受到任何惩罚。但不幸的是，那些参与了这次计划但作用却很微小的低级官员们却无法逃脱惩罚。

不过对于这次计划的失败，宣统皇帝比我想象中还要沮丧，他急于想从那被奴役的地位中解脱出来，我感到很困惑。不过等我们谈话结束之后，我相信这个计划并不是皇上提出来的，他只是被劝服成为一个领袖角色，这件事的真正推动者应该是那一位王公（我始终不愿意提起他的名字）。

皇帝和溥杰的沉默让内务府的官员还有王公们感到不安，虽然其中一位王公是假装的，怀疑我是主谋的说法很快在宫中流传。这样的怀疑最早出现在皇帝生日当天，以往我到宫中祝贺都会得到王公和官员们的特别关照，但这一次招待我的却只有普通的茶点，直到我离开，和我说过话的也只有苏拉和太监。

我的同事陈宝琛在第二天拜访我，可能或多或少他也受到了内务府的委托问我一些问题，以便打听到什么蛛丝马迹。我不会告诉他我所知道的事情，也不会告诉他我所怀疑的事情，我确定地告诉他我与此事毫不相干，不过他看起来并不相信。

第二位拜访我的是民国总统的一位秘书，他给我带来了一个让我吃惊的消息：民国政府、议会成员、曹锟将军、吴佩孚元帅还有前总统徐世昌都知道了此事，并把我当成了这场阴谋的罪魁祸首。面对他的疑问，我的回答和答复陈宝琛的一模一样。就算后来我们进行了两次会面，我也没有多说什么，他却告诉我政府已经决定彻查此事，并已经授权王怀庆将军调查那些明显被收买但是作用微乎其微却又必不可少的仆人和侍卫，这样看来，那些不幸的人又要遭受折磨了。

幸运的是，这些极端的手段还未使用，整件事情的真相便大白于天下了，此事引起的骚动也突然消失了。4月18日，我给一位英国官员写了一封信，内容如下：

> 皇帝并没有受到什么严厉的惩罚或限制，他只和我说，守卫城门的那些侍卫曾被人警告，如果放他出去就要被枪毙。他的私人电话也还保留着，这真是万幸。那些官员都很庆幸自己在这次的事件中没受到牵连，要不然他们就要被贬为庶民了。我认为，这件事得以平息的原因在于那位位高权重的王爷，他被卷入了这件事中。我得知皇帝已经让他在天津建了一座房子，房子在英租界，和那位王爷的房子相隔不远。前几天，那位王爷来拜访我，告诉我那座房子是他本人的，如果皇帝能够成功出走，那里就属于皇帝的住所了。与此同时，他还恳请我不要向任何人提起这件事。显然，他们应该

延恩侯

会派我到那里和皇帝会合，并安排皇帝出国。我可以想象得到，那
位王爷想让张作霖做皇帝的庇护。我突然想起，那位王爷与张作霖交
情不浅。

在这件事情之中，皇上并不知道这个密谋进一步的细节，他唯一知道的
就是他可以离开紫禁城，前往国外的愿望即将实现。

后来，我从一些零碎的证据中发现，皇上是不可能出国的，整个计划的
真正目的是将皇上送往东北。在天津，张勋会成为皇上的护卫和保护人，并
在那里告诉皇上他应该先祭拜位于沈阳的祖先陵墓，并宣布他的婚礼。只要
皇上同意了前去满洲并成功到达，那么他也就受到了真正统治者的直接保护。

由此可以看出，这次计划的真正主谋是满洲权势军阀张作霖，以及他的
姻亲张勋。而那一位不知道名字的王公，其实在这件事情中并没有发挥重要
的作用。他唯一的作用就是安排皇帝出走，并将他平安送到天津。对张作霖
来说，不管这个计划是否成功，他都不会被怀疑，这也是这个计划为何会选
择皇上大婚后的几周执行的原因，这样皇上就有一个合理的理由去东北，因
为祭祖是最好的借口。

尽管整个计划被要求严格保密，但是谣言却在宫里传播开，说是可能发
生大事。而这个谣言，是在计划出逃的两天前，皇后的父亲荣源拜访了自己
的一位美国朋友，表达了自己对局势的担心，因为他从那位知情人那里得知
五天内将发生大事。内务府和皇室对皇上计划逃离的那天晚上，才有所警觉，
并对皇上采取了严密的监视。

现在我们弄清了皇上如果离开紫禁城会引起中国政界怎样的动荡，当时
华北的掌权者在原则上是不反对皇上自由行动，他们自然知道皇上不能成为
国家的囚犯。不过让人们猜疑皇上的目的地是东北，局势就会立即动荡起来，
其中一个原因就是如果在东北建立一个以张作霖为幕后的皇权，那么从北京
到洛阳一带的政治军事集团，就会受到最大的威胁。

计划最终失败，虽然那位王公不值得提及，或者是没有经过他允许我不

会透露他的名字，但张作霖还是不会原谅他这一次的失败，每次提到这位王公他都不高兴。而张勋对这次的失败，也是感到非常失望，这也让他加速了自己大限的到来，于同年9月去世。

皇帝秘密出走的事情直到三个月之后才被外国的一些记者刊登出来，不过这些都已经成为了历史，在我的私人谈话中，我也很少提及。皇帝开始投入到其他的事情中，那就是对皇室财务和管理进行调查的委员会的工作中。如果没有皇帝的鼓励和坚持，这个委员会是不会和顽固反抗的内务府进行抗争的，毕竟这个委员会除了一个汉人之外，其他都是内务府成员。

那时，皇帝突然发布了一个让宫廷惊慌的诏令，在诏令中他表达了自己对内务府开销的不满，要求从现在的600万减至50万。但这不是让内务府受打击的主因，真正打击内务府的是皇上要清点皇宫内现有的珍宝，并检查宫中的进出账目，还要对各种东西随意抽检。很快，皇帝就发现，很多他想看的珍宝都消失不见了，他对此十分生气，引起了宫里的一次大恐慌。

有一天皇帝宣布他要对一部分空房子和存储宝物的宫殿进行检查，当时我也在场。西北部的建福宫成为第一个被检查的地方。遗憾的是，6月27日黎明，建福宫就在一场大火中化为灰烬，造成了严重的损失。随后，皇帝得到了损失报告，被大火烧毁的贵重物品多达6643件，抢救出来387件。在大火中失踪或者不可弥补的物品一共有2685座金佛，1157幅画卷，1675件佛教祭祀用品，435件艺术品，还有数千册书以及31只装有黑貂皮大衣和皇家服饰的箱子。

最终这件事还是交给了内务府去清查原因，当然不会有什么实质性的结果，人们没能找到火灾的起因，就算找到了也不会公开。内务府的态度很明确，既然损失无法弥补，那就尽量少说为妙。他们以为人们很快就会忘掉这件事情，这对相关的人来说再好不过。

不过让他们失望的是皇帝并没有忘记也没有停止质问，尽管这让人无法回答。紫禁城平静了几个星期，但这是暴风雨来临的前奏。火灾发生后的第十八天，暴风雨终于来临了，这件事给北京的满汉人士造成的影响，远比火灾来得严重，简单地说就是几千年存在的太监制度在这一天被废除，紫禁城的全部太监被扫地出门。

为了达到这个目的，皇帝进行了周密详尽的计划，同时还让王怀庆将军帮助他实现自己的计划。当天，所有太监在王将军部队的监视下被集合在一起，当他们听到被遣散的消息时，现场一片沉默，不到一个小时之后，他们就通过神武门永远地离开了紫禁城。接下来的两三天，他们也是陆陆续续三三两两地回到宫中拿自己的物品，还有领取遣散费，遣散费的多少取决于他们的年龄和资历。

在这件事情上，皇帝还是遇到了一个难题，就算他用强硬的态度从父亲醇亲王那里得到了废除太监制度的同意，却还是没能够取得和三位哭泣的太妃作斗争的胜利。太监对她们来说，是不可缺少的，或许是她们的眼泪，或许是她们利用母权取得了胜利，皇帝最终做出了让步，给她们留下了大约五十名太监，这五十名太监自然非常受宠。

对于皇帝的这一做法，中国的报纸表达出一致的赞扬，许多文章都赞颂皇帝是一个有品性和理智，以及愿意接受现代思想的人。其中，中国一位新闻界的权威学者评论：“退位的宣统皇帝的这次行动，本报和人民对此表示欢迎。宣统皇帝被看作目前为数不多的几位满族进步王公之一。如果他早出生 30 年或 50 年，可能就不会有中华民国了。”

一些报道还提及了我对皇上的影响，不过语气很不友善。在遣散太监几个月后，我不断收到了很多的匿名信，有的是希望我让皇帝改变主意，有的则是直接威胁我——如果不能恢复太监制度就要我偿命。

第二十一章　御花园的岁月

　　建福宫遭受了一次无法恢复的灾难，损失巨大，不过在一定程度上也带来了些好处。清理完毕的建福宫为皇帝提供了一个可供娱乐的绝佳之地。皇宫的御花园亭台楼阁，假山环绕，根本没有足够大的空间。而建福宫的空地则可以让皇帝自由地进行户外活动。1923 年 10 月 22 日，紫禁城内举行了第一次网球对战赛。我和皇后的弟弟润麒一组，皇帝同他的弟弟溥杰一组，至于比赛结果，完全没有悬念。不过，若是 1934 年我们能再次对战，胜负两方恐怕要调换一下了。

　　1923 年年底之前，我和皇帝的关系发生了转变，我对他而言不再是帝师而是一个非常重要的朋友。皇帝大婚后，我觐见皇帝的时间和地点变得不确定，因为皇帝不必在毓庆宫学习。不过，我还是可以每天和皇帝度过一段美好的时光。我们见面的地方可能是寝宫也可能是御花园（皇帝与妃嫔专用的散心场所），或者是建福宫的空地上。

除了户外运动，宣统皇帝还有很多事情可做。遣散太监后，皇帝改革的心情非常急切，不过总遭到内务府的阻拦。皇帝逐渐明白，内务府总管大臣不能再是绍英，而应该是一位刚正不阿，富有经验的人。不然，改革就无法顺利进行下去。但是，皇帝很苦恼，因为没有一位满族人符合上述条件。

之后，宣统皇帝明白这个职位必须得由汉族人来担任。不久，皇帝发现有几位汉人非常符合条件。这些人不但学问渊博，也曾在宫廷任职，最重要的是，他们多次拒绝民国政府提供的官职，可见这些人对朝廷忠心耿耿，而且他们的名望会给步入黄昏期的宫廷带来更多的光明。这些人当中包括罗振玉、王国维以及郑孝胥。罗振玉和王国维名扬海外，前者是历史界的泰斗，后者为考古界的权威；郑孝胥也是非常忠于皇室的人，不过当时知道他的西方人很少。

宣统皇帝首次召见郑孝胥是在 1923 年下半年。当时，帝师陈宝琛向皇帝推荐了他。皇帝只是和他交谈过两次，就非常赏识这个人的品格，希望能同他交好。我和他也有交流，有一次，我同郑孝胥父子就宫廷的黑暗以及皇帝的政权问题进行了一番探讨。后来，皇帝向我询问对郑孝胥的评价，我说，我到访中国已有 25 年之久，他是让我最为敬佩的人。

郑孝胥，字苏戡，曾在朝中任职，做过文官也管理过军事机构，可谓是前程十分光明。因为忠于朝廷，民国成立时，他果断地拒绝民国政府提供的官职，可见他并不是醉心功名之人。他曾写诗给自己的儿子，告诫他"功名如鸿毛"。郑孝胥反对共和政体，对皇室的忠诚让他拒绝为民国政府效力。另外，他也不看重富裕的生活，否则在我同他相识的时候，他早就能够富甲一方了。他宁可做一个贫苦的人，以变卖书画谋生。

郑孝胥在民国建立后专注文学，在书法和诗歌方面取得了巨大的成就，成为了中国一位学识渊博的儒生。我认识他的时候，他已经六十多岁了，却依旧精神矍铄，像年轻人那样充满朝气。对于郑孝胥而言，他的信仰便是对清朝忠诚，这也是他极为爱国的表现。他反对共和，认为国家因革命陷入深渊。1912 年，当他听到皇帝放弃皇权时，便作诗一首，感叹"大乱从此起"，这句诗可谓是对中国的一句预言。

这位不图功名，不肯效忠民国政府的郑孝胥接受了宣统皇帝的任命，担任内务府总管大臣，负责改革内务府的制度。表面上，内务府由绍英同他一起负责，但这只不过是为了保全绍英的颜面。宫廷的人不久便明白，郑孝胥完全掌握着内务府的大权。对此，利益遭受损害的一些人立即反对郑孝胥，并对他实施恐吓。但是，郑孝胥是一位勇敢的人，完全无视这样的威胁。他上任不久，便受到一位蒙古族的亲王的宴请。我们在宴会上相遇，他给我看收到的威胁信。信中说如果他不立刻离开内务府，就要取他的性命。然后，我看着郑孝胥撕了这些信件。这些威胁对郑孝胥而言根本不是阻碍，真正让他遭受阻碍的是一个联盟。联盟由一些满族亲王以及在内阁和民国政府握有权势的人组成，他们对郑孝胥非常憎恨。

内务府也想尽办法逼迫郑孝胥离职，他们不惜使用卑鄙的手段诋毁郑孝胥，说他是为了掌控宫廷内的珍宝才接受内务府总管大臣的。郑孝胥的操守人尽皆知，没有人相信这谣言。他可以继续整顿内务府，三个月后，宫中每月都可以省下好几千元的开支。事实证明，郑孝胥如果能继续整顿内务府，宫中财政合理化将指日可待。

1924 年年初，宣统皇帝将御花园的一座楼阁赐给了我，这可是前所未有的事情（宫中的官员告诉我的）。这座阁楼名为"养性斋"，意指"修心养性的地方"，分上下两层，位于御花园的西南方，距皇帝的养心殿非常近。皇帝考虑到我是西方人，阁楼均按欧式风格来修筑。如果他能够提前询问我的意见，我肯定会在里面摆一些具有中国风味的家具，也会摆放我收藏的书籍，让阁楼显得更别致。阁楼里有几间房子，其中一间是卧室。阁楼一侧还有一间房子，用来安置我自己的侍从和宫中的侍从。皇帝时常和我在这里见面，我们像普通朋友那样相处。平时，我也可以在这里休息或者读书写字，消磨大部分的时光。有时，皇帝会命他的侍从将御膳带到阁楼来，和我在这里用膳。偶尔，皇帝也会带几位皇室成员过来用膳。另外，皇后以及端康太妃也是这里的常客，她们也时常在这里用膳。通常，皇后由伊莎贝尔·英格拉姆小姐陪伴着。这位美国姑娘曾经负责教授皇后的英语，后来嫁到了宫廷。有时，皇帝会让我去储秀宫同他一起用膳，那是皇后的寝宫，也是一处不拘礼节的地方。

皇帝经常带人到阁楼来，其中有一位倔强的老忠臣，叫辜鸿铭。当时，皇帝是私下召见他，并让他在御花园用膳。他以前未曾有过被召见的经历，因此非常激动以至于不知所措。他一直非常沉默，小心谨慎，这不是他平日的样子（我曾见过他）。虽然年轻的皇帝随心所欲，自由自在地与我们交谈着，但他依旧紧张到无法说话。后来辜鸿铭一直以这段经历为骄傲，据说他临终之前，这一天发生的事情仍然让他感到宽慰。

辜鸿铭曾留学苏格兰，结交了很多外国友人，但仍然忠诚于皇帝，而且排斥西方人。辛亥革命爆发后，他更加排斥西方人，并且认为是西方思潮导致了中国革命爆发。他一直反对西方的思想，认为它同中国传统精神格格不入。他曾说："这种暴力行为是由英国和美国传入中国的，这是中国爆发革命，推行共和政体的罪恶之源。中国那纯粹的精神是世界文明最为珍贵的一部分，却因为革命遭到破坏，假如再不停止革命，那么欧洲文明乃至世界文明都会被摧毁。"

辜鸿铭并不是杰出的学者，他和那些出国学习的人相同，将大量时间放在英语和其他的知识上，忽略了对中国文学的学习，他回到中国后也未能深入学习中国知识。不过，他非常热衷于儒学，认为中国文明继续发扬的本源必定是儒家教义。他曾写书翻译《论语》，他的翻译非常烦琐，而且有错误之处，但是我们应持宽容的态度。他经常夸耀自己的英语，其实他的英文水平一般，甚至要逊色于那些年轻的学者。另外，他还对拉丁语有些了解。辜鸿铭总是将自己热衷的话题过于理想化，容易同他人争论。他认为中国目前动荡的局面将会越来越糟糕。虽然，他笃定中国人非常懂礼节，但他自己却显得粗鲁。与他有过接触的人都知道，他虽然显得非常狂妄，但这并不是他的本性。辜鸿铭在某些方面是值得我们尊敬的，同时他也是一位落后于时代发展，典型的旧中国的遗老。要补充的是，他非常正直，不会为了钱财放弃君子之行。曾经，他也在朝廷中任职，也有机会中饱私囊，然而他没那样做，他一直都贫困潦倒直至死去。

辜鸿铭一直认为中国是礼仪之邦，并引以为傲，但在一位非常著名的宾客访问北京的时候，北京的一些学生团体却发生了令人觉得丧失仪态的事。1924 年 4 月，一个文学组织成功地将泰戈尔邀请到北京。当时，胡适和徐志摩都在这个文学组织，他们一个是学术界的权威，另一个是极具才华且参与创立新月派的诗人。泰戈尔到访中国时，无论学术人员还是其他领域的人员都有非常强烈的抵触西方文明的情绪，泰戈尔因此被冷淡对待。我不希望泰戈尔在回国之前认为中国人缺乏礼仪，就向皇帝请求，让泰戈尔进入皇宫。我提前让皇帝看了泰戈尔的诗歌（翻译后的版本）。皇帝同意了，指定见面地点在我的阁楼中。我想无论是皇帝还是这位诗人，都会非常高兴。当时，郑孝胥也参加了这次会面。我非常庆幸，两个国家最杰出的诗人能在皇帝的安排下聚在一起。

1924 年，皇室的规矩已经渐渐失去了束缚皇帝的效力。宣统皇帝得以同更多的外国人会见。我为皇帝邀请了很多人，不过会面的方式并不正式，地点都在御花园。这些人包括英国海军驻中国总司令、海军将领阿瑟·莱维森先生及其家属，香港总督约翰·福勒先生以及其他国外使馆人员。

自 1923 年开始，宣统皇帝会见的客人多为欧洲人，还有一部分是日本人。有一位名为吉田茂的日本客人是我向皇帝推荐的，他是日本使馆参赞。剩下的日本客人，似乎都来自一个代表团。1923 年 9 月 3 日，日本境内发生了地震，波及范围很广。我将日本的灾难告诉皇帝，皇帝对日本国民的不幸深感忧虑，决定向日本捐款。当时，内务府认为皇帝捐给日本的赈灾费用已经超出合理范围，但皇帝并没有改变心意。他还向日本捐赠了一批艺术品，希望日本将这批艺术品换成赈灾费用。当时芳泽谦吉为日本使馆的使者，他看到这批艺术品之后，感叹若是流入私人手中太可惜了。于是，他向日本皇帝建议，由日本皇室出面买下这批艺术品，下拨充当赈灾费用，而这批艺术品就可以被保存在东京天皇的收藏品中。日本皇室采纳了他的建议，据说那批艺术品价值达二十万元以上。之后，日本皇室派遣代表团出访中国，对皇帝的慷慨表示感谢。1923 年 11 月初，代表团抵达北京，接受了宣统皇帝的召见。当时，我并不在场，不过一位代表团人员对我说，那次会见虽然不是正式的大型仪式，但却让他终身难忘。我能担保皇帝这样做完全没有任何的政治目的。他本性善良，待人宽容，他做的这一切只是出于对日本的同情。对于北京饱受煎熬的民众，他也是慷慨解囊，而且不留姓名，这是他要求的，接受他很多次捐款的人都不知道他是谁。

也有中国人想觐见皇帝，希望我能引荐，不过我一般会婉言拒绝。我认为，他们应该请求内务府。不过，还是有一位中国人是我引荐的，这个人无论是家世还是品格都值得关注，他也是一位贵族，但一直隐姓埋名。1924 年 9 月，我当时在宫廷官报看到了这样的消息：

今朱侯到明陵祭祀。朱侯延恩祭祀回归，陛下圣恩浩荡。

朱侯本名为朱煜勋。在明朝（1368—1643 年）时期，"朱"为皇室姓氏。朱煜勋是明朝后裔，"延恩"是册封的封号。清兵入关，清朝皇室取代明朝皇室，这是不争的事实。雍正皇帝为表清朝的宽容，特赐明朝后裔世袭封号。延恩为回报皇恩，每半年都要到明朝皇陵进行祭祀。清朝皇室会提供所需费用，延恩需要呈交祭祀相关情况。辛亥革命后，民国政府根本不承认延恩侯的封号，也没有对其礼遇。但延恩侯一直效忠皇帝，并且根据皇帝的旨意继续祭拜祖先。之前，延恩都是将报告交予内务府，皇帝并未见过他。所以，延恩侯鲜为人知，西方人就更不知晓了。

祭祀明朝皇帝这件事，民国政府也有参与。明朝建立初期，首都建在南京。民国成立举行大典时，孙中山特地到明朝开国皇帝朱元璋陵墓前拜谒。他这样做是向中国人宣示：汉人已经将领土从外族人手中夺回。明朝之所以灭国，是因为统治者昏庸无能。民国领导人也清楚，相对于明朝，清朝出现过两位英明伟大的帝王。明皇陵得到了修复，但是明朝帝王后裔的命运并不在民国政府考虑范围之内。这也许就是明朝帝王后裔未能参加那次拜谒的原因。

我无法预计风雨飘摇的清廷还能维持多久。然而，当我得知中国有这样一个人时，我认为皇帝应该同他见一面。一位是前朝最后一任帝王的后裔，一位是现今最后一位君主。皇帝对我的提议非常感兴趣，于是同意召见朱煜勋。

召见的命令是9月初通知内务府的。9月7日，接到命令的朱煜勋来到了紫禁城。当天下午，我没有进宫而是在景山北侧的家中休息。我的侍从递给我一张名片，上面写着：朱煜勋，字炳南，明朝皇室后裔封延恩侯，东直门北小街羊管胡同。

之后，我便见到了他本人，他身着官服。我和他攀谈起来，他一脸歉意地解释说自己是奉命而来，也知道皇帝能够召见他要归功于我的努力。他对此深表谢意。通过和他攀谈，我意识到他是一位谦和的人，虽然读书不多，却通晓道理。他告诉我他已经过了而立之年，膝下有两个年龄还小的儿子，都很顽皮，不懂事，毛手毛脚。我很喜欢和他这样谈话，他还允许了我为他拍照。我期望能够回访，但是被他诚恳地回绝了。他解释道：自己的住所实在简陋，而且官服和衣帽也是因为要觐见皇帝借来的。他还给我看他破旧的里衣，我想他是真的不愿意我去拜见他。后来，他还恳求我的侍从，希望我打消回访的想法。我没有去见他，只是送了他一件礼物和照片。据说，他的生活十分清贫，房屋简陋，衣服破旧。后来，他再次拜访了我以示感谢。对于这位性情谦和的人，我认为他可以称为"延恩侯"。

延恩侯对宣统皇帝忠心耿耿。在他觐见皇帝两个月后，皇帝便被囚禁了。不久，皇帝逃往天津外国租界寻求庇护。听到这个消息的延恩侯立即筹钱来到了天津，对这位皇帝一直以来的圣恩表示感谢。不过，皇帝大概也要同他一样，从此隐姓埋名了。

第二十二章　颐和园里风波起

大家还记得，"优待条件"中有一条规定，皇帝可以暂时住在紫禁城，但是他的永久居住地应该是颐和园。这一坐落在乡间的皇室居所，被外国人称为夏宫。

自担任帝师后，我便主张皇帝搬去颐和园居住。因为皇室和民国政府签订的"优待条件"有这么一条，我不断向内务府以及满族亲王，甚至皇帝提议，尽早到那里居住。

我这样提议是有原因的。首先，皇室因民国政府履行"优待条件"，处境有所改观。但是，皇室同样也要履行条约内容。诚然，除了袁世凯之外，民国政府没有正式提出，让皇室到颐和园居住。只要皇室没有公开表明拒绝此项要求，就表明皇室愿意遵守条约内容。可是，自"优待条件"签订后，皇室已经在紫禁城居住了12年，似乎还想继续居住下去。假如这件事不尽快处理，皇帝很容易被人指责违背退位协议。这样，皇帝就要无辜地为那些企图废止"优待条件"的人提供借口。这些反对清朝的政治家以及那些支持共产主义的学生们会利用这件事情，以皇帝意图违背条款为由，乘机将"优待条件"废除。

其次，我认为如果皇室到颐和园生活会减免很多不必要的开支。而且，很多官职都无用，如果精简机构，几年后，皇帝会有一定的积蓄，或许很快就能依靠自己达到收支平衡。我明白我的想法是可行的，这也是内务府一直反对我的原因。1923年，我和内务府大臣耆龄讨论过皇帝迁往颐和园的事情。他反对我的提议。他认为颐和园空间不足，无法安顿内务府官员以及相关仆人。我指出颐和园完全可以安顿皇室成员以及仆人，还可以精简机构，削减宫廷开支，这样皇帝就可以拥有个人存款，以便日后的不时之需。况且，迁往颐和园是迟早的事情。但他坚决反对精简机构，并毫不理会我的理论。我也曾和其他的官员讨论这些问题，但是得到的结果都一致。这些人只是表面上对皇帝毕恭毕敬，却并不是真心效忠于皇帝，在皇帝有难的时候，绝不能期待他们会为了保护皇帝而牺牲自己。另外，他们绝对不允许自己的利益遭到损害，因此他们才反对精简机构、缩减俸禄。

这些人只在乎与自己利益有关的事，皇帝的未来则被无视了。我也不想对他们讲我的另一个理由，我希望皇帝去颐和园生活，是因为那里的生活有益于皇帝的身心健康。内务府一直坚持皇帝必须留在皇宫中。皇帝因为内务府的阻挠根本没有机会见到颐和园真正的面目。内务府为了阻止皇帝搬去颐和园居住，还用尽了各种办法，竭力让皇帝相信颐和园偏远且荒凉无比，且周围盗匪横行。另外，那些反对皇帝的政治家以及其他所谓的爱国者，也会对皇帝造成一定的威胁。他们所谓的要占据紫禁城的理由只有一个我是比较认同的，那就是皇宫中的珍宝无法全部移到颐和园中。假如这些珍宝留在皇宫中，那么其所有权就会归属民国政府，皇帝与它们可能无缘再相见，这是事实。这些珍宝到底归属皇室还是国民政府，还没有一个公认的定论。不过，这个问题必须解决。而且，情况非常明显，皇室必须做出让步，主动和民国政府合作组建调查组，将这批珍宝定为国家级珍宝，那么这批珍宝的所有权自然而然就归属于了皇室。

皇帝任命郑孝胥为内务府总管大臣，我认为这是一个契机，能够仔细处理这些问题。郑孝胥和我的想法基本一致，最多只是细节处意见不同，这让我非常高兴。郑孝胥也认为皇室应该立即履行"优待条件"，从皇宫迁移到颐和园。不过，他的意见很坚定，迁移事关重大，必须占用一些时间筹划。他目前还有任务要完成，除了要整顿内务府，裁减无用官员，还需要重新统筹颐和园以及周围的地产，并进行合理管理。另外，也要对颐和园进行一些修缮和改造，明确经费使用，因为最近几年虽然有不少可观的经费，但总有很大的亏空。

颐和园一直由内务府管理，郑孝胥认为由我全权负责颐和园比较合适。于是，他请求宣统皇帝任命我为钦差大臣，直接向皇帝本人负责。内务府的官员对我成为钦差大臣这件事非常惊讶。他们认为，内务府总管大臣的职权首次被一个汉人掌握就很糟糕了，现在令他们更加难堪的是，一个外国人竟也可以使用部分皇权。而且，他们无法接受的是，要由他们授任我这个职位。这份任命书可谓是史无前例的：

　　　　敬启者，本日总管内务府大臣面奉谕旨：派庄士敦管理颐和园、
　　静明园、玉泉山事务
　　　　钦此。用特肃函奉，闻即希遵照可也专此藉颂
　　　　时绥

　　　　　　　　　　　　　　　　　　　　　　　　内务府启

内务府在颁布我的任命书后，又听到了一个如惊雷般的消息，即皇帝和皇后要参观颐和园。皇帝在做这个决定前，曾向我简单地了解了颐和园的概况，然后就下令侍从准备他和皇后去颐和园的汽车。在这之前，皇帝出宫的

机会特别少，最远也只是到过醇亲王在北京城北的府邸，还从来没有去过北京城以外的地方。内务府极力劝阻皇帝出行，他们提到了各种可能遇到的危险，不过，皇帝无动于衷。绍英请求我出面劝阻皇帝。当他得知我完全同意皇帝出行后非常生气，威胁我说假如皇帝出行过程中出现什么闪失，要我负全部责任。我欣然同意。

之后，内务府又向民国政府请求帮助，希望民国政府能够劝阻皇帝。但是，民国政府并未插手此事，不过民国政府还是派遣了六辆车随行，它们主要的任务是防止皇帝去使馆区。皇帝参观颐和园这件事看来已经无法更改，内务府只好派遣了六辆车，包括绍英在内的一些官员随行。最后，一共有十四辆车赶往颐和园。皇帝和我坐第一辆车，皇后和淑妃紧随着坐在第二辆车上。

这次出行非常顺利，不过内务府的感觉应该比较糟糕。皇帝对颐和园的印象非常好，对整个旅程也非常满意。颐和园并不像内务府某些官员说的那样破败不堪，相反，它相当完好，景色非常优美。皇帝在其中游玩，登上不同的阁楼眺望美景。颐和园有一个景色极为优美的地方，被奉为明珠，这就是南湖岛。皇帝游览完亭台楼阁后，便登船去南湖岛，皇后和淑妃则在另一艘船上随行。

这一天，我正式掌管颐和园，并和颐和园中的官员见面。此后我便经常在紫禁城和颐和园这两处地方奔波，偶尔也会去樱桃沟休息，那是我的一处宅院。皇帝也经常到颐和园，当然每次都有官员和士兵的车队随行。其实，内务府和民国政府这样做多此一举。有时候，皇帝也作为我的客人在颐和园和我共进午餐，我向他介绍我在颐和园内结交的外国友人以及一些认为可以结交的中国人。

以前，乾隆皇帝十分喜欢位于西山半山腰处的八大处寺庙群。1924 年 8 月，我陪同宣统皇帝游览了这个景点，这是他第一次在山间游玩。我们也曾在颐和园的昆明湖中划船。最初，颐和园的渡船非常笨重，我想这样的渡船比较适合慈禧太后。不过，它并不受皇帝和我的喜爱。于是，我让人在上海、天津和烟台各造了一艘船，并将它们起名为"爱丽儿""阿特拉斯的女巫"

以及"阿拉斯托耳"。"爱丽儿"是一艘能够移动座位，有外弦支架的船；"阿特拉斯的女巫"是一艘带有固定座位的划艇；"阿拉斯托耳"则是皮艇子。1924 年 11 月，因为某件事情，我无法继续在颐和园任职。当时，三艘船都已经完工，但是只有"爱丽儿"和"阿特拉斯的女巫"这两艘船运到了颐和园。官员对这两艘船非常好奇，尤其是"爱丽儿"，他们从未见过这样的船只。而且，他们对皇帝亲自划桨这件事也感到惊慌。因为，他们一直认为划桨是低贱的工作。

我在颐和园任职的时候，可以自由挑选住处。我选择的地方是南湖岛，它景色优美且非常适合生活。不久，我发现这个地方不方便工作，便搬到了"湛清轩"。这是一处僻静的花园，围墙之内，小溪潺潺，凉亭几许，建筑风格非常像"谐趣园"四周的建筑。虽然我工作的地方景色优美，但是这繁重的工作和复杂的人际关系却让我觉得一点都不轻松。我的一些西方朋友也在北京居住，他们认为我的工作非常悠闲舒适，那是他们无法了解这份工作的沉重以及这份工作让我处在一个什么样的环境之中。我必须忍受同事们的嫉妒和敌对，为改革紫禁城的管理方式同官员抗争。他们一直对我以礼相待，却从不支持我的工作，尤其是缩减宫廷开销这方面。只要有人离职，我就会收到大量的候补名单。若是我宣布取消这个无用的职位，就必须忍受他们的不满之情。

我在负责房屋修缮方面，遭到了他们的阻挠。最初，他们提供给我两个承包商。这两个承包商都是海淀村的，而且似乎一直负责颐和园的修缮工作。我让这两个承包商对修缮费用做一个整体评估，他们提出的价钱非常高。于是，我为寻找更好的承包商将消息刊登在北京的报纸上，结果造成了不小的影响，引起媒体的评论。最后，工程如期完成，还节省了近百分之八十六的费用。开始时，有官员告诉我说那两个承包商报出的价格在合理范围内。另外，我的工作取得了一定成果，那些思想比较活跃的下属开始认同我的工作。他们在我的引导下已经认识到改革制度，减少开销非常有必要。这些人开始支持我的工作，逐渐成为皇帝忠诚的臣子。改革带来的成果比我预想的要晚很

敬啟者本日總管內務府大臣面奉

諭旨著派莊士敦管理

頤和園靜明園玉泉山事務欽此用特肅函奉

聞即希遵照可也專此籍頌

時綏

內務府啟

多。但在这年秋季，颐和园的财政已经可以自负盈亏了。曾经，它的花费一直让皇室倍感压力。现在，通过收取农田的租金，颐和园、玉泉山的门票收入、昆明湖渔业资产以及同一些商人合作所得的分红，例如位于玉泉山的一家旅馆、一家照相馆、几个茶馆等，这些收入来源都平衡了颐和园的开销。

许多人为了让我离职用尽办法，有些很幼稚。1924 年，我收到很多恐吓信件。有封信是这样写的，他先表明对我的尊敬，然后提醒我说有人想行刺我。我喜欢骑马在颐和园和紫禁城之间奔走，有一次，一个受雇佣的杀手在路途中埋伏，朝我开了一枪却并没有伤我分毫。不过，还有些强盗一定非常懦弱无用，我骑着马在这条路上来回多少次，他们却不能抓住机会下手。

我的敌人不止是内务府中嫉妒我的官员，以及颐和园那些无用之人，还有一部分学生掌控的媒体。一些同俄国大使联系密切的政治家利用学生们对政治的热忱，将他们带入思想偏激的道路。他们总是伺机对帝国主义以及皇帝展开攻击，在报纸上发表言论。这些人对宣统皇帝非常不尊敬，直呼他为"溥仪"。他们在 1924 年有很多次行动，其中一次应该讲一下。

《大晚报》在 1924 年 9 月份刊登了一篇文章，文章内容非常粗俗。这位作者说，"溥仪"的英语老师将自己的女儿带到皇宫，安排她同"溥仪"见面，这绝对是心怀不轨。"溥仪"对这位老师的女儿印象不错，这位老师考虑了一下全局，便将女儿留给了他。

我认为我有很多理由对别人中伤我和皇帝进行反驳，现在我用一个理由就够了，我没有女儿。胡适博士写信给我，在信中表达了对北京报纸刊登这样的文章的遗憾之情。他认为北京报纸上不应出现这样粗俗的内容。他写于 1924 年 10 月 10 日的信说："那些卑鄙的人对你侮辱诋毁，让在宫中任职的你处境艰难。不过，我认为那些尊重你的人是不会相信这些言语的，并一直对你表示支持。这也说明中国还没有承认和敬佩骑士行为的勇气。"

胡适博士在信中所说的那些人不单指那些写文章的无耻之人，也包括政界那些攻击我的人。在中国臭名昭著的议会中，这些政治家多次指责我。其中，李燮阳可谓是这些政治家的领导者，他曾公开声明，颐和园的经济收入被我积累起来作为皇帝恢复帝制的资金。这种诽谤不同于像《大晚报》这样的文章，我应该立即公开答复。我写了一封很长的信，发表在中英文报纸上。《华北每日邮报》对我的信做出了评价：

皇帝和国会议员：

我们今天将庄士敦先生的信件发表出来，信件内容就李燮阳先生对皇室和他的诋毁做出了有力且有趣的回应。这是一篇非常具有阅读价值的文章，会让你觉得庄士敦现在有必要答复。目前，李先生的攻击会影响到整个中国。假如现在民主的情绪不稳，这样的攻击与诋毁会让皇帝的生命受到威胁。但是目前中国政局的情况，确实是李先生攻击诋毁造成的。而且，民国共和制已经越来越背离人心，人们无法继续生活在这种毫无统治的国家中，所以越来越偏向于君主制。当宣统皇帝为国民做的一切被国民知晓后，他一定会得到国民的同情。查尔斯一世在死去后，人们也是悲伤不已，迫使弥尔顿前来安慰。为了让国民厌恶这位皇帝，李先生对皇帝的品行进行诋毁。我们并非强制要求中国一定要有帝王，我们只是想知道李先生出于何种目的才这样做。而且，不管李先生的目的是什么，他已经犯下了滔天大罪，扭曲了事实的真相，对庄士敦先生进行诽谤，污蔑他利用职务之便为皇帝筹划恢复帝制行动。庄士敦先生若不做出这样的答复，相信其他人也不知道该怎么回答。所以，作为一名国会成员，李先生应该公开向庄士敦先生表示歉意，这是他的义务。

李燮明是不可能公开道歉的。过了两个月，在我的提议下，一位中国友人带我去了一个私人宴会，并见到了李燮明先生。当时，他不得已向我表示他是被误解了。

内务府成员（除了郑孝胥）和颐和园的大多数人对我的冷漠和敌意，是在我意料之中的事。不过，中国新闻界和政界对我不断地恶言中伤，就不那么让人理解了。在1924年10月我才明白了其中缘由，通过一位中国友人，我得知有人想用各种手段把我从皇帝身边挤走。关于这件事，我在10月4

日写给徐善伯的信中提到。徐善伯追随着康有为，效忠皇帝。我认为有必要透露下信件的内容，特别是我标出重点的那句话，它预见了同年 11 月份发生的事情。

> 昨天一位朋友看望我，他告诉我，议会中有些人正在策划一个阴谋，想把我从皇帝的身边挤走。他们通过报纸对我进行诽谤，还试图把我诬陷为皇帝效力，积累财富。他们这样做，主要目的是让皇帝声誉受损，把他从宫中赶走，霸占他的财产。

1924 年夏，我并不是唯一一个被诋毁的人。郑孝胥也遭到了诋毁。不过，诋毁他的是宫廷中的人。不顾内务府和几个最有权势的满族亲王的反对，他还是实施了一系列改革。有一次，他感到心灰意冷了，请求回家休养一段时间，但这不意味着他放弃职务，不再效忠皇帝，置皇帝于危难中不顾了。

我管理颐和园时，非常欢迎郑孝胥父子到颐和园做客。另外，王国维、罗振玉也是这儿的常客。王国维和罗振玉是我的朋友，在南书房担任职务，我曾在前文提到过他们。这两个人在学术界享有盛誉。他们正在抢救一批曾被秘密保存的有关清朝早期历史的资料，民国政府却打算把它们毁掉。这两个人为了保存这批资料，正在寻找一个安全、宽敞的地方，进行研究和校点。当他们得知颐和园里有闲置的房屋时非常高兴。我同他们在颐和园度过了一天的时光，并将他们安置在玉泉山西边的房屋内。这些房屋建造于乾隆时期，至少幸免于两场火灾，空间很大，完全可以存放这些资料。他们对我的提议完全赞同。之后，我们坐在颐和园的湖边，畅谈如何将玉泉山变成一个有关历史和考古的中心研究场所，并且能够帮助所有的学者。但这个梦想终究没能实现。几年之后，罗振玉依然效忠皇帝，追随皇帝去了"满洲国"，我则回到伦敦教中文，至于王国维，他似乎看不到中国和皇帝的未来，于 1927 年 6 月 2 日将生命交给了昆明湖。那天下午，人们发现了他的尸体，把他从水中打捞了起来，但一切都为时已晚。

我负责管理颐和园，便承担起大量资料文献保管的工作。这些文献记载自12世纪后，中国历代皇帝对颐和园扩建、修缮以及一些宫殿的历史，包括颐和园的历史。另外，还有一些文件涉及慈禧太后与光绪皇帝之间的关系。1888年，光绪皇帝大婚完毕，慈禧太后交回皇权，准备搬离皇宫颐养天年。于是，光绪皇帝颁布圣旨，将颐和园重修，可见光绪皇帝要为这个穷奢极欲的工程负责。这道圣旨实际上只是掩人耳目，真正的目的是消除人们对修建颐和园所造成的巨大开销的质疑。慈禧太后在圣旨中表示自己是为了回应光绪皇帝的孝心，才半推半就地接受了颐和园这份礼物。

光绪十四年（1888年）戊子二月癸未朔

谕内阁，朕自冲龄入承大统，仰蒙慈禧端佑康颐昭豫庄诚皇太后垂帘听政，忧勤宵旰，十有余年。中外奠安，群黎被福。上年命朕躬亲大政，仍俯鉴殷忧，特允训政之请。溯自同治以来，前后二十余年，我圣母为天下忧劳，无微不至，而万几余暇，不克稍资颐养。抚衷循省，实觉寝馈难安。因念西苑密迩宫庭，圣祖仁皇帝曾经驻跸，殿宇尚多完整，稍加修葺，可以养性怡神。万寿山大报恩延寿寺，为高宗纯皇帝侍奉孝圣宪皇后三次祝嘏之所。敬踵前规，尤徵祥洽其清漪园旧名。谨拟改为颐和园。殿宇一切尽量加葺治，以备慈舆临幸。恭逢大庆之年。朕躬率群臣同申祝悃，稍尽区区尊养微忱。吁恳再三幸邀，慈允。钦此。

懿旨：自垂帘听政以后，夙夜祗惧，如临渊谷。今虽寰宇粗安，不遑暇逸之心，无时少弛第。念列圣敕几听政，问民饥苦。凡苑囿之设，搜狩之举，原非若前代之肆意游畋。此举为皇帝孝养所关，深宫未忍过拂。况工用所需，悉出节省羡余，未动司农正款，亦属无伤国计。但外间传闻不悉，或竟疑圆明园工程，亦由此陆续兴办则甚非深宫兢惕之本怀。盖以现在时势而论，固不能如雍正年间之设正朝，建公署。即使民康物阜，四海乂安，其应仰绍前猷。克光令绪者，不知凡几尤当审时度势，择要而图。深宫隐愿所存，岂在游观末节，想天下亦应共谅。惟念皇帝春秋鼎盛，此后顺亲之大，尤在勤政典学，

克己爱民，不可因壹意奉亲，转开逸游宴乐之渐。至中外大小臣工，
尤宜忠勤共勉，力戒因循浮靡积习。冀臻上理庶不负深宫殷殷求治
之苦心。实所厚望，钦此。

朕钦承慈训。惟当祗服懔尊，不敢稍涉侈纵。诸臣亦应仰体圣
慈谆勉至意，各勤职业，共赞升平。现在西苑将次告竣。

谨择于四月初十日。

恭逢太后銮舆驻跸。其一切值班守卫事宜，均照王大臣等前奏
章程。敬谨办理将此谕令知之。

我认为这份文件很好地证明清廷的虚假和伪善。我们也不难想到，这份
文件的内容是假的，光绪皇帝和慈禧太后都知道。慈禧太后是何等精明的一
个人，她当然明白光绪皇帝不会如此孝顺她，同样聪慧的光绪皇帝也清楚慈
禧太后对于这份厚礼是不会有任何犹豫的，也不会期望她会体恤国家财政的
问题。毋庸置疑，慈禧太后想在一个优美的地方度过余生，而且可以定期掌
握朝中大权。光绪皇帝则期望慈禧太后早些离开人世，再也不要回到紫禁城。

朝中的官员也不会简单理解这道圣旨的意思。他们唯一想解决的问题是，
如何根据圣谕，在中国危难之际、财政紧张之时，找一个理由修建一座园林。
圣旨中隐含一个事实：挪用海军费用修建颐和园。敕令中谨慎地说明整个开
支都来源于节俭下来的剩余资金。我可以这样说，自乾隆皇帝之后，清政府
就没有节俭的习惯了。

慈禧太后挪用海军军费后也对海军有所表示，她将石舫送给了海军并安
置在颐和园的昆明湖中，至今，这座石舫仍完好。但是，它并不意味着慈禧
太后的爱国情怀，更不能说明她的审美观。中国的舰队在威海卫战役中被击
败，这座石舫却留存到了清廷覆灭后。除了石舫，慈禧太后还在颐和园留下
一处表现她个人品行的遗迹。慈禧太后将建在昆明湖畔的仁寿堂选定为自己
会见重要宾客的地方。仁寿堂后面是不幸的光绪皇帝在颐和园的寓所——玉
澜堂。我曾说过，玉澜堂景色优美，光绪皇帝却不能耳闻目睹。

我管理颐和园时，园内大部分的景点都对外开放，但玉澜堂不在其中。它已经闲置很久，门上贴着封条。我接管颐和园后，就命人打开了这里。我进入玉澜堂后发现这里的庭院宽敞，房屋由正殿和配殿组成。正殿有四个房间，中间的房间是光绪皇帝的会客室。这里是光绪皇帝唯一的生活起居室。房屋都是依照古制建造，会客厅中北侧安放了一个宝座，宝座两侧各有一个小门。这个房间狭小不通风，有一面墙上挂着象征长寿的绘画。

　　宝座东侧的门可以通往寝室，徐会沣的书法和沈师桥的画作都被摆放在里面。宝座西侧通往的房间内摆放着黑木细雕，这是吴石仙的作品。至于偏殿，如果皇帝有权使用，我想他会有比较大的活动空间。可是，当我进入房间时，却被眼前的一切惊呆了。屋内四壁砖墙，墙和临院子的门窗之间只有几厘米的空间，门是向内打开的。如果不打开门，院中的人看不到屋内的情况。玉澜堂建在湖畔，在这里本可以欣赏到湖光水色，屋内却建造了砖墙，这些砖墙将任何一个方向的景色都隔绝了。我不知道为什么要建造这些墙，颐和园的官员告诉我说是慈禧太后为折磨光绪皇帝而建造的。这些房屋不适合居住，而且毫无用处，但是提醒着光绪皇帝时刻明白自己是囚徒。这是慈禧太后的残忍之处，限制着光绪皇帝的空间和视线，让他倍感耻辱。她不想让光绪皇帝与外界有联系，她要让皇帝永远看到这些墙，明白自己的处境。

　　这些墙证明了慈禧太后对光绪皇帝的憎恨之情，也证明了光绪皇帝十年的悲惨生活。我将这些告诉了宣统皇帝，他非常惊讶。之后，他到颐和园参观了玉澜堂。这位末代君主面对那些砖墙，沉默良久。如今，我不知道那些墙是否被拆掉。如果没有，我希望它作为慈禧太后凶狠毒辣本性的永久性证据而被保存。这位中国历史上玩弄权势的女人不仅毁掉了一位皇帝也毁掉了他的王朝，她应对过去二十年中的中国人民所遭遇的苦难负责。

　　如果要为那些为中国革命牺牲的人立一块纪念碑，那么光绪皇帝的名字应该在其中。这位皇帝是不幸的，他的命运同老一辈的爱国人士有很大关联。现在，年轻的爱国人士却对这位帝王非常冷漠和轻视。

第二十三章 十一月五日事件

　　1924 年，中国再度爆发内战。浙江军事首领卢永祥和江苏军事首领齐燮元发生的敌对冲突，最终发展成为满洲军阀张作霖和吴佩孚、曹锟之间的武装冲突。这场冲突从华中地区开始，逐渐升级成为中国南北之战。

　　吴佩孚在这场对战中占据上风，他以"讨逆"的名义率军直逼山海关，并在北京及其附近地区驻扎了一段时间，为最后的进攻做好准备。山海关是进军满洲的关隘之地，长城从这里向东一直延伸，只要翻越了山海关，吴佩孚相信自己一个月就能进入沈阳。

　　不过皇宫内对 9 月份和 10 月份发生的这些对战，没有做出太大的反应。在宫里人看来，对他们威胁最大的还是掌握着北方重要军队的"基督将军"冯玉祥，不过只要冯玉祥仍然处于吴佩孚的直接控制之中，他就不会对皇室有真正的威胁。

　　吴佩孚，诚实、勇敢、不看重钱财，还对人宽容，能体谅人，这些都让他得到了不少朋友的赞赏和支持。不过他也非常自负，他对自己的军事才能很自信，他将自己比作拿破仑，甚至认为自己比拿破仑还要厉害。另外，轻视对手则是他最致命的弱点，贪杯也是他其中一个老毛病。这一点，和"基督将军"冯玉祥信奉的原则格格不入，这也让他们存在罅隙，或成为日后冯玉祥政变的一个因素。据说基督将军曾送他一瓶水作为生日礼物，提醒他这小癖好，是对自己信奉的原则的冲击。如果基督将军真的那么坚定自己的原则，那么当他听到吴佩孚打开瓶盖说的那番话时，想必会受到更大的冲击。

　　吴佩孚最大的缺点，是对人的品质不了解。他总是过于相信他那些并不值得信赖的朋友，他不断地受到某些人的欺骗，或被他们引入歧途。他也一次次地被下属"抛弃"，这才是他真正毁灭的原因。

　　从民国成立之后，他在北方总体来说算得上是一位英雄一样存在的人物，也得到了比其他人更多的欢迎。这一点，可以从他激发了不少爱国青年勇于献身的精神得到印证，这比起当时孙中山所激发的来说，更加热切，更少造作。

　　山海关在吴佩孚军队猛烈的攻击下，捷报频传，满洲首府沈阳似乎就快被攻陷。冯玉祥奉吴佩孚的命令率军前往古北口，把守北部的各个关口，以防张作霖的侧翼行动。

　　吴佩孚并不是指挥失当，他选中冯玉祥担任防守北部关口的任务，造成了他一生中代价最大的错误。也许他并不希望冯玉祥的军队向沈阳的胜利进军，但是让冯玉祥留守北京他也会不安心。这样的决定，正好有利于冯玉祥，他早对吴佩孚心存不满。

　　10月17日，德宗皇帝的遗孀端康太妃身患重病，据说快要死了，宣统帝也因此变得忧郁。那天，我并没有得到端康太妃去世的消息，我在樱桃沟的住处逗留，直到21日我回颐和园过夜，才得知消息。第二天，我便回到了北京，听到了各种谣言，但表面上一切风平浪静，那一天我没有进宫。

　　10月23日，一个仆人紧张地告知我城北发生兵变的事情。那一天，后城门已被关闭，电话也被切断，胆战心惊的人在街上匆忙行走，富人们都已举家躲进使馆区，并在六国宾馆订了房间。

引起这场骚乱的，并不是大家猜测的局部兵变，而是冯玉祥的政变，他还取得了出人意料的成功。冯玉祥其实并没有按照吴佩孚的指示去古北口，他在中途停了下来，直到23日的凌晨折回北京，在同伙孙岳和胡景翼的内应下，成功占领火车站和电报局，切断电话通信，包围总统府，最终占领了北京。

其实在民国时期，兵变很正常，我不清楚发生了什么事，仍然以为是一场小小的兵变引起的骚乱。当我开车前往紫禁城，发现街上已经没有了往日的繁荣，我在皇室的礼仪性建筑吉安所看到了第一个不祥之兆，那里的大门边站着武装的士兵。而在紫禁城和景山之间的空地上看到了令人更忧虑的现象，在那里俯瞰北京城，到处都有士兵在活动。景山上的亭子里也挤满了军人，景山大门到处都有荷枪实弹的士兵在巡逻，但他们并不是皇家护卫军。

在神武门，一切看起来都很正常。我进宫的轿子正等在那里，门前的护军们还和往常一样举枪致敬。我来到皇帝的寝宫的时候，得知皇帝已经在他位于御花园的房间里等着我，当时他非常想见到我。我见到他的时候，他身边站着几位仆人，不过等我进去之后，他就打发他们走了。

见到皇帝，我并没有直接谈早上发生的事情，就算我比他了解得更多。我说的还是端康太妃去世的事情，对此我表示了深切的同情，皇帝问我是否知道景山已经被占领的事情。我回答了他，他的回答则是"他们没有得到任何的允许就来到了这里，而且还不知道他们的目的何在，绍英认为我们应该将他们当作客人，并给他们送去食物和茶"。听了他的话，我问他，他们是否表示了感谢，皇上的回答在我意料之中："他们没有，反而索要更多的东西！"

谈了几分钟之后，我在皇帝的邀请下，爬上了假山，用望远镜观察景山，那里全是官兵。

后来，我和皇帝一起在养心殿共进午餐，绍英和内务府的其他官员进来

讨论兵变的事情，他们说囚犯都被放了出去，学生们兴高采烈，开始在街上发放共产党的传单。等醇亲王到达之后，我便离开了那里，答应皇帝去使馆区打听消息。

政变的消息自然成了北京俱乐部里的话题，各种推测都有，不过具体的原因却没有人知道，也不知道怎么发生的。为了得到更多的消息，我在回家的路上走得很慢，最终证实了两条已知的消息，那就是总统曹锟没有成功逃去使馆区，在自己府邸里沦为了阶下囚；另一则消息是财政总长受到了严格的军事监管，大多数人认为他在和曹锟狼狈为奸。

之后，财政总长被怀疑独吞了大批的财物却没有全部退还，他们对他进行了十分钟的审讯，然后将他公开处决。议会也被下令解散，理由是议员严重腐败，出卖选票让曹锟当选总统。这是最具有讽刺意味的，如果不解散，他们就会像财政总长那样被处决。除了曹锟和议员，其他人对这场政变是满意的，从此，中国再也不会有议会。

曹锟在被迫解散议会之后，还被迫以总统的名义宣布解除吴佩孚的一切军职。并且，他还下令停止内战，任命新的内阁。还有一项指令，也是曹锟被迫发的，我将在下一章做出描述。

政变发动者迫使曹锟完成了这一切指令之后，要求他辞去总统职务。曹锟辞职后，才获准离开北京。他不敢怠慢，立刻前往天津的外国租界。然而，他心怀鬼胎，打算在外国使馆的庇护下，撤回那些先前被迫无奈发的指令。所以，他偷偷带走了总统印玺。不幸的是，他的火车还没到达天津，人们就发现印玺不见了，于是勒令火车停车，命令曹锟马上交出总统印玺，否则他的自由，甚至他的性命都难保。曹锟乖乖地交了出来，得以继续前往天津。

很多参加过曹锟内阁或者被他任命的要员，马上见风使舵，外交总长顾维钧博士就是其中一个。他去外国使馆躲了几个星期，后来通过一位加拿大朋友的帮助，逃到天津。但是在这里他还是疑心会被捕，于是又逃到了威海卫。他选了英国统治的这块地作为避难所，真是让人哭笑不得。前一段时间，他还以外交总长的身份与英国谈判，希望它们将威海卫交还中国。他可能庆幸

溥仪立于紫禁城里的屋顶之上

那次谈判没有成功，现在才能逃到这里。在下面的文章读者还会看到，4年后他有更多的理由为一件事庆幸。

新的内阁是政变发动者自己选的，人数很少，每个人都身兼多职。其中总理是黄郛，外交总长是王正廷博士。

为了让自己的政变名正言顺，冯玉祥对外发表声明，说要将苦难的中国人民从水深火热的内战中解救出来。不过，中国的内战并没有因此停下来，反而变得更加频繁，处于水深火热之中的中国人民不过是雪上加霜，境况更悲惨罢了。但冯玉祥确实达到了自己的真正目的，那就是打败吴佩孚。

政变的消息很快从北京传到了在前线作战的吴佩孚那里，吴佩孚不得不撤回在长城前线和张作霖作战的军队，将注意力转向叛军冯玉祥。随后爆发的短暂战争中，吴佩孚败北，他不得不带上残兵败将登上运输舰，从海上撤到长江一带。

吴佩孚因这一次战败，短时间内再也没有出现在中国的政治和军事舞台上，政变成功之后的冯玉祥并没有举兵进攻满洲，而是留在了长城以南的华北地区，一度成为那里的霸主。满洲的张作霖虽然军事力量不容忽视，但是他却因冯玉祥的政变免遭惨败，很显然，他对这样的结果很满意，他和冯玉祥也将建立紧密联盟，这一点毋庸置疑。

《北京导报》于1924年10月26日对这次政变做过评论，将这一次政变称为"中国历史上毫无疑问的最精彩的一场政变"，当然这种说法不会让人吃惊。之后发生的事情远比评论来得更强烈。

此时，在紫禁城里，恐慌的情绪如同瘟疫一般蔓延。端康太妃去世，宫里为她准备着葬礼，原本烦琐的丧礼在形势所迫下不得不从简。在紫禁城的宫墙之外，孙岳的士兵们对皇家护卫越来越傲慢无礼，我也有理由相信他们正在谋求某种借口来策动冲突。

11月2日是星期天，天刚亮，我就被召入宫中，和宣统皇帝还有他的岳父荣源，以及郑孝胥讨论是否在冯玉祥发动针对皇帝的政变之前，将皇帝送到使馆区寻求庇护。但每一道进出紫禁城的城门都被严密地监视，可以注意到的是，平时驻守在神武门之外的皇家护卫队此时已经退到了里面，外面则换成了孙岳的部队。

皇帝将一叠重要的文件还有一包值钱的物品交到我的手里，希望我找个安全的地方存放起来，我后来将它们存放在了汇丰银行。

为了给去世的端康太妃礼节性的拜访，我又回到了宫中，之后在皇上的住处，我把已经安排好那些东西的事情告诉皇帝。得知这个消息之后，皇帝让我从一个装满了玉石戒指的小木篮子里选一个自己喜欢的，那些都是端康太妃的首饰，可以当作对她的纪念，最后我挑了一个镶着精美翠玉的戒指。

11 月 3 日，我再次进入紫禁城。那天的气氛很阴沉，宫里的人大部分都躲了起来，不见踪影。另外一些人就穿着白衣进进出出，负责端康太妃葬礼的事。

11 月 4 日，我和皇帝一起共进午餐，随后我又到储秀宫拜访皇后。后来我回到自己在御花园的房间，和皇帝以及郑孝胥讨论出逃的计划。我们决定第二天就带皇帝逃出紫禁城。

不过，在 11 月 5 日，载涛却告诉了我一个让人不安的消息，他说冯玉祥的军队已经进驻紫禁城，还占领了神武门，不准任何人出入。此时，皇帝的电话已经被切断，他和我都不知道皇帝现在是什么情况，他只问我能否入宫见到皇帝。

十分钟后，他来到了我的住处，并和我一同乘车来到了神武门前。我们被士兵拦了下来，我给士兵出示了我的中文名片，并告诉他我有权入宫。士兵拿着我的名片去请示自己的长官之后，亲王怀着感激的心情对我说道："如果你可以进去的话，就对他们说我是你的随从。"

那时，亲王正经受着两种情感的折磨。如果现在他冒险进入紫禁城，等待他的命运是难以预料的，但出于对皇帝的忠诚，他还是义无反顾地去救护皇帝。如果不是深陷窘境，这位出身高贵的亲王又怎么会说出这样的话？他的身份，他的骄傲，因为今天的局势一落千丈。带着这种复杂的思想，我和载涛亲王不安地等待着士兵的回复，最终得到的结果却是不得进入紫禁城。

我们只好开车离去，在车中载涛含着泪水问我该怎么办，我唯一能说的，就是选择去使馆区请求大使们设法保护皇帝。

　　车子直接开到了荷兰大使馆，我们找到了欧登科先生，他是荷兰大使，也是外国使团的首席大使。在那里，我们还遇到了英国公使麻克类爵士，我和他打了招呼，并告诉他有紧急情况，希望他和我们一起去见荷兰大使，他点头答应了，过了几分钟后，我们四个人便围坐在一张圆桌旁讨论起来。

　　让我感到意外的是，关于军队占领紫禁城，英国和荷兰公使竟没有听到任何的风声。我们把所有的零散的消息都告诉了他们，并且讨论了一系列措施，最后决定由两位大使在当天下午去拜访新任的外交总长王正廷博士，如果有必要，就提出抗议，使皇帝不受人身侵犯。

　　此时，北京的贵族们出现了一片恐慌，关于紫禁城发生大屠杀的谣言，比如皇帝和皇后还有两位太妃都被处死的消息，也传到了他们的耳中。当然最让他们害怕的是所有满洲贵族都会被处死的谣言。恐慌不断加剧，让几十位王公贵族都来到了使馆区，在德国领事馆卫队找了些空房间，我也去了那里探望他们，尽力地安抚着他们。我还没有离开使馆，就得知了皇帝还活着的消息。

　　这个消息让王公贵族或多或少不那么恐慌了，不过皇帝在下午被赶出了紫禁城，被送往了城北的醇亲王府邸，他成为了政治囚犯而被囚禁在那里。皇家护卫队被缴械，内务府也不再运作。

　　应我的请求去找王正廷博士商谈保护皇帝人身安全的大使带回了好消息，这个消息是他们和王正廷博士经过激烈的正面针锋相对的辩论之后得到的好结果。王正廷承诺说皇帝不会出现任何的危险，也不会受到任何的虐待，更没有人会限制他的自由。当然，这是皇帝第一次成为自由人，可是作为政治囚犯，他依旧不会拥有真正的自由。另外，王正廷还说道，内阁顺应民心，希望和皇帝达成协议，包括皇帝放弃现有头衔，废除内务府和朝廷，使用民国普通公民的身份。那些人早在11月5日就已经将协议放在了皇帝的面前，让他接受。

　　王正廷博士就是这样解释那天上午发生在紫禁城里的事情，不过他并没有对所有的事情做出解释，我也只是听了一个大概。不过他说的话基本上是可以信任的，除了"顺应民心"之类的胡话。大使在确定皇帝没有生命危险之后，也对结果非常满意。

　　听了荷兰大使的话之后，我内心的担忧或多或少也释怀了一些，随后我沿着五公里的街道慢慢地向醇亲王府邸走去，当然我不确定我能否进去。此时，天色已经完全暗下来，不过冯玉祥的士兵却还在紧闭的王府门前巡逻，庆幸的是在我将名片递给一名巡逻的士兵之后，我被允许进入王府中。走进王府，仆人们很快就认出了我，并告诉我皇帝正等着我。

　　在很多满洲贵族还有内务府官员的陪同下，皇帝一直都在大客厅里等我并在那里接见了我。在我走到他面前的时候，他表现非常冷静，醇亲王反而看上去有些焦躁不安地来回走动着。载涛已经将我们上午在荷兰使馆的事情说过了，他们现在想听到的是我和王正廷会见的情况，所有人都安静地听我讲，除了醇亲王。有时，他还会突然地走到我面前，莫名其妙地跟我说一些话，意思大多是"请皇上不要惊慌"。好几次这样之后，我不免有些生气地对他说："陛下现在就站在我身边，你可以直接和他说！"他当时心烦意乱，也没有注意到我的话，还有言语中的冒失。

　　后来，皇帝将我带到他的房间谈话，谈话的时候他显得很镇定，说到大厅里的急躁气氛他觉得既可笑又轻蔑。他简单地说了一下那天早上发生的事情，具体事情则是我从内务府官员那里得到的。大约早上九点，冯玉祥的参谋鹿钟麟带队冲进神武门，并赶走了皇家护卫，他们安排荷枪实弹的守卫守住了门口，不准任何人进出。随后，在几位被逼迫的护卫军的带领下，他们来到了内务府，要求见到"溥仪先生"，最后得知皇帝在皇后宫里的时候，他们则是命令"溥仪先生"和他的妻子还有两位太妃在三个小时之内必须离开紫禁城，晚一分钟都是后果自负。

　　接着他们让绍英将一份文件转交给"溥仪先生"，他们还要求皇帝原封不动地接受那一份文件，并声称那是对"优待条件"的修正，这份文件的第一条款就好像是皇帝自己提出来的那样。后来，我得到了这份文件的副本：

修正清室优待条例

今因大清皇帝欲贯彻五族共和之精神，不愿违反民国之各种制度仍存于今日，特将清室优待条件修正如左（下）：

第一条，大清宣统皇帝即日起永远废除皇帝尊号，与中华民国国民在法律上享有一切同等之权利；

第二条，自本条例修正后，民国政府每年补助清室家用五十万元，并特支出二百万元开办北京贫民工厂，尽先收容旗籍贫民；

第三条，清室应按照原优待条件第三条，即日移出宫禁，以后得自由选择住居，但民国政府仍负保护之责；

第四条，清室之宗庙陵寝永远奉祀，由民国酌设卫兵妥为保护；

第五条，清室私产归清室完全享有，民国政府当为特别保护；

其一切公产，应归民国政府所有。

文件的日期是民国十三年十一月五日，即1924年11月5日，签名是鹿钟麟，还有北京督军兼市长王芝祥和警察总长张璧。他们和黄郛都是一伙的，控制了首都，自称他们的集团代表中华民国政府。

绍英看到这份文件之后，气得一句话也说不出来，他的烦恼远比皇帝要多得多。就算是这样，他或者内务府都没有胆量也不会愚蠢到公然反抗这些有准备和动武实力的人。

皇帝只能按照修正的"优待条件"选择出宫，他只带走了一两名仆人能够带走的东西，在御花园他还被告知他现在是民国的自由公民，可却没有自由公民选择自己住所的权利。后来，当汽车从皇城通往外面的北门的一个旁门开出的时候，皇帝立即明白了，他和百姓已经没有区别，所不同的是他的人身自由还有某些令人无奈的限制。

其实皇帝并不想去父亲的府邸，而是想去离那里五公里左右的外国使馆区，当然他不会被允许去那里。就在一个小时后，他也就明白了自己的身份，一名政治囚犯。他想印证这个事实，于是就说自己想到城里走一走，命令他们备好车，但指挥这支部队的长官就说"溥仪先生只能待在家里"。醇亲王王府宽大而杂乱，但是每个出口都有冯玉祥的部队把守。

听完皇帝的讲述，已经是晚上八点了，我问皇帝是否希望我留下来陪他。一开始他是希望的，不过随后他思考了之后还是希望我继续和使馆区保持联系。分手前他和我说，他明天早上等我过来，并让我把发生的一切告诉外国人。我离开王府的时候，并没有去向醇亲王告别。出门时，我的车还被警卫军官搜查了一遍，他们担心我会把皇帝藏在毛毯下带出去。

离开醇亲王府，我去使馆区和大使们说了这一天发生的事情，并打听了一些消息。两个小时后，我回到了家里，心里又焦急又沮丧。或许，内务府被推翻是一件值得高兴的事情，皇帝从宫廷解脱出来也值得庆贺，当然这一切都应该是在出于皇帝意愿而且经过我们的计划还有共同努力之下实现的，我才会真正感到欣慰。现在我除了感到遗憾和不安之外，没有其他任何感觉。就现在这种事情的处理方式，不管是对中国和中国政府，还是对那些篡夺政权的政客们，或者是那些没有责任的军人们都是有损名声的。

我担心的事情，最终还是发生了，皇宫的制度、皇帝的头衔还有其他特权的废除，都在他们野蛮的武力强迫之下得以实现。或许他们不会知道也不会相信，皇帝其实是打算放弃这些特权的，这是他的自愿行为，全国人民都应该知道这一点。不过，现在这个特权的废除却是在"内阁"的执行下完成的，这些成员对这个少年充满了敌意。曾经，这个少年是他们的君王，他也是那样深爱着自己的国家和人民，甚至不会臣服于任何人。只是可惜没有人会相信他，甚至感激他的无私爱国之心。

更让我感到担忧的是，在确定皇帝是否会威胁国家稳定之前，我很难说冯玉祥及其同伙会不会采取进一步的行动。北京和一些地区的人还认为，只要前皇帝还活着，中国的政局就不会安定下来，这一点冯玉祥或许也想到了。王正廷博士说"溥仪先生"是自由公民，但是我知道他说的并不是事实，这一点从第二天就可以明显看出来。

其实前皇室接受的修正条款，实质上有着一个致命的缺点，那就是条款中并没有保证民国政府会忠实地去遵守这一份条款。就算我对制定条款的人有些误会，但是未来的议会是否会接受这个稍纵即逝的"内阁"制定的单方面的协议也是一个问题。再加上我仔细地研究了这个条款，始终认为这个条款不过是在迷惑中外人士，让他们相信皇帝还享受着公正且宽厚的待遇，后面发生的事情也证明了我并没有冤枉那些人。我一直都不相信他们真有忠诚和诚意。

　　皇宫的生活已经成为历史，我一个人坐在书房里，不禁又想起了颐和园还有我曾希望在那里建筑起来的小世界。那个世界里，一切都是井然有序和宁静的。而且，皇帝在那里得到了自己想要的自由、快乐健康的生活。不过，这个小世界最终如同海市蜃楼一样破灭了，颐和园已经不是我梦中的颐和园。对于那里，我只是一个突然闯进又突然离开的路人，或许"老佛爷"的灵魂回到了那里，她在那里求神拜佛，也不会喜欢一个管闲事的"洋鬼子"去烦她。如果她的灵魂看到了自己之前的行为，或许会知道自己给某个人建筑了一个囚房，而且只属于他。

　　就在几十个小时之前，我向另一位皇帝说了晚安，这位皇帝是否从那时起就注定要过着尽是折磨的生活？前皇帝就是如此，一想到这样可怕的可能性，我甚至希望冯玉祥能够快速地对这里进行最后一击。

　　这就是在 11 月 5 日的中国的紫禁城发生的故事，我在这座皇城已看到清廷 13 年的黄昏终于进入了黑夜。英国的学生或许不会记住这个日子，不过未来的中国学生都应该记住这个日子，把它作为蒙受耻辱、值得追悔的日子。

第二十四章 龙陷困境

　　11 月 5 日夜晚我回到家中的时候，发现家中的仆人都很紧张。他们已经知道了发生在紫禁城里的悲剧，也听到了各种谣言，我的迟迟未归让他们的这种恐惧变得更加强烈。他们跟我说，警察和密探正不分昼夜地监视着我的住处，只要是来到这里的中国人都会被赶走，其中也包括我在中国的一个朋友，一个一直都很关心我安全的朋友，他名叫傅泾波，他来的目的就是想提醒我，让我注意迫在眉睫的危险。

　　如果这种危险是真实存在的，也许它就会在接下来的几周内发生：既然皇帝已经被赶出了紫禁城，那我这个可能妨碍任何政变的外国教师也没有什么必要了。而且很快，我就知道因为我为皇上的事情求助外国大使，已经成为人们深切痛恨的对象，6 日清晨，我来到醇亲王府时，在大门处被告知，我被严格禁止入内，一连三个星期都是如此。

其实一开始是任何人都不允许进入的，等到了 7 日，只有王府的几个仆人可以出入。再过了两天，皇帝的中文老师可以进入，郑孝胥和绍英也可以进入了，但是到最后我还是无法入内。就算是我和皇上都在提出抗议，得到的结果还是一样。

冯玉祥在政变之后，一直都声称自己没有在紫禁城中动用武力来威胁皇帝离开，他们还通过收买中外媒介，制造舆论，让全世界都相信这一点。除了威胁离开这件事之外，他们还希望人们认为皇帝正在为获得人身自由高兴，还有修正"优待条件"也是双方通过友好协商达成的。

不过这个看似绝妙的计划在一开始就遭到了挫败，三个外国公使公布了他们向王正廷博士提出的不满和威胁，北京甚至全国的人民不会相信冯玉祥会按照自己说的那样做，他同情和关心"紫禁城囚徒"，还有那个"囚徒"本人也欢迎"解救"他的士兵的说法，恐怕也只有忠于他的传教士朋友会相信。这些传教士认为冯玉祥是英雄，认为他真诚地信守着基督教的原则，也很谨慎地维护着他的名声。

新政权努力地为自己驱赶皇帝寻找着各种借口，他们说冯玉祥这么做是为了拯救国家于水深火热，不会让国家走上帝制分子的复辟道路上。吴佩孚作为张作霖的手下败将，自然顶替了张作霖成为这个复辟计划的头子。

冯玉祥和他的同党想在皇帝的文件中找到任何复辟的证据，他们想看哪些人参与了皇帝的复辟阴谋，但是却一无所获。后来，王正廷也承认了当时他们并没有发现任何证据，不过临时内阁不想外界知道这一点。相反，内阁通过各种途径，想方设法地制造他们的谣言，当时一家中英双语出版的英国报业极其卑劣地传播这种谣言。这是一家在北京主办和编辑的《东方时报》，作为一家著名的外国报纸，竟然赞同这种对皇帝无端的指控，为冯玉祥他们找到了最好的借口。这样，皇帝自然成为了政治囚犯，处境变得危险至极，皇帝的朋友却认为冯玉祥害怕外国人干涉，才没有对皇帝进行审讯，直接将他判决。他斗胆采取这些行动，是因为他知道外国人会相信中国人断言皇帝有罪这一说法。

下面这段话就是那些臭名昭著的谣言之一，在关键时刻被一个英国人刻意地传播，在政变后的第二天便刊登在《东方时报》上：

11月5日中午，北京，一起复辟阴谋被挫败。这场阴谋可与200年前发生在欧洲的"快乐王子查尔斯"运动相提并论。一些满洲人准备趁国家动乱之际，密谋让他们年轻的宣统皇帝重登帝位。最后细节，比如登基大典上的服装、嘉宾的出场次序还有加官封爵等，尚待确实。现在这种惊人之举及其内部原因披露了。毫无疑问，如果吴佩孚在对张作霖的战事中获胜，他将进行复辟，以皇位的保护者自居。还有一些更详细的细节有待公开，这些细节将证明，吴佩孚曾为这次复辟进行了部署。

四天以后，同一家报纸又补充了下列情况：

在这次内战发生之前，皇室曾派过一位高级特使到洛阳，和吴佩孚商量复辟的相关事宜，这说明满洲集团已经没有异议。吴佩孚的答复是令人振奋的，他同意复辟，行动则要视事情的实际进展而定……毕竟北京还是满族人的城市，细心的人都会注意到这里可能发生的任何政变，考虑到这些因素，他们从11月1日起便包围了皇宫大门，并在大门口堆放沙袋，最后才进宫让皇上交出全部印玺。

这些论断指向一个事实，那就是这个自称民国的政治机构脆弱不堪，各阶层人士还有大批群众都希望它垮台。民众要的是一个新的，一个他们能够理解的政治制度，不过吴佩孚和张作霖都不会成为虔诚的共和主义者，这不用怀疑。《东方时报》自然没有对张作霖做出任何的评论，如果有人认为皇帝参与了这次不存在的复辟阴谋，自然是大错特错。君主派是非常谨慎的，避免皇帝卷入它们的复辟计划中，而内务府也会避免皇帝参与任何的政治活动，以免损害他们的自身利益。

但这种谣言并不是所有报纸都在散播，《华北正报》在 11 月 11 日发布了社论，表达了中外人士的共同看法。报告称《东方时报》发表的关于君主派的论述，"所有人都知道那是一场彻头彻尾的骗局"。同样，11 月 17 日的《京津泰晤士报》报道：

> 君主派的阴谋是不存在的，宣统皇帝也没有牵涉其中，所谓复辟密谋实属杜撰，只是为了给一次野蛮的暴行寻找借口。他们所做出的努力，不过是为撕毁退位条约寻找一个合适的借口，他们把新的协议加在皇帝身上，甚至监禁皇帝。这很明显，他们是为了避免皇上在公开场合否认这个协议。

作者还对这个协议问题作了一番讨论：

> 有人将退位的协议当作一项"条约"，王正廷博士对此嘲笑过。不过，曾经成功让皇帝退位的段祺瑞大帅却表示过，"国民军"会保证皇室"如果接受条约，这份条约就会在海牙法庭登记"。不过，海牙法庭会登记一份不具有协定性质的条约？共和派如此做，是不是想让退位协议带上条约的色彩？如果不是这样，我们又如何去理解这个条款。但是现在，本该双方制定并形成双向约束力的条款，却完全掌握在一小撮暂时在北京掌权的暴发户手中。

我曾经想证实，制定"优待条件"的人另有企图，并不是为了皇帝的利益。袁世凯承诺"优待条件"，不过是欺骗皇室和共和派，值得一提的是共和派和皇室任何一方不经对方同意，都无权取消或者进行修改。如果可以友善协商，皇帝也会乐意修改的，但这种通过的却是暴力和非法内阁制定出来的总统指令，肯定是不能得到承认的。

当然，这一份总统指令据我所知，从未向外公布过，不管是中文还是英文。当时，这一份文件是由曹锟签署发布的，当时他已经成为了政治囚犯，被囚

天津张园（溥仪在天津的住所）

禁在自己的寓所中，他完全是被逼迫发布这个指令的。后面指令是如何被强加给皇帝的，在前文已提及，也就不多说了。

不过对于这样的修改，皇室还有一些朋友都不承认，他们坚持认为修改没有经过任何的合法手段或者按照宪法规定，是不能成立的。不过冯玉祥心怀不轨，密谋要反对皇帝，他必定会采取各种手段。他在北京，蓄意煽动人民敌视皇帝，人民受到极端激进派的影响，尤其是学生阶层，对皇帝抱有敌视态度。但北京的百姓对皇室却从来没有任何恶意，冯玉祥企图挑起百姓对皇帝的不满，却没能成功。他想自己当英雄，却被人看成是背信弃义的人，令人痛恨。关于他背叛吴佩孚的文章，也在报纸上不断出现，各种小册子和传单不断谴责他。结果他不得不解散议会，那些议员也被嘲笑为"猪脑袋"。

一位西方作家做过这样的描述，即使他不同情君主制。"政府擅自取消退位条例，引起了广泛的惊恐。这个事件的影响甚至比背叛吴佩孚的影响还要大。不过，还是有少数人赞同这种行为，就是那些与苏联大使馆和孙逸仙博士有着亲密联系的政治家。"

对于这次政变，华北的一家主要外国报纸称，冯玉祥的第二次北京政变与第一次政变一样，"极不光彩"，是中华民国时期最不光彩的一章。

上海一家主要报纸语气也同样强硬。它谴责政变，认为所谓复辟阴谋是一派胡言，并不存在。作者没有否认自己对君主思想的同情，而且表示不会随着反对皇室的行动而消失。在评论中，作者将这一态度的形成说成是政治试验带来的反作用，只要没有建立一个共和政府和军事集团作斗争，中国人就会越来越信任君主制度，这就像给野马套上缰绳一样。

在这些观点中，唐绍仪提出的最为重要，他在皇帝退位和"优待条件"的谈判过程中都起到过极为重要的作用。在一次访谈中，他提到中国想要改变民国政府和皇帝的关系，就必须以公平的具有绅士风度的方式解决，他说"优待条件"使皇帝退位后，清朝使他们得以避免拖长革命的时间，挽救了人们的生命。至于冯玉祥将军，他则是说冯玉祥可能在道德上，从未考虑过伦理性，他认为冯玉祥并未想过要把事情做得体面一些。

持有相同观点的还有胡适博士，他作为"少年中国"的知识领袖，在致王正廷博士的一封公开信中坚持认为，双方应该通过友好协商的方式来修改或者取消退位协议，"内阁"和冯玉祥所采取的行为，将作为"中国共和政府最丑陋的行为"而被载入史册。

对废除"优待条件"，蒙古王公和满洲王公反应最激烈，毕竟取消条约后，他们享有的所有特权都会被剥夺。蒙古人和藏族人没有参加革命，他们不希望清朝被推翻。因此，为了自身利益，他们强烈反对废除"优待条件"。

曹锟内阁成员顾维钧博士在政变后，逃到使馆区寻求庇护。他突然从北京政界消失的主要原因是王正廷博士上台了。大家都清楚，就算他们两个人没什么深仇大恨，但也是势不两立的对手。他们其中一个被拔擢为内阁要员，另一个当然免不了会被撵下台。虽然我和顾维钧博士并不熟悉，但是却同在11月被王正廷和冯玉祥的政治集团指责，被称为是助纣为虐的人。

11月15日，《世界晚报》刊登文章称，在北京流传的各种谣言引起了人们的不安，来源就是我和顾维钧博士，我们和一家英语报刊还有一家英国新闻社被定义为反派角色。该报说，近期的事件让顾维钧博士交出了外交总长的职位，同时也让溥仪的英文老师庄士敦极为不满。为了报复，两人和两家报社狼狈为奸，密谋推翻新政权，他们每天都在六国饭店的某个房间秘密商讨。报纸中还说这两家报社都是吴佩孚花钱收买的。对于这些捏造的"事实"，我根本无须辩解，正如当初他们也诬蔑我把一位年轻姑娘带进紫禁城一样。

张作霖在东北最早是通过英国人的渠道获知冯玉祥夺取皇宫和驱逐皇帝的消息。冯玉祥背叛吴佩孚，让张作霖在战事中取得胜利，张作霖本来对他应该是感激的。冯玉祥却不与他商量就擅自占领紫禁城并取消协议，让他觉得这是一个不可饶恕的错误，他认为这些人侵犯了紫禁城的尊严。据说他大发雷霆的部分原因是他认为这些人侵犯皇室尊严的同时还掠夺了财宝，粗鲁地对待退位的皇帝，后来的事实证明，他对皇帝的安危还是有所关心的。

六年后，我从一位中国官员那里得到了一个惊人的消息。据我所知，这个消息应该没有传到外国的外交官员那里。如果那位中国官员所说属实，冯玉祥在驱逐皇帝和取消退位协议后，就会考虑武力占领领事馆区。那样自然会遭到各国使馆卫队的反抗，中外军队发生冲突，对中国必然造成更加灾难性的后果。庆幸的是，"内阁"中几位头脑清醒的人认识到了这一点，才让这个计划被放弃或推迟了。

紫禁城的皇族都心烦意乱，最令人不快的是事情正发生在举哀期间，那时候正是端康太妃的丧礼。端康太妃的去世让阴谋者左右为难。按照皇宫礼节，两位活着的太妃要尽到礼数，她们利用了这个借口，并没有和皇帝一起离开紫禁城。有人警告她们，如果她们再不离开就会受到强行驱赶甚至人身侵犯，两位老太太却不害怕，表示宁愿自杀身亡。

冯玉祥清楚，如果两位老太妃自杀，必然对自己造成很不利的影响，让民众更加愤恨。于是，冯玉祥让副官鹿钟麟去见皇帝，让皇帝劝两位太妃离宫，皇帝认为自己没有义务帮助冯玉祥摆脱困境，但如果两位太妃真的自杀，那么自己也将承受所有的责任。后来经过双方商定，两位太妃只能在端康太妃丧礼期间暂留宫中。

11月19日，丧礼举行完毕，两位太妃也最后一次从紫禁城宫门走了出来。几个还算忠心的太监把她们送到了城东的住所，她们精神上受到的折磨，只有这些太监最清楚了。

吴佩孚惨遭背叛一败涂地后，张作霖便可以轻而易举地进京，但他并没有急着去见冯玉祥，而是留在了天津。冯玉祥得知张作霖在天津后，虽然不情愿还是去见了张作霖，有消息称，两人见面后并没有掩饰互相讨厌的情绪，他们为紫禁城的事情大吵了一架。冯玉祥在天津受到冷落之后，在段祺瑞那里也受到了同样的待遇，在张作霖的支持下段祺瑞成为新总统的候选人，加上段祺瑞本来就在共和派人士中有着举足轻重的作用，他享有对退位协议进行任何修改的特权，而且必须得到他的同意后才能生效。当他知道冯玉祥插手这件事，自然对冯玉祥感到愤慨。

冯玉祥回到北京，情绪极坏，宣布自己要辞去官职，解甲归田，不过人们没有表现出更多的关心，他们已经习惯了官员们将还乡挂在嘴边却不实施的行为。他们更关心的是，谁会成为冯玉祥下一个打击的目标。

与此同时，北京的人们知道了张作霖和段祺瑞入京的消息，他们开始猜测新政府的上台是否就意味着黄郛"内阁"的引退，等两位大帅真正到达北京后，黄郛"内阁"是否就不复存在了。

关于新内阁成立的事，在这里我不多谈。值得一提的是，段祺瑞想劝说一直忠于皇帝的郑孝胥加入新政府，他对郑孝胥颇为赏识。如果郑孝胥加入政府，也许可以保护皇帝的利益。很多人都希望他接受任命，他却毅然拒绝了。段祺瑞不死心，又想直接公布让他担任内阁总长一职，让他措手不及，只能就范，可是这一招也不能强迫郑孝胥加入新政府。郑孝胥从不在民国为官，他也永远不会这样做，他不容许自己摇摆不定，侍奉二主。

第二十五章 龙的出逃

1924 年 11 月 22 日，段祺瑞在没带一兵一卒的情况下，进入北京。第二天，张作霖抵达北京，他也只带了一名贴身侍卫。

议会已不复存在，按照宪法程序选举总统，也是不可能的，段祺瑞在 24 日担任执政职位，执政相当于大总统。这意味着段祺瑞是政府首脑，但他仅是临时执掌政权。

段祺瑞执政后的第二天，中外报刊都刊登了这样的内容：

> 昨天，段祺瑞大帅就任临时总执政之职。他一上任，就撤销了对清朝皇帝具有争议的不合理限制，并允许皇帝教师庄士敦访问他的学生。

　　紧接着的报道是"奉段祺瑞大帅命令，警察司令部警卫看守醇亲王府，冯玉祥军队昨日已经撤出"。接着还公布了一则让人捉摸不透的消息，说张作霖抵达北京后，拒绝会见清室成员，却唯独"对皇帝的洋老师感兴趣"，很有可能会见他。

　　事实也确实如此。我收到了段祺瑞政府的正式通知，可以探访皇帝。几乎在同时，我也收到了来自皇帝的消息——冯玉祥军队撤出北府，皇帝希望立刻见到我。我随即驾车去了北府，得知皇帝在他住的庭院里等着。他知道我到了后，马上会见了我。皇帝见到我紧握着我的手，久久无言。我跟着他，来到他的房间，我们谈了很长的时间。在聊天的时候，张作霖大帅派人约我晚上到他府上拜访，我满口答应。那天我一直和皇上待到了天黑前。分别的时候，皇帝给了我一张他的签名照和一枚镶宝石的黄玉戒指，让我送去给张作霖大帅。

　　六点钟左右，天色暗淡下来，我驾车前往城西张作霖司令部。与我一起的是醇亲王的管家，与张作霖同姓，叫张文治，两人是老朋友。我们两人走过庭院，这里戒备森严，有武装警卫把守。我们来到大帅府，见到大帅和他手下的几位副官，大帅身着便装，像普通朋友一样招呼我们。我们寒暄一会儿后，大帅带我们去小书房中交谈。书房房门紧锁，就连端茶侍者都没有进来过，我们就这样聊了约莫一个小时。

　　我转交了皇帝的礼物，大帅对照片端详良久，对于戒指，他只看了两眼，交还到我手上。大帅后来只收下照片。

　　对冯玉祥及同伙对皇帝采取的行动，大帅说出了自己的看法。他希望可以帮助皇帝，并挽回残局，他认为要采取一些不引起共和派猜疑的行动。他有一个计划，如果按照这个计划，皇帝既可以恢复他所失去的权力，又能使别人不会怀疑是他从中帮忙，更像是满族人暗中帮助的。张作霖计划的第一步，需要蒙古人、满族人和反对单方面取消或修改"优待条件"的汉族人去完成，他们完全是出于对皇帝的忠诚和对民族尊严的认识。

我们商定了主要内容，他希望我能把情况传达给外交团，我答应了。张大帅希望我能在几天后汇报情况，这样他就能尽快了解使馆区的情况。

我回到家，立即把这次会谈的内容整理成一份备忘录，并复制了三份副本。当天晚上，我亲自把这三份副本，送到荷兰、日本和英国大使手上。这三位大使曾在 11 月 5 日事件后毫不犹豫地保护皇帝。当晚同行的张文治，也为皇帝和醇亲王起草了一份报告。

几天后，一切顺利。每天，我会去探访皇帝。他在过去的三周里，经历过险境，承受了各种压力，但是他仍然保持着尊严和勇气。他憎恶别人的保护，认为这是羞辱。冯玉祥和王正廷等军阀，对外声称是中国的代表和发言人，可事实并非如此。其实，国外报刊一致谴责他们。我把情况告诉了皇帝，他听了之后感到安慰和满足。

但是，两三天过后，阴云又重新笼罩了天空，有关皇帝的谣言再次四起。冯玉祥回到京城后，怒气冲冲，对外扬言辞官隐退，到西山佛寺里去，除了亲人，要断了音信，隔绝与人往来。

没人会相信他可笑的辞职说法。他不过是失去了颜面后的说辞，他被迫撤离监禁皇帝的武装部队，他背叛吴佩孚，令张作霖大战胜利，但张作霖仍憎恨并鄙视他。两人的同盟只是权宜之计，或迟或早，他们是要兵戎相见的。

对于这一点，任何人都不会比冯玉祥本人看得更清楚。不过，他已经对外宣布，要立地成佛，无论如何都只能避免战争。那么，怎么办呢？这里有一个简单可笑又可行的方法：张作霖身边只有一名贴身侍卫，北京还由冯玉祥军队掌控，只要找到机会，抓住侍卫，卸去他武器，然后邀请张作霖参加司令部的茶话会，等张大帅在庭院走动的时候，他必会发生小事故。而从这个小事故中，张作霖将会从中国政治角逐舞台上消失。

这位"基督将军"是否真的在谋划，我们不得而知。但皇帝的亲信却确实相信这是真的。据我所知，比起外国大使馆的消息，这可靠得多。我对英国朋友说，张作霖随时会失踪，他也许会出现离奇事故，也许事故就发生在仓促去往天津的火车或汽车中。此时，张作霖已经接受英国使馆邀请，会出席十天后举办的晚宴，这说明他没有离开北京的念头。我确定北京局势暂时不会遭到动摇。

张作霖是一位有着鲜明个性的人。他的品格中，优缺并存，他自信又自大。这点正是他能够从一名土匪，迅速上升为一个地区的最高统治者的原因，他所统治的地区面积有法国和德国在一起那么大。他最危险的个性，就是他爱看低别人，吴佩孚时常成为他鄙视的对象。正是他目中无人的蔑视态度，不听从别人的再三警告，不相信冯玉祥的阴谋计划，他光彩夺目的一生差点就在北京画上句号。张作霖从来没有信赖过冯玉祥。他曾经告诉我，冯玉祥能做出任何背信弃义的事情。但是他的自大，再加上没有确凿证明，他不会相信，冯玉祥敢对他开刀。他可是威武一世的东北军阀！

皇帝的朋友们并不像张大帅那样乐观。我们已经多次在一起谈论，既然皇帝恢复了自由，应该找机会离开他父亲的王府，寻找可以避难的使馆区。如果皇上错失了这次机会，可能就再也没有机会了。但是，太傅、王公和内务部官员不赞成这种看法，他们认为一旦皇上前往使馆区，就要抛弃段祺瑞和张作霖的出谋划策，这等于告诉他们，皇上不相信他们的统领能力和忠诚，势必会引起他们的不满。

郑孝胥和陈宝琛在 11 月 28 日来到我的住处共同磋商。他们带来了紧张的消息，皇帝也知道了他们担心的问题。皇帝命他们在使馆区附近找一处住处。国外报纸刊登了北京将再次发生政变的谣言，尽管中国新闻媒介极力否认。我告诉他们外国使馆认为短期内不会发生政变，但是他们仍然忧心不已。最后，我们决定冒着得罪段祺瑞和张作霖的危险，将皇帝运送到安全地方。我们决定在第二天上午会面时，让皇帝前往一个比醇亲王府更安全的地方。我们认为最理想的地方，就是苏州胡同的一处空闲大宅院，此地靠近哈德门，紧临使馆区东门。内务府人员早就和宅院主人商量过，要租来作政务之用。

11 月 29 日上午，我来到北府。陈宝琛已在焦急地等待我，郑孝胥还未到。陈宝琛告诉我，冯玉祥已经在城里增调军队，他突然召集一些高级军官到西山寺庙里开会，这个寺庙正是他所在的地方。尽管段祺瑞和张作霖施加压力让他撤离，但是他还可能命令部队回到北府。如果是这样，皇帝出逃就是不可能的了。现在城内到处都是冯玉祥的军队，皇帝这时动身本就已为时过晚。我赞成陈宝琛的计划，皇帝必须立即动身，不能再有片刻拖延。不过，我反对陈宝琛先通知皇帝的父亲醇亲王，醇亲王也许会惧怕皇帝出走，害怕给他带来不便而阻拦皇上的出走。陈宝琛承认我的想法更有道理，也就默认了。

我们来到皇帝的房间，告诉他，局势紧张，不如即刻起驾到使馆区，使自己置于某一外国公馆的保护之下。皇帝听从了我们的安排。现在，只要是我们认为好的计划，皇帝都会跟着去做。我再三告诉皇帝，这次的计划不能被外人知道，一个人也不行，就连皇后和醇亲王也不可以。顾虑到皇后和皇帝一起走的话，她一定要坐汽车，这样必定引来别人的猜疑导致走不成了。我告诉皇帝，随后会安排皇后起驾。皇帝对我们的计划没有什么意见。

为了避开外界注意，皇帝没做准备，也没收拾行装。走之前，他交给我一袋珠宝，我把它们塞进了皮大衣的夹层里。准备妥当，我们神不知鬼不觉地来到前院，命人备车，所幸我们并未露出马脚。就在皇帝跨上汽车之际，醇亲王管家张文治突然走了过来，询问我们去哪里。陈宝琛回答，我们只是出去走走散散心。张文治显得有点吃惊并起了疑心，他说要和我们一起。车上没人反对。皇帝坐在车后，让我坐在他旁边，还给司机指点方向。所幸的是，司机是忠心耿耿的人。同行的还有一个满族小伙，他是仆人，坐在副驾驶位置上。陈宝琛打发了马夫回家，告诉郑孝胥，我们去苏州胡同。然后陈宝琛与张文治一并上了我的车。

两辆汽车从院子里打开的大门开出去。门口有一位警卫站着，他没有接到命令，也不敢贸然拦下我们。只有两名全副武装的警官跳上车踏板，与我们一起上路。

我们尽可能不走后门经景山和紫禁城的中轴大道，这些是主要街道。凡是主街道，都应避开，以免碰上冯玉祥的士兵。车还没开出醇亲王府，我就吩咐司机，往东城开，我们去的是苏州胡同里内务府租的房子。陈宝琛秘密送信给郑孝胥，告诉还没有赶到的他，我们安排送皇上到使馆区，德国医院将成为皇上的临时安置点。

我们没有按照路线走。我两次叫司机更换路线，这样可以避开冯玉祥的军队。不到三里的路程，我们绕了足足五里。幸好，路上没有任何麻烦。就连老天也在帮助我们，那天的风沙很大，漫天尘土，视野模糊。汽车驶进哈德门大街，东面是苏州胡同，西面是使馆区。我告诉司机，先不去苏州胡同，因为皇帝想看一看我曾经说起的照片，所以，我们向西拐了一下，停在了一家照相馆前。

"哦，我知道这家店。"司机说，"在使馆区里的。""也许，"我说，"往前走，停在店门口。"我松了口气，在踏板上的两名武警什么也没说。

两分钟后，我们的车子驶到使馆区的东门，停在那家照相馆前面。我们下了车，走进了照相馆，给看中的几张照片付了钱。在这过程中，我犯了一个小错误，那就是习惯地叫了声"皇上"。柜台前的中国人吃惊地看着我们，其中一位走到街上。在我们走出照相馆的时候，门外已经挤满了中国人。他们没有恶意，只是对第一次看到这位过去的皇帝而好奇。

德高望重的陈宝琛，悠闲地坐在车上。同车的还有茫然的张文治，"我们在这里干什么？"他紧张地问，"不是去苏州胡同吗？"我觉得这样的情景非常有意思。

我没有答话，而是问皇帝："附近就是棣柏博士诊所，我们不妨去探望他。"这位棣柏博士是德国有名的医生。早在一两年前，他经常被召进宫中。现在，他的诊所在德国医院附近，开车过去，一两分钟就到。

我们前往医院。在下车后，我们进入医院，递上名片，希望快点见到棣柏博士。博士刚从诊所走出来就认出了皇帝。我问他，可不可以安排一间空房，我们有要事商量，棣柏博士便带我们来到楼上的空房。

我把事件的来龙去脉，简单地告诉了棣柏博士，并说出我们的安排。我说："现在，皇上就托付给你，我打算去见各国公使，劳烦你一定保证他的人身安全。"

我把皇帝给我的珠宝，给了他，并让陈宝琛留在他身边。这时的张文治，既生气又惊讶，但他一句话也没说就离开了我们，回去把事情告诉了同样懊恼的醇亲王。

　　我认为在这么多外国使馆中，日本公使最有可能和最有能力帮助皇帝，于是先去了日本使馆。

　　我到日本使馆时已经是下午一点了，日本公使外出吃饭，不在家里。我马上到荷兰使馆，公使同样外出。最后，我到了英国使馆，英国公使罗纳德·麻克类爵士正好在家。我简洁地说了皇帝出走经过以及一行人是如何开着车来到使馆的。我知道英国使馆一直反对英国人介入中国内政中，所以我尽量少说我在这件事中起到的作用。

　　我告诉公使，之前已经拜访过日本使馆，由芳泽先生来保护皇上自然更好。公使也赞同我的看法，他很细心，说如果一切顺利，以后会邀请我成为使馆宾客，这样能方便我探望皇上。日本使馆和英国使馆位置上隔着一条街道，非常近。

　　后来，我又去了日本使馆，那时公使还没有回来，快到三点，我才见到他。我把事情告诉他，并请求他的帮助，他并没有立即答应，而是在房里来回踱步。权衡再三后他还是同意了，但他认为皇帝应该住得更舒服一些。他让我先回德国医院等他的消息，后来我知道，为了让皇帝"住得舒服点"，他把日本使馆中最好的，也就是他和妻子住的房间，腾给了皇上。

　　我在回德国医院的路上，遇到了一位内务部的管事赶过来。他叫佟济煦，是内务府为数不多的忠心耿耿的人之一，他是第一个跟随皇帝到使馆区的。他急匆匆地问我，皇上在哪里。我领着他上了楼。途中遇到一位德国男护士，他问我们去哪里，我说："去见皇上。"他反问我："什么皇上，这里没有皇上。"我说："胡说八道，我刚才领着皇上到这里来的！"

　　他茫然地望着我，有点无措，说："皇上是来过，可是他走了。"

　　佟济煦和我四目相对，面面相觑，我赶紧问："皇上去哪里了？"

　　"我不知道！"他张口答道。

"可我刚在日本使馆，为他做好了安排。"我茫然地说。

年轻人很诚实地说："他真的走了。"

皇帝确实离开了，我却不知道他的踪迹。那么，棣柏博士呢？得到的回答是"他回家了"。护士接着说，"博士告诉我，如果陌生人询问皇上下落，就说皇上根本不在这里。"

我向那位回答我问题的护士道了谢，和佟济煦急急忙忙地赶到日本使馆。在使馆里，我们没有见到皇帝，却在竹本大佐司令部里找到了他。日本使馆护卫队的司令官就是竹本大佐。我没有见到日本公使，只见到了皇帝、郑孝胥和陈宝琛。

原来，在那天上午，没来得及和我们一起的郑孝胥，在前往北府路上遇到了陈宝琛的车夫，询问之下，知道我们一行人坐着两辆车去了苏州胡同。郑孝胥立即叫上马车赶往苏州胡同。他见不到我们，就去了德国医院，直到见到皇帝安然无恙才放下心来。

很快，郑孝胥又担心起来了，毕竟皇帝还没被安排到使馆区避难去。他知道这位竹本大佐对皇帝的遭遇深感同情，也表示过愿意伸出援手，再加上他和竹本的交情很好，于是，他提议皇帝接受竹本的帮助。皇帝认为这样也行得通。在郑孝胥去往竹本大佐司令部的时候，我正在公使的书房。郑孝胥以为，竹本在同意帮助皇帝之后，会把此事报告给日本公使，可是他没有。

郑孝胥让皇帝坐自己的马车，前往日本使馆。车夫有点糊涂，或是不熟悉使馆区位置，竟然驾着车驶到了使馆区外的长安街上。幸好，那天风沙大，又起尘暴，没有路人注意到。马车行驶了几分钟后，从南边进入了使馆区，走的是一条小街。这条小街上，英国使馆和意大利使馆相邻，对面是日本使馆。他们到达的时候，日本司令官正在门口等候着，我是在他们到达之后不久才来会见公使的。司令官向公使汇报情况。我到使馆后，公使芳泽先生开门进来，欢迎这位贵宾，此后几个月，他就成为了这里的常客。

皇帝在一个小时内就住进了公使为他腾出的房间里。在傍晚的时候，皇帝在另外一间同样舒适的房间里，接见了他的父亲、满洲贵族和内务府官员。

他们喋喋不休，皇帝的父亲更激动。他们请完安后，就斥责皇帝，醇亲王更是不断要求皇帝回北府。但是，都遭到了皇帝的拒绝。

次日打开报纸，会看到上面铺天盖地有关皇帝出走北京的消息。皇帝出走北京，就像他被赶出紫禁城一样轰动。报纸上的消息并不准确，都是一些谣言。日本公使在采访中，坦诚了接纳皇帝的过程。不过，他还是遭受了指责。我也成为了《京报》和《晨报》的攻击对象，它们对我展开了猛烈的辱骂和抨击。这两份报纸有着鲜明的政治立场，《京报》被视为共产主义的宣传工具，《晨报》则被看作是学生运动的喉舌。

两名跟随我们进入使馆区的武装警卫，未能履行在使馆区之外阻止皇帝出走的责任，害怕问责，就请求留在使馆区。皇帝批准了他们的请求，让他们暂时充当自己的随从。其实，他们没有收到禁止皇帝离开北府的命令，不需要对事件负责。我们可以理解，一旦冯玉祥控制了北京，两位警卫必然会受到惩罚。就在皇帝出走的第二天，婉容皇后乘坐的车子被拦在了北府大门里，有人委婉地告诉她，她是不能擅自离开北府的——当时的皇后正想和皇帝会合。

皇后希望皇帝能设法救她出去，写了一张便条给他。皇帝看完后，把信条给了我。芳泽先生知道后，立即命令他的外交秘书，把皇后从北府接过来。没过多久，秘书打回电话，告知他在北府，一切安排顺利，但是急于离开的皇后不被批准离开。

芳泽先生没有多想便命人备车，拜访段祺瑞。芳泽先生要求婉转，只是语气坚决，他要段祺瑞下达命令，让皇后在北府的行动不得受到限制。在一个小时不到的时间里，芳泽先生的秘书就带着皇后，前来与皇帝会合了。

我决定在 11 月 30 日晚再次拜访张作霖。我拜访他的主要目的：一是像我之前承诺的那样，向他汇报我在使馆的情况；二是给张大帅一个有关皇帝避难外国使馆一事的解释。

这次的会面，让我看到的张作霖与几天前判若两人。之前的他，是一位平易近人、文质彬彬的中国将领；现在的他是一位傲慢粗俗、脾气急躁的满洲土匪。我说不上他的装腔作势有多深。上次会面，我们是在一个密室里谈话，这一次我们是在一个三道大门敞开的大客厅里进行，三个门口外面都有人听着。显然，张作霖不想保密这场会话。

没有任何开场白，他一开口就因我把皇帝带到使馆区而对我大加斥责。从他的话里推断，北府已经把整件事推到我身上。我试图解释一下，但是忠义两难全，对着狂傲的张作霖，需要避开他个人安全这个敏感话题，又要为我自己的所作所为辩解。在场耳目众多，我很难这么做。这位武夫打断了我的辩解，他质问我，有他在北京，留在北府的皇上会有什么危险。我很难回答这个问题，只好委婉地说就怕他不会在北京久住，我们需要在他离开北京之前，把皇帝从危险中解救出来。

张作霖一字不提我们上次的谈话，显然也不愿意我提起。他不客气地中断了会话，没留下告别的话，就离开了房间。

对于自己处境的危险，张作霖也许已经意识到，他或许会像皇帝那样出走。如果那时的他，还没有意识到自己的处境岌岌可危，那么几天之后，他就会觉悟的。就在12月某个寒冷的清晨，仆人一大早就跑进我在英国使馆的房间（我仍然是英国使馆的客人）告诉我，张作霖已于当天拂晓乘专列离开了北京，北京又一次落入了冯玉祥强大军事力量的控制下。

在这种情况下，"基督将军"不用担心曾经针对张作霖的阴谋会被揭露。因为知道内情的人，不过五六人。张作霖离开后，不久就爆发了一场冯张之间的权力角逐战争，冯玉祥吃了败仗。于是，若要参与策划阴谋的冯派同伙，将他们各自在这次未遂阴谋中所扮演的角色公之于众，也就更不可能了。此后，有关这些消息的只言片语常见之于中国报刊。至少有一位中国人写了一本小册子，用英文记载了当时的情形，不过，他的小册子没有引起太多关注。我要提及一下齐洪林的《中国政党》，他描述冯玉祥是"中华大阴谋家"，说"在西山秘密会议上"，冯玉祥决定实施针对张作霖、皇帝和其他人的阴谋。我从其他中国人那里证实当时冯玉祥修养的寺庙，就是西山天台寺。册子这样描述：

第一步计划是杀死张作霖、段祺瑞、曹锟和废帝宣统，即为人熟知的亨利·溥仪先生。当时的李景林将军憎恨奉系军阀头子，义无反顾地决定参与。

　　1924年12月初一个阳光灿烂的下午，李景林突然离开了北京，去往天津……据闻，一旦张大帅在北京被杀，他便截断东北军后路。张作霖和张学良察觉到西山阴谋，他们当夜便抛下段祺瑞和其他不明状况的同伙，逃向天津。

　　阴谋家见张作霖父子成功逃跑，觉得如果按计划行事，很不明智，于是就此罢手。这时，一起脱离虎口的，还有段祺瑞、曹锟和亨利·溥仪。

　　需要指出的是，"亨利·溥仪"不是"脱离虎口"。他在阴谋之初就已经安全到达了日本使馆。

　　郑孝胥把当时情形记载在了日记上：

　　　　壬子初三日。弢庵（陈宝琛）、叔言（罗振玉）来。昨报载：李煜瀛见段祺瑞，争皇室事，李忿言："法国路易十四，英国杀君主，事由数见，外交干涉必无可虑。"张继续告人曰："非斩草除根，不了此事。"平民自治歌有曰："留宣统，真怪异，唯一污点尚未去。"余语弢庵曰："事急矣！"乃定德国医院之策。午后，诣王府，至鼓楼，逢弢庵之马车，曰："已往苏州胡同矣！"驰至苏州胡同，无所见，余命往德国医院。登楼，唯见上及弢庵，云庄士敦已往荷兰、英吉利使馆。余定议奉上幸日本使馆，上命余先告日人。即访竹本，告以皇帝已来。竹本白其公使芳泽，乃语余："请皇帝速来。"

　　　　于是大风暴作，黄沙蔽天，数步外不相见。

　　　　余至医院，虑汽车或不听命，议以上乘马车；又虑院前门人甚众，乃引马车至后门。一德医持钥从，一看护引上下楼，开后门，登马车，余及一僮骖乘。

　　　　德医院至日使馆有二道，约里许：一自东交民巷转北，一自长安街转南。

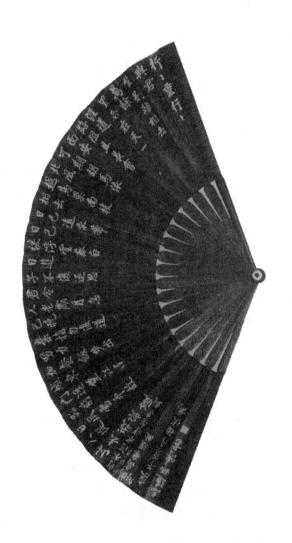

溥仪送给庄士敦的礼物（扇子上是溥仪亲笔抄录的关于离别的古诗）

余叱御者曰："再赴日使馆。"御者利北道稍近，驱车过长安街。上惊叫曰："街有华警，何为出此！"然车已迅驰，余曰："咫尺即至！马车中安有皇帝？请上勿恐。"既南转至河岸，复奏上曰："此为使馆界矣！"

遂入日使馆。竹本、中平迎上入兵营。彀庵亦至。方车行长安街，风沙悍怒，几不能前，昏晦中入室小憩。上曰："北府人知我至医院耳，庄士敦、张文治必复往寻，宜告之。"余复至医院，摄政王、涛贝勒皆至。因与同来日馆，廷臣奔视者数人。上命余往告段祺瑞，命张文治往告张作霖……

郑孝胥记载的内容，大体属实。但文中提到日本公使先批准的竹本，竹本才接纳皇上，则纯属虚构。虽然英国及其他使馆外交部和军事部关系和谐，但是日本使馆却不是这样。所以竹本怎么会听从日本使馆的命令，实际上竹本无须把郑孝胥的谈话内容，汇报给日本公使，事实上他也没有。竹本非常欢迎中国皇帝，他倒不希望芳泽先生接走皇上。只是皇帝到达了竹本的住所，芳泽先生才知道，皇帝已经到达他的使馆了。

这就是关于皇帝出走使馆区的真实故事。这里无须再提及那些有关此事的歪曲描述。不过，我要特别为一篇美国作家的报道做出反驳。他在报道中写道："1924 年 10 月，溥仪和他的妻子正在享用着早餐。突然，一位侍女惊慌地跑了进来，她哭喊着说门外被一批粗暴的中国士兵包围，他们高喊着'处死退位皇帝和皇后！'皇上和皇后马上逃到英国使馆。但是，门口警卫不让他们进去。他们跑遍了所有使馆。在是否去美国使馆的问题上，二人意见不一致，最终认定美国使馆也会拒绝他们，于是两人犹犹豫豫地来到了日本使馆。日本使馆的警卫放了他们进去，挡住了追赶者。日本公使友好地给他们提供援助，公使夫人还拿出了他们的衣服，让慌不择路的皇上和皇后换上体面的衣服。"

虽然报道是不确切的，但幸好报道中提到的英国使馆警卫拒绝向逃亡的皇帝和皇后提供避难所的谬误，没有对大不列颠的光荣和好客造成严重的辱没。报道还描述"在是否去美国使馆的问题上，二人意见不一致，最终认定美国使馆也会拒绝他们"，这样的说法也不对。美国使馆在过去几年中，帮助了不少被追捕的中国人。我深信，美国使馆官员在遇到两个逃亡的皇室贵族时，是绝对不会把他们的生命交给"一批粗暴的中国士兵"处置的。

有辨别力的英美读者不会相信这些荒谬的报道。随着日本和中国、满洲的局势紧张，中国新闻媒介和社会各界人士纷纷指控日本，日本公使馆接纳皇帝之举也被认为是日本帝国主义的阴谋诡计。他们认为皇帝是高层政治角逐中的一枚有利的棋子。如果看到我前面记述的事实，读者就会知道，日本公使在我告诉他之前，根本不知道皇帝会来到使馆区，只是在我的再三恳求之下，公使才同意了接纳皇帝。准确地说，"日本帝国主义"在"皇帝出走"事件中，没有任何关系。

结尾：龙归故里

　　黄昏的黑暗开始蔓延，紫禁城也慢慢淹没在其中。我在本章将会简短地讲述发生在黑暗时期的故事，之后的事变和黎明曙光就不是本书记述的范畴了。

　　1924年11月29日至1925年2月23日，日本公馆已经接纳皇帝两个多月了，公使一直以贵客身份对待皇帝。当性命垂危的孙中山来到北京的时候，皇帝还住在日本使馆。

　　在那几个月，皇帝除了回访外国的外交官，基本上没有离开过使馆，他经常去我住的地方。我们偶尔会在不受中国管辖的使馆区南边的那一小段城墙上散步。站在城墙上，我们会看到那绿树环绕着的天坛，巨大的白色大理石祭坛隐在树后。如果他是一位没有退位的皇帝，在那里，他会以天子和百姓之父的身份，祭祀祖先和神灵，希望上天给他的子民，带来一个风调雨顺的季节。皇帝站在城墙上，遥望着闪烁着黄色光芒的琉璃瓦顶，那是紫禁城发散出来的光。紫禁城曾是他的监狱，也是生他养他的地方。一次，我们晚上在散步，见到一个身影走了过来。当他从我们身边走过的时候，我低声对皇帝说，看看他是谁。原来，他是苏联大使加拉罕。

天津的日本租界，让这位皇帝度过了漫长沉闷的七年岁月，从1925年2月开始到1931年11月结束。在一些中文报刊上，会看到一个自称"反清同盟"的组织造谣说日本打算扶持皇帝做政治傀儡，劝说他去日本，住进专门为他打造的皇宫。还说，日本政府曾经在1925年到1931年时期，暗示皇帝去日本，让日本丰富多彩的生活替代他在天津的枯燥乏味生活。倘若有这样的机会，皇帝也许会为此高兴。想象一下，住在风景秀丽的京都地区，或是住在让人叹为观止的富士山风景区，在那乡村庭院，享受着悠闲的生活，这是多么诱人。可惜，他没有收到日本的暗示。人们通过我告诉皇帝，不管他是在日本，还是在满洲关东的日本租借地，日本政府都将会处于一个尴尬境地。

1925年的秋天，冯玉祥和张作霖不再是盟友了。之前，吴佩孚和张作霖互相仇视，现在结为新盟友，成了倒冯派。唐绍仪成为同盟中的文官主席，他是一位有资历的政治家，为人正直，工作干练，很受各个政治派系尊重，但却基本不参加任何政治活动。吴佩孚和张作霖极力邀请他参加同盟。那时的唐绍仪不知如何是好，他向吴佩孚提出如果再让曹锟成为总统，或再让腐败无能的议会复出，那么他就不会支持他们的活动。这个时候，吴佩孚在长江一带正在聚集新的力量，准备重振雄风。

传闻说，吴张同盟会宣布，作废和无效处理过去对皇上提出的起诉，也会恢复"优待条件"中的特权。唐绍仪却寻找机会，大胆直率地反驳了这一新闻。他不满意这项提议，发表了另一声明。在当时，他的声明没有受到关注。几年后，当人们再次提起它的时候，就会掂量出它的分量。唐绍仪的声明是在1925年10月下旬的时候发表的：

> 关于恢复满族特权之事，唐绍仪提到征服了满族的人，把满洲像礼物般带到了满汉联邦。汉族人推翻清朝，不过满洲还是满族人的合法世袭财产，应该恢复逊帝宣统对那片领地的统治权。

就在唐绍仪发表声明后，我到上海访问了几个月。在上海的时候，我见到了唐绍仪，和他对以上报道是否属实，进行了一次长谈，证明了之前的报道没有曲解他的观点。

　　虽然经常有人邀请唐绍仪重新出山，但是他没有这个念头。至于新的倒冯联盟，最重要的合作之一是打倒冯玉祥。1926 年，冯玉祥退出了中国政治权力角逐，在莫斯科找到了他的精神归宿，他在那里生活了一段时期。

　　"中华大阴谋家"又先后多次出现在中国的政治舞台上，只是难以再有人相信他，如今他在国内没有多少朋友。在他那有限的朋友眼里，冯玉祥过去是，现在仍是一位无私的爱国英雄。一些人认为他是正直的人，是为百姓福利奔波劳碌、鞠躬尽瘁的民主主义者。但更多的人则把他看作是一位无耻的叛徒，没有信义，他外表朴实、谦虚、忠诚和善良，实际上他不过是虚伪的土匪。他一直被簇拥在桂冠和花丛之中，也一直深陷于谩骂的泥淖里。和中国人一样，外国人对他的看法也是褒贬不一。新教教士刚开始对这位皈依者，怀着掩饰不住的骄傲，赞赏他为"基督战士"。现在他们则没了往日的热情，像约翰·朱尔典爵士，他是一位虔诚的基督徒，之前对冯玉祥态度很好。后来，冯玉祥的一些言论和行为，令他大为震惊。他曾经对不知情的基督徒满怀歉意地说："他是一个《旧约》的信徒。"乔纳森·布伦特神父说："我很赞赏这位中国的克伦威尔基督将军，我赞成朱尔典爵士的看法，他就是一位《旧约》信徒。我期盼他会是中国救世主。"

　　1929 年，一个倒冯组织，列出了冯玉祥的十大罪状：把外蒙古让给俄国；扰乱已故领袖孙逸仙先生的丧礼；大肆破坏交通等罪状。该组织认为他是一个叛国者，"一头狡猾的狼"，是罪孽深重的北方军阀，宣称："冯玉祥的十大罪状，罪无可恕，死有余辜。"

　　早在 1920 年，冯玉祥的一位基督教朋友对外界说，有一次天下大旱，颗粒无收的时候，冯玉祥请附近的佛教徒和道教徒祭奠天神，祈求下雨。"祭天祈雨时，他们很是惊慌，不知所措"。后来冯玉祥自己去祈雨，神奇的是"没多久，天下大雨"。更出人意料的是，在不到十年后，陕西人认为冯玉祥是旱灾魔鬼，称他为"旱魔"，认为他所到的地方，就会发生旱情。

　　一家在中国的英文报记者描述——他也是一位传教士："冯玉祥结束了在陕西的统治，旱灾也就结束了……冯玉祥在 1927 年来到陕西，接下来又是三年大旱。在他正式宣布辞职的时候，天竟然下了一场倾盆大雨。在他最后一支部队离开之后，旱情更是完全解除了。此后，陕西再也不愁雨啦！"

　　冯玉祥在去往莫斯科的日子里，或许能使支持他的人感到欣慰，因为在那里，他没有被人称为"旱魔"，而是"播雨人"。

　　我不会评论这位奇特人物的品性。这种机会也不会再有了——我在写这本书的时候，冯玉祥正在中国著名的圣山——泰山，怒气填胸地待在一座佛寺里度日。我到过那里。在那里，我经历了一段美好时光。大自然的连绵青山使我深信，这是一个能够让人重新思考和新生的地方。几千年来，很多的诗人、朝圣者、圣贤、皇帝、武士、僧侣、隐士、艺术家以及道士，都视泰山为灵感发源地。如果冯玉祥的肖像会是艺术品，那么他就是艺术家。也许，当他在大怒一场之后，开始静心沉思，一些伟大的事情也会产生。

　　不过，基督将军是否真的为他赢得了睿智、伟大或善良的美誉，对于这一点，我表示怀疑。也许他在泰山走了一圈下来之后，会变成一个全新的人。剑桥大学神学教授威廉·拉尔夫·英奇博士说："远处美景只有在登过圣山，才能看得见。"或许冯玉祥能看见那片美景。

　　逃难到使馆区的皇帝，在刚开始的三个月和在天津的最初几年里，他遭受了最粗暴以及最无耻的人身攻击。他需要承受一些莫名其妙的政治罪名，例如有人认为，他要推翻共和制。公开的嘲笑、蔑视和人身攻击，是他不得不承受的。有人妖魔化他，说他是一位腐朽堕落的人。各种各样的流言蜚语，在国内外流传，使很多中外人士认为他就是这样的人。不少外国记者在皇帝到天津时，就关注他，他们以蔑视的口吻称他为"亨利·溥（或溥仪）先生"，其实他根本没使用过这样的称呼。也许他们缺乏的是基本礼貌，也许他们只是对"优待条件"视而不见。"优待条件"规定，大清皇帝保留"皇帝"称号。法律和宪法应该承认这点，人们也应该称他为"逊帝"，或是"皇上"，称他为"先生"是不应该的。

　　反清同盟不断煽动反皇室的活动，提议把"优待条件"中的残余部分也全部废除。连 1924 年 11 月任意强加给皇室的条件，以及所有的皇族（包括

皇帝本人）的严惩措施，甚至死刑，全部都要废除。

皇室的敌人们于 1925 年下半年在紫禁城里发现了一些放在木箱里的信件，这个木箱原本是放在皇帝寝室的。他们公开了信件，宣称这些信件揭露了一个复辟帝制的阴谋，且信中牵涉了一些中国政要人物。其实，这些信件并不是大阴谋，而是支持皇上的。那些赞成共和制的群众对此产生了不满。在信件当中，还有著名改革家康有为先生（他现在被视为落伍人）写给我的一封长信，因此，我也被认为是复辟帝制阴谋的参与者。其实，康有为在信里，提到了他最近在华中旅途中的见闻，表达了一些人对皇帝的惋惜和友善。那时候，皇帝读完信件之后，不过顺手把信件与他的文稿放在了一起。这封信根本就不能证明皇帝、满洲官员或者我参与了复辟帝制阴谋。反清同盟认为抓住了皇帝的英文老师参加了复辟阴谋的证据，他们把这封信和其他信一起加印出来，散发往全国各地。

皇帝的政敌开始造谣我在参与复辟，受他们的影响，外界也认为是如此。在 1925 年 8 月 11 日，一家英文报纸转载了一家叫《民报》的中文报纸的报道，里面有对我的指控：

> 退位皇帝到达天津之后，他的老师庄士敦先生以皇帝的名义在欧洲各国的驻华使馆中活动。据说，他以扩大租借为承诺，说服使馆支持复辟活动。他已经掌控了英国代办。上海"五卅惨案"发生后，庄士敦先生与英国代办在帝制阴谋中的地位更加显要。

这个卑鄙的谎言公之于世后，反清同盟在北京公开了一封写给英国大使的信。他们说，他们代表中国四万万同胞把我驱逐出中国，并且处死所有皇族。由于我的罪行不可饶恕，相应的惩罚也应当更严厉些。

我本想对这些无聊可笑的指控置之不理的，但是段祺瑞政府私下建议我最好做出回应，这样他们可以限制反清人士活动。8 月 12 日，我在《京津泰晤士报》等外国报纸上发表一份英文书面声明，另外在一些比较重要的中文报纸上，用中文发表了同样声明。我就不在这里摘录文章了，只在此引用一段。

19 岁的皇帝就算退隐到了天津，他也得不到想要的平静。政敌不满于退位条约赋予皇上的权力和优待，辛辣而下作地攻击着皇上。他们准备剥夺去年 11 月政变时强加的权力和优待，他们会使用一切手段达到目的。这些手段包括，最近持续不断地出现有关他复辟帝制的阴谋论指控。例如，今天早上的中文报纸，报道了在天津的皇上，身边围绕着支持帝制的人；他与天津各国使馆关系密切；他与某军事集团勾结，密谋复辟，等等。毫无疑问，凡是能扯上关系的事件，都能成为他们支持这些无稽之谈的证据。

反清同盟用尽各种手段向段祺瑞政府施压，要求段祺瑞政府逮捕所有帝制分子嫌疑犯，并判处他们死刑。但段祺瑞拒绝采取行动，这引起他们极大的不满。反清同盟中著名的发言人杜啸石（音译）曾经于 1925 年 8 月在中英报刊上发表阐述组织立场的文章。

当时传出段祺瑞打算把没收的部分财产还给皇室的传闻，更激起了反清同盟的强烈义愤。"政府意图何在，实在令人费解不已。"杜啸石在文中说，"就算这种行动不会让人们产生联想，但也足以让人们知道政府与复辟有关。"

1926 年，我需要回英国处理有关英国名下的"庚子赔款"管理事宜。这是我在中国居住 28 年以来，第二次回国。1927 年初，我以英国驻威海卫专员身份，回到了中国。英国政府承诺归还中国领土，在那 4 年时间里，我都待在中国，这期间一直和皇帝保持联系，还去探望过他几次。

我去威海卫上任之前，在天津陪皇帝度过了几天。人们在复辟帝制阴谋论中，经常提起我和康有为，他是忠心的保皇派改革家。2 月 14 日是皇帝的生日。在那天早上，康有为和他的跟随者徐良，来到了我这里。那是我和他最后一次见面。我们谈论着皇帝的过去和将来，然后一起去日租界的住所张园探望皇帝。皇帝非常高兴，并热情地接待了我们。康有为在跪安的时候，皇帝扶起了他，让他坐在椅子上。3 月 8 日，是康有为的七十大寿。他的追随者和朋友，给他贺寿，表达对他的敬意。皇帝送了一些礼品，特意派徐良给他贺寿。在这么多的祝福中，想必最让他高兴的还是皇帝的贺寿。几天之后，他再次北上青岛，找了一处新的住所。我们约定，到了夏天，他到威海

卫小住几天。可是等我再次接到他的消息的时候，却是他离世的噩耗。那天是 1927 年 3 月 31 日的凌晨，正是我抵达威海卫，开始履行我的新职的日子。

梁启超是康有为最得意的门生，也是最有成就的一位。他在康有为的丧礼上，发表了一场感人肺腑的演讲。他称赞康有为是伟大的改革开拓者，是最早看清中国形势，并坚持认为如果中国不选择现代化道路，将会走向衰朽和崩溃的超前人物。梁启超说："无论谁撰写将来的中国历史新篇章，都会把 1898 年的维新变法，写进书史的第一章。"不幸的是，他不久也随着康有为离开了人世。

我在威海卫上任的时候，还发生了一件令皇室悲痛的灾难性事件。就在 1928 年 7 月 3 日至 11 日之间，皇陵（东陵）遭人盗墓，皇室的尊严遭到了冒犯。

这帮盗墓者是不是土匪或是军阀，已没有任何的意思。在中国动荡不安、内战频繁的时代里，盗墓者是谁，都是一样的。在中国几千年的传统中，皇室贵族或达官显贵的陵墓内，往往会有大量价值连城的陪葬品。盗墓者主要的目的是盗取这些金银财宝。当时的陵墓坚固到要用炸药才能打开，在炸开陵墓之后盗墓者撬开棺椁，将尸身扔在地上，中国最伟大的皇帝之一乾隆皇帝和"老佛爷"慈禧太后的尸身，竟然被盗墓者乱砍成碎块，尸骨撒在地上。后来，皇帝派人查看，据说那景象惨不忍睹。人们为皇帝和皇室详尽地记录了整个情形，以备入档。

后来一个专门审判这起盗墓事件的特别法院成立，不过只审判了无关紧要的犯人，判决很轻，对那些幕后人物却毫无伤害。这些人还私吞了财宝，之后，这些财宝流散到世界各地。民国政府也曾表明要保护皇陵，皇帝也曾期许民国政府给一个可以接受的说法，可惜，最后却不了了之。民国政府当权人士也没有对自己失信于人的行为向皇帝表示歉意和自责。

皇帝是一个宽容的人，他可以原谅很多事情，包括威胁、羞辱、违背信义等，但是他不能够原谅对祖先的不敬行为。皇帝对那些动乱中的领导者的态度改变了，他再也不能隐忍了。他从未想参与满洲的独立，也没有想过回到祖先沉睡的地方。他对这个中国还抱有希望，期盼情况有所改观。但是，他失望了，我再次见到皇帝时便发现了他的改变。他似乎听到了那些蒙羞的先祖的哭诉，他们劝导他离开这里，回到满族最初建国的地方，那里曾是他们的领土。

另外，华北地区还发生了一件重大的事情。当时，北伐军队捷报连连。之后，整个华北地区的主控权就属于张作霖了。然而，张作霖徒有其表，他领导的军队并非团结一致。可以说，张作霖的部队是中国最精锐的部队，但是他仍然忧心自身安危，怀疑有人会趁他与南方部队对抗时偷袭他。对此，他的感觉是正确的。张作霖看到企图占领中国的计划完全落败，无奈之下便带领军队回到满洲。在撤回沈阳的途中，张作霖遇害，他在自己势力范围附近被炸死了。从此，这位经历人生几番波折的将领彻底长眠。不过，我们无法探知其中的内幕。

有人曾预言张作霖的死会让满洲出现动乱。不过，张作霖的儿子张学良在接替了他父亲的职位后，才将死讯公布出来。当时的满洲，除了名义以外，是一个行使着比大多数君主们大得多的权力的地方。他们不听从民国政府。所以，张学良继位在情理之中。

民国政府没有通过战争就占领的北京，许多官员逃走了，其中包括外交部长顾维钧。南京政府的一份逮捕令上有包括顾维钧在内的十几个安福系人员，他们已经失去了权势。7月21日，从天津乘船离开的顾维钧来到了威海卫。他之前也曾为躲避政治对手的追捕到威海卫避难。此次，他停留的时间略长，有5个月之久。12月，他从威海卫出发前往欧洲。之后几个月，南京政府仍然在逮捕他。他取道加拿大直接到了满洲，并受到了张学良将军的特别礼遇，在满洲住了很久。张学良也调整了政策，开始承认国民党以及南京政府。南京政府采取一些行动作为答谢。于是，南京政府撤销了对顾维钧博士的逮捕令，并将之前没收的资产归还给他。之后，顾维钧再次在政府任职。1932年，他以中国代表的身份访问满洲。

我即将离开这里，不知何年何月才能再次归来同皇帝相见。还有近半个月就要辞去威海卫的职务，我到天津向皇帝道别，皇帝与我谈论了将来。他说，即将结束天津的流亡生活。1930年9月15日，我准备登船回英国。在这之前，皇帝很早就到我住的旅馆为我送行，他派车将我送到了码头。轮船未开启前，他同我坐在船舱里。之后，他又坐在码头的汽车中，看着轮船载着我远去。他一直看着轮船，直到轮船消失在他的视线中。那天皇帝将一把扇子送给我，

这是他最后送给我的礼物。扇子上有他抄录的两首离别古诗：

> 行行重行行，与君生别离。
> 相去万余里，各在天一涯。
> 道路阻且长，会面安可期？
> 胡马依北风，越鸟巢南枝。
> 相去日已远，衣带日已缓。
> 浮云蔽白日，游子不复返。
> 思君令人老，岁月忽已晚。
> 弃捐勿复道，努力加餐饭。

> 步出城东门，遥望江南路。
> 前日风雪中，故人从此去。
> 我欲渡河水，河水深无梁。
> 愿为双黄鹄，高飞还故乡。

　　1930 年 10 月 1 日，我作为英国政府的代表，将威海卫的主权归还给了中国。威海卫自 1898 年以来，这块人口不到 20 万，面积大约有两个怀特岛的面积之和的土地，一直处于英国的统治下。中国将它租借给英国时，还是一个君主国家。归还仪式一结束，我便回国了。我在中国生活了三十多年，不知何时才能再度回来。让人感到意外的是，仅仅过了一年，我便再次踏上了中国的领土。当时，"太平洋会议"就"庚子赔款"相关事情在中国召开，我作为英国代表人员到中国出席此次会议。

　　"九·一八事变"爆发时，我还在行程中。到达中国后，我立刻赶往天津。10 月 7 日，皇帝派遣的一名侍从在天津车站等待我。皇帝一直希望我能够再度回到中国。当时，天津全市流传着许多关于皇帝即将回到满洲的谣言。我在天津和皇帝生活了两天，了解并预测了一些事情。郑孝胥提供给我的信息让我确定了皇帝的想法。那天晚上，皇帝留我们，以及郑垂、徐良和陈宝琛吃饭。不言而喻，我们一直在讨论这个事情。8 日，我动身前往北京，同张学良将军见面。他是一位满洲军阀但却被日本赶出了东北。当时，张学良将军已经得知我与皇帝见过面，因此想从我这里探听皇帝的计划。不过，我什么都没有说。在北京期间，很多效忠皇帝的人拜访我，我向他们解释，我此次回来同"九·一八事变"没有关系，然而他们总认为我在撒谎隐瞒什么。他们全都压抑着内心的激动与期待之情。

我于 10 月 15 日返回天津，与皇帝进行了一次深刻的交谈。10 月 21 日，我到上海以代表人员的身份出席"太平洋会议"。这段时间，报纸上刊登各种言论，很多文章中提到皇帝会受到我的影响，还说皇帝会回到满洲执掌皇权。某些中国人希望我可以劝说皇帝回心转意，但是，皇帝已经下定决心了，我毫无办法。对此，我写信给这些人。后来《国民评论》刊登了这封信。

> 我于 11 月 10 日在南京接到一个紧急通知，任职中国财政部长、外交部长的宋子文先生要见我。当时，他拿给我一份电报。电报内容是让宋子文先生转告我，皇帝需要我的帮助。可以猜到，这是民国政府发来的，他们希望我能阻止皇帝回归满洲。对此，我对宋子文先生说，皇帝非常清楚我的活动，假如他需要我提供援助，只要他亲自对我说，我就立即采取行动。

我于 11 月 13 日回到上海，接到一份个人名义发来的电报，说是皇帝已经动身去满洲了。

当时，中国民间正流传皇帝被人强行扣留的说法，很多西方人也相信。不过，这并非事实。又有人说，位于南京的蒋介石以及位于北京的张学良收到了皇帝和皇后的电报。电报说，皇帝和皇后请求他们的庇护。这是谣言，还有人说皇帝表示，宁愿与皇后一死，也不会在满洲称帝。假如皇帝真需要他人庇佑，他也不会求助于蒋介石和张学良。假如皇帝并非自愿到达满洲，那么只要他能逃到开往英国的轮船上，他就可以脱离危险。郑孝胥不是看守皇帝的人，皇帝去满洲是他自己决定的。而且那些忠于皇帝的官员，例如郑孝胥等人也跟随他去了满洲。

我就不再描述后面发生的事情了。皇帝在辽东半岛以及汤岗子温泉休息了一段时日，之后他收到邀请函，请他担任满洲政府的临时领导人。其实，这个职位同段祺瑞在 1924 年的职位相同，都是临时性的。不过，这次运动是为了推行帝制。皇帝乘坐专列驶向满洲，中途因为地方官员的致敬而多次停车。这些人一边喊着皇帝一边下跪行礼。其间发生了一件令人感慨的事情，列车经过沈阳清朝祖先的陵寝时停下了，皇帝向祖先祭拜之后才继续北上。

皇帝最终回到了他的故乡。

沈阳的陵墓中，有一座是太宗皇帝的。太宗皇帝于 1643 年驾崩。1644 年，清兵进入北京，明朝覆灭，太宗皇帝在 17 世纪 30 年代让满洲独立。他不肯归顺明朝，自封帝王，建立大清国。三百年后，太宗皇帝的继承人回到了这里。这里可谓是太宗皇帝一族的家。皇帝要在这里袭领满洲皇帝的称号和地位。政界泰斗唐绍仪在 1925 年就已断言，宣统皇帝会重新获得这份"合法财产"的所有权。

中国圣贤有云：大难不死，必有后福。

皇帝曾经摆脱了各种危险：中国革命带来的危机，袁世凯野心称帝，张勋鲁莽复辟，军阀争战不止，冯玉祥无情的暴行，反对清朝的狂热分子进行的暗杀计划，忠实支持者的热情，1931 年 11 月的某个夜晚后，皇帝就一直处于种种阴谋诡计中。正是那个夜晚，他不得不离开他眷恋的出生地。他在那里成长，也在那里感受到了世态炎凉。

如今，他回到了自己的故乡。他所遇到的危险不止这些，皇宫内人心的黑暗，制度的腐败，道德的沦丧都会让他的身心遭受伤害。不过，他克服了这些困难，健康地成长起来。假如圣贤们所言非虚，那么他即将有一个充满光明的未来。不过，清楚他性格的人都明白，假如国家没有安定，国民没有摆脱困境，从此安然生活，他是不会停下脚步的。

图书在版编目（CIP）数据

紫禁城的黄昏/（英）庄士敦著；张昌丽译.—武汉：武汉大学出版
社,2014.12（2025.6 重印）

ISBN 978-7-307-14013-4

Ⅰ.紫…　　Ⅱ.①庄…　②张…　　Ⅲ.①爱新觉罗·溥仪（1906～
1967）—生平事迹　②中国历史—史料—清后期　　Ⅳ.①K827＝7
②K252.06

中国版本图书馆 CIP 数据核字（2014）第 183530 号

责任编辑:陈　岱　　　责任校对:刘延姣　　　版式设计:文豪设计

出版发行:**武汉大学出版社**　（430072　武昌　珞珈山）
　　　　　（电子邮箱:cbs22@whu.edu.cn　网址:www.wdp.com.cn）
印刷:武汉中科兴业印务有限公司
开本:720×1000　1/16　印张:16.5　字数:260 千字
版次:2014 年 12 月第 1 版　　**2025 年 6 月第 5 次印刷**
ISBN 978-7-307-14013-4　　定价:48.00 元